Eurodélices

Vlees, wild en gevogelte

EURODÉLICES

VLEES, WILD EN GEVOGELTE

EUROPA'S CHEF-KOKS PRESENTEREN

KÖNEMANN

Dankbetuiging

De uitgever dankt de volgende personen, restaurants en bedrijven voor hun waardevolle bijdragen aan dit boek:

Ancienne Manufacture Royale, Aixe-sur-Vienne; Baccarat, Paris; Chomette Favor, Grigny; Christofle, Paris; Cristalleries de Saint-Louis, Paris; Grand Marnier, Paris; Groupe Cidelcem, Marne-la-Vallée; Haviland, Limoges; Jean-Louis Coquet, Paris; José Houel, Paris; Lalique, Paris; Les maisons de Cartier, Paris; Maîtres cuisiniers de France, Paris; Philippe Deshoulières, Paris; Porcelaines Bernardaud, Paris; Porcelaine Lafarge, Paris; Puiforcat Orfèvre, Paris; Robert Haviland et C. Parlon, Limoges; Société Caviar Petrossian, Paris; Villeroy & Boch, Garges-les-Gonesse; Wedgwood Dexam-International, Coye-la-Forêt.

In het bijzonder bedanken we ook: Lucien Barcon, Georges Laffon, Clément Lausecker, Michel Pasquet, Jean Pibourdin, Pierre Roche, Jacques Sylvestre en Pierre Fonteyne.

Moeilijkheidsgraad van de recepten:

★   gemakkelijk
★★   middelmatig
★★★   moeilijk

Fotografie: Studio lucien Loeb, Maren Detering

© 1997 Fabien Bellahsen en Daniel Rouche

Oorspronkelijke titel: Eurodélices Viandes Volailles Gibiers

© 1999 Nederlandstalige editie:
Könemann Verlagsgesellschaft mbH
Bonner Straße 126, D-50968 Keulen

Productie Nederlandstalige editie: Bookman International B.V./Laren
Vertaling en redactie: J. Koolbergen en TDS/Utrecht (voor Bookman)
Vakredactie: R.M. van Hattum
Zetwerk: TenSet B.V./Bussum

Productieleiding: Detlev Schaper

Druk en Bindwerk: Leefung Asco Printers Ltd.
Printed in China

ISBN: 3-8290-0951-8

10 9 8 7 6 5 4 3 2 1

Inhoud

Dankbetuiging
4

Voorwoord
7

Recepten
8

Basisrecepten
318

De meewerkende koks
319

Begrippenlijst
331

Receptenregister
333

Voorwoord

Eurodélices brengt recepten van verhemelte strelende gerechten uit de top van de gastronomie in uw keuken. Zo'n 100 chef-koks van gerenommeerde restaurants in 17 landen, waarvan velen meerdere prijzen en onderscheidingen hebben ontvangen, werkten samen aan deze unieke reeks kookboeken. Ze vertrouwen u hun beste recepten toe, op het gebied van warme en koude voorgerechten, vis- en vleesgerechten, desserts en gebakspecialiteiten.

Zo is er niet alleen een voor iedere fijnproever onontbeerlijke verzameling van 6 kookboeken met meer dan 1900 bladzijden ontstaan, maar ook een uniek document van Europese cultuur, dat zich niets aantrekt van de culinaire waan van de dag. Het is fascinerend om te zien waar de gemeenschappelijke wortels van de Europese kookkunst liggen, en tegelijkertijd te beseffen hoe ongelooflijk veelzijdig deze kookkunst is.

Immers, eten is meer dan de bevrediging van een natuurlijke behoefte. Steeds weer blijkt het koken zich te verheffen tot een kunst, in het bijzonder wanneer zich speciale gelegenheden of gebeurtenissen voordoen die een feestelijk karakter moeten krijgen, of dat nu het openbare leven betreft of een privé-aangelegenheid. Onder de oplettende blik van de chef-kok gaat het verliefde stel aan tafel om toekomstplannen te smeden, wordt er aan de dis vergaderd om lucratieve contracten af te sluiten, verdragen te tekenen of om een geschil bij te leggen.

Vaak leren wij de cultuur van onze buren allereerst via hun keuken kennen. Zo kunnen culinaire heerlijkheden bijdragen aan de verdraagzaamheid, en wie kunnen daarbij beter een handje helpen dan de topkoks van diverse landen in Europa?

Voor de eerste maal zijn de grootste kenners bij elkaar gekomen, om voor *Eurodélices* hun recepten naast elkaar te leggen, in een fascinerend panorama van de Europese keuken. Wie al eens bij hun te gast was, mag zich verheugen op een herhaling van een aangename ervaring, alle anderen wacht een nieuwe hartstocht. Want deze verzameling heerlijkheden uit alle delen van het continent bewijst, dat de hartstocht voor exquise tafelgenuegten, de oorsprong van de gastronomie, nog even groot is als altijd.

Door deze unieke collectie van 750 zorgvuldig uitgezochte recepten wordt het verlangen naar steeds nieuwe culinaire ontdekkingen aangewakkerd. Hier wordt de weg gewezen naar klassieke geneugten, de gastronomische erfenis van onze voorvaderen, die in een eeuwenlange culinaire traditie de moderne keuken hebben gevormd. Maar er ontstaat ook iets nieuws: op verrassende wijze worden vertrouwde ingrediënten op een nieuwe manier gebruikt, en er worden heerlijkheden geschapen met ingrediënten die uit verre streken stammen en die wij soms voor het eerst tegenkomen.

Tenslotte kent de gastronomie geen grenzen, is niet aan landen gebonden. Ze spreekt een universele taal, die evenzo door vrienden van de eerlijke keuken wordt gewaardeerd als door liefhebbers van het bijzondere. Deze taal wordt verstaan middels de zintuigen, ze laat ons de kwaliteit van de spijzen en het raffinement van de toebereidingen beoordelen en waarderen, en ze neemt ons mee naar het grenzenloze rijk van de smaak en overdadige kleuren.

Alles is in deze reeks aanwezig, van het uitgelezen kleine hapje tot het overdadige feestmaal. De recepten noden niet alleen tot nadoen, ze inspireren ook tot eigen creativiteit. Want in het hele werelddeel zijn de fijnproevers van de Europese eet- en kookcultuur net zo toegewijd als de auteurs van deze reeks. Voor iedere gelegenheid vindt men hier de juiste aanwijzingen, voor een simpel, maar lekker hapje, maar evengoed voor een exquis menu van meerdere gangen. Zo'n 5000 afbeeldingen in kleur met nauwkeurige stap-voor-stap aanwijzingen garanderen succes.

En zo komen zeden en gewoonten, vreugde en geheimen van een heel werelddeel bij elkaar, om ons iets nieuws te bieden, en ons plezier bij het genieten van geraffineerde specialiteiten nog te verhogen.

Kwartelboutjes

Voorbereidingstijd: 1 uur
Kooktijd: 10 minuten
Moeilijkheidsgraad: *

Voor 4 personen

20	kwartelboutjes
10	asperges
32	tenen milde knoflook
24	kleine aardappels
4	gemengde salade
	bieslook

100g	bloem
1 el	gember
200 ml	zonnebloemolie
	sherry-azijn
1 el	sojasaus
	olijfolie
	zout en peper naar smaak

Voor de sojasaus:

3 el	sojasaus
3 el	vleesjus
25 g	boter

Het jachtseizoen geeft de inwoners van Catalonië alle mogelijkheid om hun kunsten te beproeven, want er is geen gebrek aan wild in het achterland. De kwartel komt honderden keer voor in oude recepten, en Fernando Adría kan hier laten zien hoe belangrijk hij het vindt, om oude recepten aan te passen aan de smaak van nu. Er bestaan trouwens ook gefokte kwartels, die het gehele jaar te krijgen zijn. Hun smaak is minder uitgesproken dan die van de wilde kwartels en past uitstekend bij het garnituur.

De smaak van de kwartel is nogal beschaafd, en daarom moet men oppassen dat hij niet wordt overheerst door de andere ingrediënten. Wees om te beginnen voorzichtig bij het ontbenen van de kwartels, want het bot zelf moet blijven zitten. Dit karweitje neemt wat tijd, omdat u vijf boutjes per persoon moet nemen, als uw gasten enigszins verzadigd willen worden.

De kwaliteit van het garnituur moet opwegen tegen die van het gevogelte. De sojasaus, die oorspronkelijk uit China komt, wordt gemaakt van sojabonen die in zout zijn ingelegd, en die men daarna 24 maanden laat fermenteren (de Japanners nemen met 6 maanden genoegen). Het recept is in 2000 jaar niet gewijzigd, maar onze chef-kok raadt aan om in weerwil van de heilige voorschriften, wat vlees- of gevoeltefond toe te voegen, zodat de saus een mooie structuur krijgt. Knoflook, aardappels en gemengde salade completeren het geheel en maken het gerecht gemakkelijk verteerbaar.

1. Haal de kwartelboutjes los, maar laat het vlees aan het bot zitten. Schil de asperges, en gebruik alleen de punten. Schil de aardappels en snijd ze in plakjes. Verwijder de harde buitenste schil van de knoflooktenen.

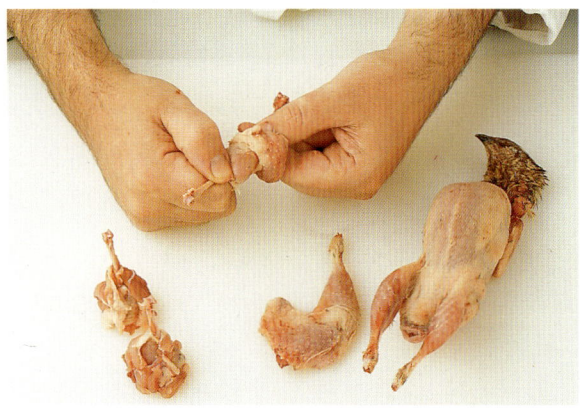

2. Bak de met bloem bestoven kwartelboutjes in zonnebloemolie van 160 °C. Bak ze tot ze knapperig zijn en laat ze op keukenpapier uitlekken. Grill de aspergepunten en de knoflook op het bovenste rooster van de oven. Stoof de aardappels op laag vuur in wat olijfolie, en voeg zout en peper toe. 30 Seconden voordat u de aardappels van het vuur neemt, voegt u 1 el sojasaus toe.

in sojasaus

3. Maak de sojasaus door deze te mengen met de vleesjus en op laag vuur te laten inkoken tot ca. 4 el. Voeg de boter toe en dompel de kwartelboutjes in de saus. Maak de sla aan met zout, azijn en olijfolie.

4. Leg de overlangs doorgesneden aspergepunten en de knoflooktenen in 5 groepjes dwars over elkaar op de borden en leg op ieder 'vlechtwerkje' een kwartelboutje. Richt in het midden van de borden een torentje van gestoofde aardappelplakken op en leg daarop wat gember. Giet wat saus over het geheel. Versier met bieslookstengels en geef de salade er los bij.

Spanje

Gebakken

Voorbereidingstijd: 10 minuten
Kooktijd: 5 minuten
Moeilijkheidsgraad: ✶✶

Voor 4 personen

4	snippen
1	ui
2	tenen knoflook
3	wortels
250 g	knolletjes
250 g	gemengde paddestoelen
	boter
	olijfolie
	zout en peper naar smaak

Voor de saus:

	karkassen van de snippen
100 ml	cognac
150 ml	witte wijn

De buigzame snavel en de korte pootjes zijn de onmiskenbare kenmerken van de snip, die men in het bos, op de weide en bij rivieren tegen kan komen. We springen raar om met de naam van deze vogel. Omdat men hem in Frankrijk als een nogal domme vogel ziet, betekent 'bécasse' ook 'stom wijf'. In Duitsland betekent 'Schnepfe' zelfs 'snol'... En bij ons kun je 'dronken als een snip' zijn, en 'verkouden als een snip', 'snipverkouden' dus. Meer eer legt de snip in met het bankbiljet van ƒ 100,-- dat naar hem is vernoemd, maar culinair gezien is de 'zalmsnip' die de fiscalisten voor ons hebben bedacht wel een rariteit... Ook in Spanje trekt men paralellen tussen de snip en de mens: de 'paseo' is niet alleen het avondlijke flaneren van de Spanjaarden vóór het avondeten, maar ook het heen en weer trekken van de snip in velden en bossen.

De snip is beschermd, zodat hij alleen kan worden gegeten tijdens het korte jachtseizoen. Eerst moeten ze 'getemd' worden, zoals op de eerste foto te zien is. Dat wil alleen maar zeggen dat de nek zo gedraaid moet worden dat de vogel goed opgebonden kan worden. Daarna wordt de snip aan alle kanten goudbruin gebraden, zodat hij tenslotte mooi knapperig is. Laat de olie niet te heet worden, anders kan één kant te donker worden, wat jammer is van het effect op de borden.

Bij deze vogel passen eenvoudige groenten, zoals knolletjes, wortel of ui. Om de wildsmaak van de snip te accentueren, stooft u een mooi mengsel van verschillende paddestoelen, bijvoorbeeld die welke aan beide kanten van de Pyreneeën groeien.

Op deze manier kunt u ook patrijs, tamme kwartels of zelfs de heerlijke ringelduif (houtduif) klaarmaken, die in Baskenland traditioneel met grote, op de heuvels gespannen netten wordt gevangen.

1. Pluk de snippen en schroei de resten van de veren af. Verwijder de spiermagen. Bind ze op door de snavel tussen de poten te schuiven zodat hij er aan de andere kant uitsteekt. Voeg zout en peper toe.

2. Verhit de olie in een braadpan en braad de snippen aan alle kanten aan. Zet ze dan 5 minuten in de oven. Ontbeen ze.

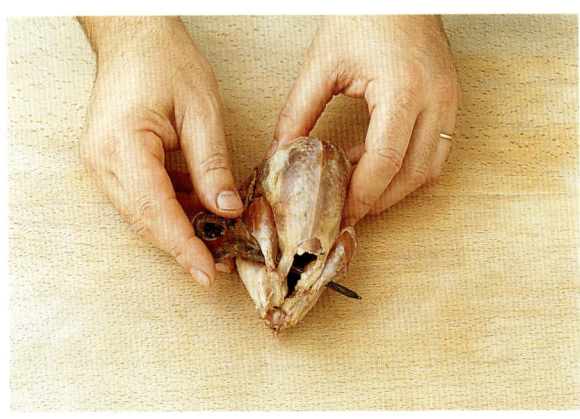

snip

3. Hak de karkassen fijn en doe ze in de pan met braadvocht. Voeg cognac en wijn toe, kook in en haal door een zeef. Warm de snippen met een klontje boter op in een pan.

4. Zet de wortels en de knolletjes aan in een braadpan met wat water en 2 klontjes boter. Schik de snippen op de borden en giet de saus erover. Dien op met de gestoofde groenten en paddestoelen als garnituur.

Rollade van gevuld mesthoentje

Voorbereidingstijd: 1 uur
Kooktijd: 2 uur 30 minuten
Moeilijkheidsgraad: ★★★

Voor 4 personen

1	scharrelhoen (poularde) van 1½ kg
6	rijpe tomaten
2	dikke plakken Bayonne-ham
200g	milde groene peper (of groene paprika)
3	tenen knoflook
1	glas witte Irouléguy (Baskische wijn)
	boter
½	glas water
	olijfolie

Het gaat hier om een variant op het recept met het beroemde en zeer geliefde Baskische hoen, waarin het goudgeel gebraden gevogelte wordt geserveerd met traditionele ingrediënten als tomaten, pepertjes, knoflook en Bayonne-ham.

Voor dit gerecht is een scharrelhoen van een Baskische boerderij dan ook het best geschikt. Mocht u in de buurt zijn, dan raden wij u poulardes uit Gers of Landes aan. Ze hebben vrij rondgelopen en krijgen slechts maïs te eten. Ze zijn daarom stevig, vlezig en hebben een stevig karkas. De poularde moet zorgvuldig worden ontbeend, zodat hij daarna kan worden gevuld. Op die manier wordt de zachte smaak van het hoen bewaard en verrijkt met de aroma's van de andere ingrediënten. Bind het hoen goed op, zodat het gelijkmatig kan worden aangebraden, en let erop dat het overal met vel is bedekt, zodat het niet kan aanbranden.

Braad de 'poularderollade' goudgeel in de oven, waarbij het vet naar buiten komt en het vel mooi knapperig wordt. Het vlees kan door een teveel aan hitte gaan uitdrogen. Daarom dient u het niet langer dan 12 minuten te braden bij 200 °C. Kijk of de poularde gaar is door met een vinger licht tegen het vlees te duwen. Als u een lichte weerstand voelt is het zover.

Voor het blussen van het braadvocht gebruikt onze chef-kok een typisch Baskische wijn, de Irouléguy, die de laatste jaren steeds meer aan kwaliteit heeft gewonnen. Zonodig kunt u op advies van Firmin Arrambide de poularde vervangen door een parelhoen of een Barbarie-eend, en de Bayonne-ham door een plak fijn buikspek.

1. Snijd het hoen aan stukken, schroei af en verwijder de ingewanden. Houd hart en lever apart. Ontbeen het hoen volledig, zodat u twee helften overhoudt. Bewaar de botten. Pel de tomaten en verwijder de zaadjes. Voeg zout en peper toe, giet er olijfolie over en laat ze 2 uur garen in een oven van 60 °C.

2. Bak de pepertjes en de ham kort. Zet apart. Pel de knoflook en snijd tot plakjes. Bak ze goudgeel in een pan, evenals hart en lever. Verdeel ham, pepertjes, knoflook, hart en lever over het midden van de beide gevogeltehelften.

Firmin Arrambide

op Baskische wijze

3. Rol de helften op tot een rollade en bind goed vast. Breng op smaak met peper en zout en bak aan alle kanten goed aan in een stoofpan met de botten.

4. Zet 12 minuten in een voorverwarmde oven van 200 °C. Haal uit de oven en houd warm. Schep het vet uit de stoofpan, blus met de Irouléguy en kook in met een ½ glas water en een klontje boter. Haal het braadvocht door een zeef en houd de saus warm. Snijd de rollade in dikke plakken. Schik met de gestoofde tomaten op de borden. Giet er wat saus overheen.

Salade van lamshersens met

Voorbereidingstijd: 40 minuten
Kooktijd: 20 minuten
Moeilijkheidsgraad: ∗

Voor 4 personen

- 6 lamshersens
- 1 bosje spinazie
- 1 krop friséesla
- 12 vellen filo-deeg
- 100 g oude schapenkaas
- 1 takje verse tijm
- balsamico-azijn
- zout en peper naar smaak

Voor de court-bouillon:
- 1 l water
- sap van ½ citroen
- 1 takje verse tijm
- zout en peper naar smaak

Voor de vinaigrette:
- 1 sjalot
- mosterd
- olijfolie
- balsamico-azijn
- sap van ½ citroen
- zout en peper naar smaak

Hersens moeten net als alle orgaanvlees zeer vers zijn, en voor dit recept afkomstig zijn van een zuiglam, het liefst één uit de Pyreneeën. Zuiglam is erg gewild vanwege zijn malse, sappige vlees, het knapperige vel en de dunne vetlaag die de spieren omhult. Onze chef-kok raadt aan om een Axuria-lam te nemen, dat alleen met moedermelk wordt gevoed en opgroeit in de Baskische bergen. Het wordt geslacht als het ten hoogste 45 dagen oud is. Maar ook geschikt voor dit recept zijn een vrouwelijk lam uit Nîmes of Perpignan.

Verwijder eerst het vlies van de hersens en leg ze 1 uur in koud water, zodat de rest van het bloed eruit loopt. Daarna kunt u ze kort pocheren in een court-bouillon, of in plakken snijden en bakken met wat boter. Wij stellen voor om de hersens in dubbelgevouwen filo-deeg te wikkelen en pas kort voor het opdienen te bakken, zodat ook het deeg nog knapperig is als de maaltijd begint.

De oude schapenkaas mag geen schimmel bevatten. Gebruik dus geen Roquefort, hoe goed de kwaliteit ook is. Firmin Arrambide koopt zijn schapenkaas in mei en laat hem nog zo'n zes maanden rijpen in zijn eigen kelder. Omdat schapenkaas slechts uit de melk van de moederdieren kan worden gemaakt, is het slachten van de zuiglammeren noodzakelijk.

Ook al zijn varkenshersens niet zo fijn van smaak als lamshersens, u kunt ze rustig gebruiken als u geen lamshersens kunt krijgen.

1. Verwijder het vlies van de hersens en laat ze hun bloed verliezen in koud water. Maak een court-bouillon van de aangegeven ingrediënten, en pocheer daarin de lamshersens 10 minuten. Haal van het vuur.

2. Was en blancheer de spinazie. Zet koud weg. Maak de sla schoon. Maak een vinaigrette uit de aangegeven ingrediënten en zet apart. Snijd de afgekoelde lamshersens doormidden, bestrooi ze met tijm en wikkel ze in 2 spinaziebladeren.

schapenkaas

3. Vouw de vellen filo-deeg dubbel en wikkel de spinazie met lam erin. Snijd de schapenkaas in stokjes.

4. Bak de lamshersens goudbruin en knapperig vlak vóór het opdienen. Maak de sla aan met de vinaigrette. Leg op ieder bord wat friséesla met stokjes schapenkaas, en schik daarbij 3 stukken gebakken lamshersens. Versier met balsamico-azijn.

Konijnenrug en konijnen-

Voorbereidingstijd: 45 minuten
Kooktijd: 40 minuten
Moeilijkheidsgraad: ★★

Voor 4 personen

4		schouderstukken van konijn
1		konijnenrug
1		konijnenborst
		darmnet van varken
200	ml	braadvocht van het konijn
1		wortel
1		ui
½	bosje	bleekselderij
200	ml	witte wijn
1	l	gevogeltefond
		tijm
		laurier
200	ml	olijfolie
200	g	eendenvet
100	ml	witte wijn

Voor de brunoise:

100	g	courgettes
100	g	champignons
		peper en zout naar smaak

Voor het garnituur:

1	kg	knolletjes
		salie
		bonenkruid

Konijnenvlees is uitstekend geschikt voor een lichte, zomerse maaltijd. Want het vlees is rijk aan eiwitten en arm aan vet en calorieën.

De gewoonlijk bij de poelier te krijgen tamme konijnen hebben een minder uitgesproken smaak dan de beroemde 'lapins de garenne', wilde konijnen die vrij rondlopen in grote gebieden en bijgevoederd worden met klaver. Ze zijn alleen te krijgen in het jachtseizoen van october tot februari. Net als wilde konijnen horen ze tot het haarwild, dat per stuk en niet per gewicht wordt verkocht.
Als u zelf het braadfond wilt maken, raadt onze chef-kok u aan om het konijn al een dag van tevoren te ontbenen en met de botten de fond te bereiden. Wees voorzichtig bij het braden van het vlees de volgende dag: het vlees van tamme konijnen kan snel droog worden. Let vooral op de rug. Het vlees moet roze blijven.

Het groentengarnituur zal goed smaken als u voorjaarsgroenten hebt gekozen, in het bijzonder stevige en 'knapperige' knolletjes. Als de eerste primeurs worden aangeboden kunt u kiezen uit vele smaken en kleuren. Zorg dat de groenten vers zijn door ze op dezelfde dag als het konijn te bereiden.

U kunt op dezelfde manier gevogelte met blank vlees bereiden, waarbij u ook op moet letten dat het vlees niet te droog wordt.

1. Ontbeen de rug en vul hem met de fijngehakte niertjes, courgettes en champignons. Bestrooi met wat peper en zout. Rol op en bind vast.

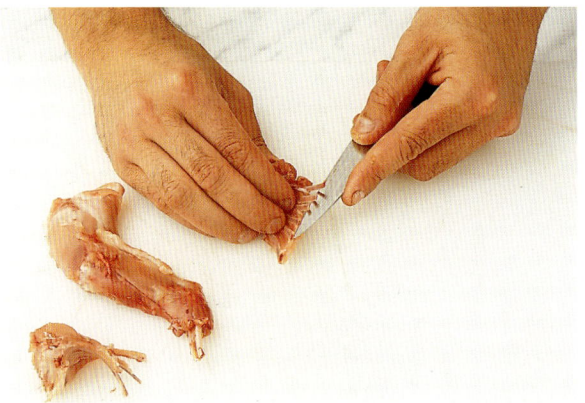

2. Hak de botten fijn en bak ze in olijfolie met een mengsel van klein gesneden wortel, uien en selderij. Blus met de witte wijn, laat inkoken en vul aan met ½ l gevogeltefond. Voeg laurier en tijm toe. Laat 30 minuten koken en haal door een zeef.

schouders met bonenkruid en salie

3. Tourneer de knolletjes tot ze even groot zijn. Bestrooi ze met suiker en zout. Stoof ze even in hete boter en voeg ½ l gevogeltefond toe. Laat nog even doorstoven op laag vuur, zonder deksel.

4. Bak alle stukken konijn in het eendenvet. Blus met de witte wijn en voeg de braadfond toe. Laat stoven. Voeg salie en bonenkruid toe. Zet tot slot nog 10 minuten in een oven van 200 °C. Snijd de konijnenrug in plakken en schik met het overige vlees op de borden. Garneer met knolletjes. Versier met nog wat salie en bonenkruid. Roer de olijfolie door het braadvocht zodat een romige saus ontstaat. Giet deze bij het vlees op de borden.

Frankrijk

Tournedos met witte

Voorbereidingstijd: 10 minuten
Kooktijd: 10 minuten
Moeilijkheidsgraad: ★

Voor 4 personen

- 1 bosje witte radijs
- blanke fond
- jus van kalfsvlees
- mierikswortel
- 1 bosje bieslook

- 1 runderhaas van 800 g
- 300 g vet spek, in plakken
- 2 bosjes witte radijs (ca. 20 stuks)
- boter
- arachide-olie
- peper en zout naar smaak

Welk soort vlees in de loop der geschiedenis ook tijdelijk het meest populair geweest mag zijn, het rund heeft altijd een aparte plaats ingenomen. Al in de oertijd was rundvlees een belangrijk voedingsmiddel, en al eeuwenlang is het de basis van de meest exquise gerechten.

Onder de talrijke rundersoorten die op de markt te vinden zijn, valt het Schotse ras op door zijn voortreffelijke kwaliteit. Maar u kunt ook vertrouwen hebben in het Franse Limousin-rund, dat te herkennen is aan zijn egaal roodbruine kleur, en waarvan het zachte, mooi doorregen vlees keer op keer nationaal en internationaal is bekroond. U kunt vers rundvlees herkennen aan de krachtige rode kleur en de stevige structuur. Erg licht vlees verraadt een te jong geslacht dier, en een donkere kleur wijst op een ouder exemplaar.

De tournedos wordt uit de haas gesneden en moet zo'n 2 cm dik en lekker mals zijn. Stukken vlees die 'façon Tournedos', of 'à la Tournedos' heten, worden op dezelfde manier uitgesneden, maar komen niet van de haas. Om de tournedos goed mals te houden, moet hij snel op hoog vuur worden aangebraden in boter, en daarna naar believen rood, medium of doorbakken worden geserveerd.

De saus moet tot aan het opdienen warm worden gehouden. De mierikswortel en het bieslook voegt u pas op het laatst toe. Roer de saus daarna niet meer om. Anders kan het bieslook zwart worden en zijn smaak verliezen.

Deze onweerstaanbare tournedos, die zo geraffineerd met mierikswortel op smaak is gebracht, kunt ook met knolraap serveren in plaats van radijs.

1. Schil de witte radijs en snijd er 12 van in dunne plakjes. Laat ze even aan beide kanten kleuren in hete boter. Voeg de blanke fond toe en stoof 4 à 5 minuten op laag vuur.

2. Laat de vleesjus inkoken tot een saus van gewenste dikte en voeg de geraspte mierikswortel toe. Proef op peper en zout en voeg de fijngeknipte bieslook toe.

Jean Bardet

radijsjes

3. Snijd de overgebleven radijsjes in dunne plakjes en frituur ze in hete olie. Laat ze uitlekken op keukenpapier. Zet apart.

4. Snijd tournedos van ca. 200 g uit de runderhaas. Wikkel er het spek omheen. Bak ze aan beide kanten 5 minuten in een flink stuk boter. Voeg zout en peper toe. Leg de tournedos in het midden van de borden en schik er een krans van radijs omheen. Versier met gefrituurde radijs en een sauslint.

Gebraden lamsfilet in een jasje

Voorbereidingstijd: 2 uur
Kooktijd: 1 uur 30 minuten
Moeilijkheidsgraad: ★★★

Voor 4 personen

1	lamsrug van 1,2 kg
300 g	spinazie
150 g	darmnet

Voor de vulling:

2 el	verse groene kruiden (dragon, kervel, bieslook)
2	eieren
70 ml	crème fraîche
	peper en zout naar smaak

Voor het garnituur:

2	aardappels
200 g	champignons, 1 ui
1	sjalot
	geklaarde boter
4	voorjaarsuien, groot
1	rode paprika
1	groene paprika, 1 ui
1	teen knoflook

Voor de saus:
lamsbotten

1	bouquet garni (wortel, prei, ui, knoflook, peterselie)
	verse dragon
100 g	boter

Het zou teveel gevraagd zijn van fijnproevers om ze tot Pasen te laten wachten met het eten van lamsvlees, en inderdaad wachten de meesten van hen hiermee ook niet tot het Paasfeest. Bovendien is lamsvlees van december tot juli erg lekker, en kan men aan de kleur en de glans van het vlees zien of het vers is. Koop een lamsrug die op wat druk met de vingers enigszins terugveert, en die niet te vet is. Hij wordt na het ontbenen licht gebardeerd. Lamsfilet wordt altijd in een voorverwarmde oven gebraden, waarna hij kort moet rusten zodat hij weer helemaal zacht en mals wordt. Dit is absoluut noodzakelijk als het lam zijn volle smaak wil ontwikkelen.

Kruiden kunnen op vele manieren worden gebruikt. Ze gaan uitstekend samen met lamsfilet, dat daardoor een speciale smaak krijgt. U kunt uit bijvoorbeeld kervel, bieslook en dragon een 'jasje' maken waarin het lamsvlees wordt gehuld.

Het garnituur bestaat uit een 'duxelles', dat wil zeggen fijngesneden champignons, sjalotten en uien die even in boter worden gestoofd totdat het water dat ze bevatten, verdampt is. Dit garnituur brengt de lekkerbek markies D'Uxelles in herinnering, die enigszins in de vergetelheid is geraakt. Het is door zijn chef-kok La Varenne aan hem opgedragen.

Onze chef-kok geeft hierbij nog kleine ravioli gemaakt van hele dunne aardappelschijfjes, die met het schaafhulpstuk van de keukenmachine of met een handschaaf kunnen worden gemaakt. Ze moeten echt heel dun zijn, om samengeplakt te kunnen worden.

1. Ontbeen de lamsrug. Zet de 2 filets apart en maak met de botten het bouquet garni en wat water een braadfond. Meng de ingrediënten voor de vulling en breng op smaak.

2. Blancheer de spinaziebladeren en spreid ze uit op een doek. Braad de lamsfilets aan beide kanten 1 minuut aan op hoog vuur en veeg ze schoon met een doek. Bestrijk de filets met de vulling en wikkel ze eerst in spinaziebladeren en daarna in het darmnet. Zet koud weg.

van groene kruiden

3. Schaaf de aardappels in zeer dunne plakken en maak er ravioli van met duxelles-vulling. Bak ze in geklaarde boter. Kook de braadfond in, voeg verse dragon toe en laat even trekken. Saus door zeef halen, opkloppen en met boter monteren.

4. Bak de lamsfilets 10 minuten in een voorverwarmde hete oven. Snijd het topje van de voorjaarsuien en hol de uien uit. Bak fijngehakte groene en rode paprika met de ui. Bak de voorjaarsuien en vul ze met het paprika-ui-mengsel. Snijd het lamsvlees in plakken, na 10 minuten rust in de oven, en schik op de borden met het garnituur. Giet wat saus op de borden.

Kalfszwezerik met witlof en

Voorbereidingstijd: 45 minuten
Kooktijd: 35 minuten
Moeilijkheidsgraad: ★★★

Voor 4 personen

4	kleine kalfszwezeriken
1	wortel
1	ui
2	tenen knoflook
100 g	boter
500 ml	jus van kalfsvlees
200 ml	olijfolie
100 ml	sherry-azijn
60 g	kleine kappertjes
	peper en zout naar smaak

Voor het garnituur:

8	stronken witlof
1	ui
70 g	boter
200 ml	room
	sap van 1 citroen
	suiker
	peper en zout naar smaak

Kappertjes worden vanwege hun geringe afmeting en niet zo frequent gebruik soms wat veronachtzaamd. Dat onrecht kunnen we in dit recept ongedaan maken. Kappertjes zijn de knoppen van de kleine, stekelige kappertjesstruik, die in het Middellandse-Zeegebied groeit. De meest verbreide soorten zijn de Kapucijnkappertjesstruik en de gladde kappertjesstruik. Meestal dienen kappertjes als specerij. Maar ze worden ook in veel gerechten zoals de 'tapenade' gebruikt, hetgeen een saus is met veel kappertjes die zijn naam er ook aan ontleent: 'tapeno' is Provençaals voor kappertje.

De zwezerik hoort tot het meest waardevolle orgaanvlees van het kalf. Het is een andere naam voor de thymus-klier die zich alleen bij jonge zoogdieren (kalveren, lammeren) en bij kinderen ontwikkelt, en later weer verdwijnt. Dankzij dit reservoir van eiwitten kan het kalf de meeste infectie-ziekten doorstaan. Zwezerik is erg geliefd om zijn stevige en malse structuur, en om zijn fijne smaak, die echter niet mag worden overheerst door te sterk gekruide andere ingrediënten. Daarom gebruiken we hier sherry-azijn, waarvan de nootachtige smaak goed samengaat met de kalfsjus.

Witlof of Brussels lof is een afstamming van de cichorei, waarvan de Grieken wisten dat het de spijsvertering bevordert. Zij noemden het daarom de 'vriendin van de lever'. Het was vroeger een wintergroente, maar er is tegenwoordig ook een zomerse variant, zodat hij het gehele jaar kan worden gegeten. Neem helderwitte stronken, met knapperige, stevige bladeren. Was de lof niet, want hij zuigt zich vol met water en verliest daardoor smaak.

1. Blancheer de kalfszwezerikjes in water met wat zout. Laat ze schrikken, leg ze tussen twee snijplanken en verzwaar met bijvoorbeeld conservenblikken. Op die manier kan de zwezerik later makkelijker worden gesneden. Verwijder de buitenste bladeren van het witlof. Haal genoeg bladeren los om daarmee vier vormpjes te kunnen bekleden. Blancheer de bladeren met wat citroensap, laat ze uitlekken, en op een doek drogen.

2. Snijd de rest van het lof in dunne repen. Snijd ui klein en stoof in boter. Voeg de reepjes lof toe en laat het water uit de groenten verdampen. Voeg de room toe en kook in, totdat er bijna geen vloeistof meer over is. Breng op smaak met suiker, zout en peper. Vul de vormpjes met deze vulling. Sluit af door de uitstekende bladeren er overheen te vouwen.

kappertjessaus

3. Bak de zwezeriken aan alle kanten aan in hete olie. Voeg geplette knoflook, en klein gesneden wortels en ui toe. Bak in een hete oven en bedruip regelmatig. Houd na het bakken warm.

4. Schep het vet uit de pan. Blus met de azijn en laat inkoken. Voeg de jus toe, en laat opnieuw inkoken tot er een romige saus ontstaat. Met boter monteren en door een zeef halen. Voeg tenslotte de kappertjes toe. Stort op ieder bord een witloftaartje, leg de zwezerik ernaast en giet er wat saus bij.

Gesmoorde ossenstaart

Voorbereidingstijd: 1 uur 15 minuten
Kooktijd: 3 uur
Moeilijkheidsgraad: ✶✶

Voor 4 personen

2	kg	ossenstaart
100	g	varkenszwoerd
200	g	wortels
250	g	uien
150	g	selderij
1	bolletje	knoflook
75	g	tomatenpuree
100	g	bloem
2	l	kalfs- of runderfond
1	l	Bourgogne-wijn
		zout en peper naar smaak

Voor het bouquet garni:

1	laurierblad
2	takjes tijm
8	takjes peterselie

Voorjaarsgroenten:
wortels
knolletjes
jonge uitjes
nieuwe aardappels
erwten
bonen

Sinds de jaren '80 steekt her en der in de Engelse veestapel de 'gekke koeien-ziekte' (BSE) de kop op. Helaas is deze ziekte ook op mensen overdraagbaar. Niettemin hoort Engels rundvlees nog steeds tot een van de belangrijkste genietingen van de fijnproever. De diverse runderrassen worden in dit land zeer goed verzorgd, zoals het Hereford-rund of het beroemde Aberdeen-Angus-rund uit Schotland, wiens eiwitrijke vlees op zeer veel verschillende manieren wordt bereid.

Voor dit Engelse ossenstaartgerecht dient u de bovenste stukken, dat wil zeggen de meest vlezige delen van de ossenstaart te gebruiken. De staart moet vers zijn en rood, stevig vlees tonen, met een witte vetlaag die u niet helemaal moet wegsnijden, zodat het vlees niet droog wordt. Overigens kan dit gerecht met ieder soort rundvlees worden gemaakt.

Het garnituur moet ruiken naar het voorjaar, en dus bestaan uit de eerste nieuwe groenten. Maar het kan ook, zoals in de Auvergne, kastanjes bevatten, die eerst in het braadvocht van de ossenstaart hebben gelegen, zodat ze dezelfde consistentie hebben gekregen.

Voor een goede ossenstaart moet men vier dagen uittrekken, inclusief het verorberen. Na twee dagen marineren in een krachtige wijn, zoals bijvoorbeeld een Côte-du-Rhône, wordt hij op de derde dag gekookt en op de dag erna slechts opgewarmd. Zo is hij het lekkerst.

1. Snijd de groenten voor het koken (wortel, ui, selderij) in grote stukken. Ontbeen de ossenstaart en snijd hem ook in grote stukken. Doe alles in een grote pan of schaal. Voeg wijn, bouquet garni en knoflook toe en laat minstens 48 uur marineren. Laat de stukken ossenstaart uitlekken. Breng op smaak met peper en zout en braad aan alle kanten aan.

2. Bak in een pan het garnituur van de marinade even aan samen met het zwoerd. Voeg de ossenstaart toe, evenals de tomatenpuree. Bestrooi met de bloem en laat even bruinen in de oven. Voeg de marinade toe en breng aan de kook. Dek af en laat ca. 3 uur stoven in een hete oven.

24 Michel Bourdin

met voorjaarsgroenten

3. Maak de voorjaarsgroenten schoon. Kook ze apart beetgaar in kokend water met wat zout.

4. Haal de stukken ossenstaart uit de pan. Snijd niet klein. Schik ze in diepe borden. Verdeel de voorjaarsgroenten over de borden. Laat nog wat goede rode wijn inkoken en meng met de saus. Haal door een zeef en giet over de borden. Dien heet op.

Groot-Brittannië

Kalfsmedaillons met citroen

Voorbereidingstijd: 15 minuten
Baktijd: 25 minuten
Moeilijkheidsgraad: ★★

Voor 4 personen

1	kalfsfilet van 800 g
1	kalfsnier
1	grote ui
1	sjalot
100 ml	madera
200 ml	volle room (48%)

150 g	kruimeldeeg
	peper en zout naar smaak
	boter
	azijn

Voor de citroensaus:

20 g	suiker
100 ml	rode wijnazijn
1	citroen
40 ml	demi-glace (ingekookt kalfsfond)
100 g	boter

Om het vroegere graafschap Charolles is in de loop van de geschiedenis gestreden door de hertogen van Bourgondië, de koningen van Frankrijk en de Duitse keizers. In het rijke land van Lyon, naast het voormalige graafschap, is men trots op het witte runderras dat de naam draagt van de buurman waar zoveel om gevochten is. Het Charolais-rund is wijd en zijd bekend, maar het Charolais-kalf, waar Christian Bouvarel zo dol op is, moet eigenlijk nog worden ontdekt. Het jonge dier blijft bij de moeder en wordt onder strikte hygiënische omstandigheden grootgebracht. Zo wordt de kwaliteit van het vlees gewaarborgd, dat overigens een zeer fijne smaak heeft.

Voor dit recept neemt u een filet van gemiddelde dikte (te dun vlees droogt uit bij het braden), en een nier. Om de nier mooi zacht te houden wordt hij op laag vuur (45 á 60 °C) gestoofd in zijn eigen vet, voordat hij in blokjes wordt gesneden en nog even kort aangebraden. Zoals alle orgaanvlees moet de nier uiterst vers zijn en direct na aankoop worden bereid.

Dat wat betreft de bereiding van het vlees. Wat de citroensaus betreft, deze is zeer geraffineerd, omdat het zurige van de citroen zich vermengt met het gecompliceerde zoet van de karamel. U kunt erop rekenen dat deze saus de smaak van het vlees ten goede zal komen. Besteed geen aandacht aan de zeurpieten die kalfsvlees flauw van smaak vinden. Denk liever aan alle klassieke kalfsvleesgerechten, zoals kalfszadel Orloff, Ossobuco, kalfsvlees Stroganoff, kalfsvlees 'bonne femme', en zoveel andere!

1. Meng voor de citroensaus de suiker in een braadpan met de azijn. Laat even kleuren en voeg dan het sap van 1/2 citroen en de demi-glace toe. Doe het sap van nog een 1/2 citroen erbij en laat tegen het kookpunt komen. Voeg de boter toe. Snijd de citroenschillen in reepjes en zet apart.

2. Bekleed 4 taartvormpjes met het kruimeldeeg en bak ze gaar. Snijd de uien in dunne plakjes, doe ze met wat boter in een steelpan, laat ze even zweten en voeg een scheutje azijn toe. Zet apart.

en niertjes in roomsaus

3. Verwijder ongerechtigheden uit het kalfsvlees. Snijd het vlees in 4 grote stukken en snijd daaruit steeds 3 medaillons. Bestrooi met peper en zout en bak ze in boter. Snijd de nier in blokjes van gelijke grootte, bestrooi met peper en zout en bak ze in eigen vet. Voeg tenslotte de fijngehakte sjalot toe en blus met madera.

4. Voeg de room toe aan de niertjes en kook tot 1/4 in. Doe er een klontje boter bij. Zet de gebakken deegvormpjes met de niertjes erin in het midden van de borden, schik de medaillons eromheen, giet de saus erover en leg er wat uiencompote bij. Versier met reepjes citroenschil.

Frankrijk

Bresse-kip in

Voorbereidingstijd: 1 uur 15 minuten
Kooktijd: 45 minuten
Moeilijkheidsgraad: ★★

Voor 4 personen

4	Bresse-kipfilets van 120 g
160 g	Gruyère
500 g	bladspinazie
4	plakken gekookte ham
200 g	bladerdeeg
1	ei
	zout en peper naar smaak

Voor de roomsaus:

250 g	verse morieljes
500 ml	room
100 ml	witte wijn
80 g	boter
3	eidooiers
	sap van 1/2 citroen
50 g	dragon, fijngehakt
	zout en peper naar smaak

Deze kip in bladerdeeg werd door Paul Bocuse in 1993 persoonlijk toebereid, ter gelegenheid van een bijeenkomst van de 'beste ambachtslieden van Frankrijk', in Collonges-au-Mont-d'Or. In dat jaar werd ook Christian Bouvarel tot dit zeer selecte gezelschap toegelaten. Het was een hoogtepunt in zijn carrière, maar geen eindpunt, want zo'n uitverkiezing brengt ook veel verplichtingen met zich mee. Onze chef-kok is dan ook bijzonder gesteld op dit recept, temeer daar hier een typisch regionaal product, de Bresse-kip, zo fraai tot zijn recht komt.

Let goed op wanneer u een Bresse-kip aangeboden krijgt. Als hij niet voorzien is van het rode kwaliteitszegel 'Bresse', dient u voorzichtig te zijn, want niet al het gevogelte afkomstig van een boerderij is even goed van kwaliteit. Bresse-kippen worden buiten gehouden, met graan gevoerd en kunnen los rondlopen zoveel ze willen. Niets van die arme kippen in legbatterijen waar de kippenfokkers onze supermarkten mee volproppen!

We wijzen op de benodigde kwaliteit van het gevogelte omdat ook de andere ingrediënten eersteklas moeten zijn. Probeer dus een zeer goede ham te vinden en een kaas met veel smaak. Houdt u van een kruidige kaas als de Gruyère, dan raadt Christan Bouvarel u een Comté aan, die soms nog kruidiger is dan de Gruyère. Doe de kaas in een holte van het kippenvlees alvorens het deegomhulsel te sluiten. Zo vermijdt u dat de kaas bij het bakken uitloopt. De spinazie moet uiterst vers zijn, en kan eventueel worden vervangen door groene kool. Deze past ook uitstekend bij gevogelte, omdat hij de smaak niet overheerst.

1. Ontbeen het gevogelte, haal de kippenborst los, snijd hem over de lengte open en vul hem met de geraspte kaas. Voeg peper en zout toe en klap dicht.

2. Verwijder de stelen van de spinazie, was de bladeren in koud water en blancheer ze. Bedek iedere kippenborst met spinazie en wikkel daar omheen een plak gekookte ham.

Christian Bouvarel

bladerdeeg met morieljes

3. Snijd het uitgerolde bladerdeeg in 4 stukken. Rol iedere kippenborst in bladerdeeg en vorm er een flap van. Laat ½ uur rusten, bestrijk met geklopt ei en bak 25 minuten in een oven van 190 °C.

4. Stoof de morieljes in boter, voeg peper en zout toe. Blus met de wijn, voeg 250 ml room toe en laat 4 à 5 minuten koken. Meng het eigeel met de rest van de room, het citroensap en de dragon. Giet bij de morieljes. Roer even om, om de saus te binden. Kook in zonder dat de room aan de kook komt. Haal de saus van het vuur als hij mooi romig is en doe over in een andere pan. Snijd de deegflappen met kip in plakken en schik op de borden met morieljes en saus.

Kalfsgebraad

Voorbereidingstijd: 1 uur
Kooktijd: 30 minuten
Moeilijkheidsgraad: ★

Voor 4 personen

600 g	kalfskotelet (carré en filet)
200 ml	kippenbouillon
200 ml	droge witte wijn
	arachide-olie
100 g	boter
	zout en versgemalen peper

Voor de zoetzure uien:

400 g	zeer kleine uitjes
50 g	rozijnen
2 el	bloem
2 el	suiker
100 ml	olijfolie, koudgeperst
100 ml	azijn

Voor de kippenbouillon:

2	kippenkarkassen
2	wortels
2	knolletjes
1	prei
	zout en versgemalen peper

In heel de noordelijke Italiaanse streek Lombardije, en vooral in de provinciehoofdstad Milaan kent men sinds de Renaissance het in eigen vet gebakken kalfsgebraad. Vroeger gaven de koks van de welgestelde families de voorkeur aan gerechten met blank vlees, vooral kalfsvlees, dat aan het spit werd geroosterd nadat het in vieren was gedeeld. Op die manier verkreeg men natuurlijk niet het geraffineerde resultaat dat wij tegenwoordig nastreven, zoals licht roze gebraden vlees, dat onze chef-kok ons hier ook aanbeveelt.

Koop vlees van een melkkalf, want dat is bijzonder zacht. Aarzel niet om het vet te verwijderen van het ribstuk en de filet, want dat verbetert de smaak van de saus. Het braden gebeurt in twee gedeelten, waarbij u goed moet blijven opletten. Eerst wordt het vlees kort aangebraden in een pan, zodat het kleur krijgt, maar nog geen korstje. Daarna wordt het gestoofd in de oven, waarbij het van binnen roze moet blijven. Het vlees wordt direct als het uit de oven komt in plakken gesneden en opgediend, omdat het bij afkoelen samen gaat trekken.

Trek voor de bereiding van de kippenbouillon een dag uit, want hij wordt het lekkerst als hij langzaam op zeer laag vuur kan trekken. Als hij dan nog een nacht kan rusten krijgt hij een delicaat en vol aroma, omdat de ingrediënten zich goed hebben kunnen vermengen.

De zoetzure uien komen uit de keuken van het Oostenrijk-Hongaarse keizerrijk, dat vroeger grensde aan Lombardije. De Milanezen hebben het recept verrijkt met rozijnen en dienen het terecht als garnituur op.

1. Blancheer een dag van tevoren de kippenkarkassen en spoel ze af met koud water. Leg ze in ½ liter water met wat zout en peper. Breng aan de kook en schep het schuim eraf. Voeg de groenten toe en laat 5 uur trekken op zeer laag vuur. Giet door een zeef en zet apart. Snijd het vlees in plakken.

2. Bak de koteletten in 50 g boter en wat arachide-olie, zodat ze een mooi kleurtje krijgen, zonder ze te laten aanbakken.

Carlo Brovelli

op Milanese wijze

3. Giet de bouillon en de wijn erbij, breng aan de kook en laat 15 minuten verder stoven in een oven van 180 °C. Haal het vlees uit de pan en houd het warm. Maak voor de zoetzure uien een roux van olie, suiker en bloem. Laat 3 minuten koken en voeg dan de azijn toe. Blancheer de uien en voeg ze toe aan de roux, samen met de rozijnen en laat 6 minuten koken.

4. Reduceer het braadvocht tot tweederde, haal van het vuur en klop er 50 g boter in kleine stukjes doorheen. Haal door een zeef en houd warm. Giet wat saus op de borden en leg het in plakken gesneden vlees erin. Dien op met de uitjes apart en de rest van de saus in een sauskom.

Marbré van runderfilet,

Voorbereidingstijd: 40 minuten
Kooktijd: 15 minuten
Moeilijkheidsgraad: ★★

Voor 4 personen

4	runderfilets van 150 g
160 g	rauwe ganzenlever
200 g	varkensdarmnet
20 g	truffel, in plakjes
40 g	julienne van prei, selderij en wortel
200 ml	bouillon
200 ml	kalfsfond
240 g	dunne tagliatelle (pasta)
100 ml	room
100 g	boter
	Parmezaanse kaas, geraspt
12	takjes kervel
	zout en peper naar smaak
	grof zout

Het rund is niet meer weg te denken uit de gastronomie, en zijn beste gedeelte, de filet, is sinds de Middeleeuwen altijd weer onderdeel van de meest verfijnde tafelgenoegens. Vanwege de kwaliteit van de Europese fokkerijen kunnen wij genieten van kostelijk, mals vlees. Voor dit recept neemt u bij voorkeur een Belgisch ras. Maar u kunt natuurlijk ook andere kwaliteitsrassen uitzoeken, zoals Charolais, Limousin, het Schotse Angus of een Fries ras. In ieder geval moet het vlees een mooie kleur hebben, overal stevig zijn en terugveren als u erop drukt.

De bereiding van het vlees, dat dwars op de nerf in drie stukken wordt gesneden, vergt wat tijd, want het geheel moet een fraai, gemarmerd uiterlijk krijgen. U bereikt dat door huishoudfolie te gebruiken waarin u de filetcreatie wikkelt en ruim een uur koud wegzet. Het darmnet dat u daarna gebruikt is een dun membraan met vetadertjes dat van tevoren wordt gereinigd door het een paar uur in water met wat zout te leggen. Dit heeft ook nog het voordeel dat het weefsel van het darmnet zachter wordt, zodat het makkelijker in het gebruik wordt.

Niettemin kan het aansnijden van de 'filettaart' nog moeilijkheden opleveren. U maakt het uzelf gemakkelijker door het vlees na het braden kort te laten rusten.

Om een saus met volle smaak te krijgen, raadt onze chef-kok aan om de fond van blokjes goed gekruid kalfsvlees te maken. Het vlees van de marbré dient zeer heet te worden opgediend.

1. Kruid de filets met peper en zout en bak ze aan beide kanten aan in een klontje boter. Laat afkoelen. Snijd de ganzenlever in dunne plakken en voeg peper en zout naar smaak toe. Bak kort in een pan met anti-aanbaklaag. Snijd de filets dwars op de nerf in drie stukken.

2. Leg op een stuk filet een plak ganzenlever en plakjes truffel, dek af met een tweede stuk filet, leg hier weer ganzenlever en truffel op en sluit af met het derde stuk filet. Wikkel de 4 'filettaartjes' in huishoudfolie en zet 1 uur koel weg. Kook de tagliatelle in 3 à 4 minuten "al dente". Kook de room in met de groentenjulienne en meng de uitgelekte pasta erdoor.

ganzenlever en truffel

3. Haal de filets als ze mooi stevig zijn uit de folie en omwikkel ze met het darmnet, dat 3 à 4 uur in koud water met wat zout is geweekt. Bak ze 4 minuten aan iedere kant en haal dan het vet uit de pan. Voeg kalfsfond en bouillon toe, kook in, proef op peper en zout, en zet apart.

4. Snijd de gemarmerde filettaartjes in 2 of 3 stukken en schik ze op de borden. Strooi er grof zout over en leg de tagliatelle ernaast, die met een vork opgerold zijn tot een nestje. Versier met kervelblaadjes. Serveer met de saus en geraspte Parmezaanse kaas.

Lam in zoutkorst met

Voorbereidingstijd: 30 minuten
Kooktijd: 20 minuten
Moeilijkheidsgraad: ★★

Voor 4 personen

1	lamsrug van 1 1/2 kg
200 g	doperwten, gedopt
6	vanillestokjes
1½ kg	grof zout
	verse, bloeiende tijm
	lamsfond
4	plakken brick-deeg (of filo-deeg)
200 ml	room
1	ei
1 el	olijfolie
	zout en peper naar smaak
	boter

In de Oudheid werd het zout min of meer aanbeden. De kostbare specerij hoorde bij iedere maaltijd, en oorspronkelijk kregen de Romeinse soldaten er iedere dag een handvol van, een gebruik dat later werd veranderd in uitbetaling in geld. In de geschiedenis hebben zoutwinning, zouthandel en zoutverbruik altijd tot de belangrijkste economische activiteiten gehoord. En ook nu nog speelt het zout in onze keuken een belangrijke rol.

Hoewel lam het hele jaar door verkrijgbaar is, dient u er vooral in het voorjaar van te genieten. Onze chef-kok raadt u in het bijzonder aan om een 'pré-salé'-lam te nemen uit de kwelders van de Cotentin. Deze lammeren drinken water uit de zoutmeren aan de kust en daaraan dankt het mooie rode vlees zijn bijzondere smaak. De kwaliteit van de lamsrug valt af te leiden aan de breedte van het zadel en de aanwezigheid van een rijke, stevige vetlaag. Ontbeen de lamsrug grondig vóór het braden, zodat dit gelijkmatig kan gebeuren. Voor de zoutkorst heeft u een grote hoeveelheid grof zout nodig, waarmee de gehele lamsrug bedekt kan worden. Deze wat spectaculaire wijze van bereiding houdt het vlees zacht en mals. Het dient zeer heet te worden opgediend, en u zult verrast zijn hoe sterk het lam naar de zee smaakt en hoe knapperig het vlees is.

Bij zo'n gerecht hoort slechts een doperwtenpuree die met vanille is verrijkt en in een deegjasje wordt opgediend dat net zo krokant is als het lamsvlees.

1. Ontbeen de lamsrug en bindt de filets samen. Strooi er peper en zout naar smaak over. Bak het vlees zodanig aan alle kanten dat alles gelijkmatig kleurt. Leg het in een vuurvaste schaal met zout en bedek het helemaal met zout, nadat u er eerst tijm en een klein gesneden vanillestokje op heeft gelegd. Stoof 15 minuten in een oven van 200 °C.

2. Kook de doperwten op zijn Engels in kokend water met wat zout en een fijngesneden vanillestokje. Haal door een zeef en roer door de helft van de erwtenpuree de room en de boter. Roer het geklopte ei door de andere helft.

knapperige doperwtenkoekjes

3. Bestrijk iedere plak deeg met het ei-erwtenmengsel. Vouw het deeg tweemaal dubbel. Snijd er met een uitsteekvorm rondjes uit. Bak ze in boter en olie. Haal ze uit de pan en giet wat lamsfond in de pan. Houd warm.

4. Snijd het lamsvlees in stukken en verdeel deze over de borden. Snijd de doperwtenkoekjes in puntjes en schik deze op de borden. Giet wat lamsfond over het vlees en druppel wat doperwtencrème op de borden als garnering. Versier met verse tijm en vanillestokjes.

Frankrijk

Eend in een jasje met

Voorbereidingstijd: 45 minuten
Kooktijd: 50 minuten
Moeilijkheidsgraad: ★★

Voor 4 personen

2	eenden van 2 kg
8 vellen	brick-deeg
3	artisjokken
3	wortels
3	knolletjes
200 g	haricots verts
100 g	boter
20 ml	azijn
1	bouquet garni
	suiker
	eiwit
	komijn
	zout en peper naar smaak

Voor de versiering:
bieslook
kerstomaatjes

Voor dit recept werd oorspronkelijk duif gebruikt, maar onze chef-kok was teleurgesteld in het resultaat en neemt voor deze nieuwe versie eend, wat beter past en hem allerlei loftuitingen oplevert. Eend heeft om te beginnen al een uitgesproken smaak, die in het deegjasje nog verder tot ontwikkeling komt en het hele gerecht beïnvloedt. U kunt dit recept tot een topnummer maken als u een mooie eend uit de streek Gers neemt (ca. 2 kg). Een grotere eend heeft meer vet, wat voor dit recept niet geschikt is. Onze chef-kok raadt verder aan om de eend een dag van tevoren te kopen en hem op een koele en droge plek te laten rusten.

De groentenbijlage is de smakelijkste manier om het begin van de lente te vieren. Om de groenten hun kleur en knapperigheid te laten behouden mogen ze slechts kort in kokend water verblijven en laat men ze daarna schrikken in ijskoud water. Zo ontstaat een harmonie met het knapperig brick-deeg, die uw gasten zal plezieren. De Tunesische bladerdeegrol is geschikt om ook de minder fraai tonende delen, zoals een ontbeende kippenpoot, mee te omhullen. Bovendien houd hij de omhulde spijzen mooi warm.

Als u geen eend kunt bemachtigen, kunt u ook ander gevogelte, zoals een Bresse-duif van ca. 500 g nemen.

1. Maak de eenden schoon en grill ze 35 minuten in de oven. Laat ze rusten en verdeel ze dan in 12 stukken. Hak de karkassen fijn en maak er een fond van, samen met het bouquet garni.

2. Was de knolletjes, wortels en artisjokken en snijd er decoratieve vormen uit. Maak de haricots verts schoon. Kook alle groenten apart en kort in kokend water met wat zout. Laat schrikken in ijskoud water.

groenten uit de Provence

3. Maak een karamel van 1 el water en wat suiker. Blus met de azijn en voeg de eendenfond toe. Kook in, haal door een zeef en monteer met de boter. Proef op peper en zout.

4. Verdeel het eendenvlees in flinters. Leg op iedere plak deeg wat eendenvlees met wat komijn, rol op als een bonbon en bind dan beide uiteinden dicht met een stengel bieslook. Bestrijk met eiwit en bak 8 minuten in de oven. Schik op de borden met de groentenvormpjes en versier met kerstomaatjes, fijngeknipt bieslook en wat eendensaus.

Frankrijk

Kalfsniertjes met

Voorbereidingstijd: 1 uur 30 minuten
Kooktijd: 35 minuten
Moeilijkheidsgraad: ★★

Voor 4 personen

4	kalfsniertjes met het vet (ca. 450 g)
2	kalfspoten
	bouillon
	kalfsfond
	sjalotten
	boter
	olijfolie
	tijm

laurier
zout en peper naar smaak

Voor de puree:

8	aardappels
100 ml	melk
100 g	boter
	olijfolie
	zout
	paneermeel

Kruiden:
gladde peterselie
kervel
koriander

Eigenlijk moet de olijfolie uit Maussane komen, een kleine gemeente met olijfgaarden waarin meer dan 200.000 bomen staan. Deze olijfolie is zo beroemd dat de grote chef-koks hier hun olie komen halen. Veel olijven krijgen trouwens een andere bestemming. Ze worden verwerkt tot de zogenaamde 'salonenques', dat wil zeggen dat ze eerst met een houten hamer worden platgeslagen en daarna met venkel en sinaasappelschil ingelegd, en bij het aperitief worden gegeten.

Aan de aardappelpuree worden pas op het laatst olijfolie en melk toegevoegd, om hem wat smeuïger te maken. Doseer de olie voorzichtig, zodat de puree niet te dun wordt. Gebruik een vormpje van 15 cm doorsnede om de puree te modelleren.

Oorspronkelijk was de bedoeling van dit recept om het minder fraai ogende orgaanvlees mooi op de borden te kunnen schikken.

Laat de niertjes met hun vetlaag vier à vijf dagen rusten in de koelkast. Verwijder de vetlaag pas kort voordat de niertjes in aluminiumfolie worden geroosterd. Het folie zorgt ervoor dat ze mooi zacht blijven en hun smaak behouden. Zonder nou direct een loflied op aluminiumfolie te willen zingen, moeten we toch nog eens de voordelen ervan noemen. Het verhindert het verschrompelen of hard worden van de niertjes en het vergemakkelijkt het opvangen van het bloed, waar de saus mee wordt gebonden. Als de niertjes tot slot nog even in een pan worden aangebraden, zien ze er nog fraai uit ook.

Strooi tenslotte nog wat verse kruiden over het gerecht, en het resultaat zal verrassend zijn.

1. Kook de geschilde aardappelen 10 minuten in water. Druk ze door een zeef of stamp ze fijn. Voeg wat boter toe en tenslotte wat melk en olijfolie. Zet apart in een hoge kom.

2. Blancheer de kalfspoten en kook ze 4 uur in bouillon met tijm en laurier. Laat ze afkoelen en snijd ze in kleine blokjes. Bak ze in boter en meng ze door de puree. Doe de puree in de vormen. Verwijder het vet van de niertjes en eventuele zenen, breng op smaak met peper en zout en wikkel de niertjes in aluminiumfolie.

38 Alain Burnel

aardappelpuree en kruidensaus

3. Giet een laagje olijfolie in een vuurvaste schaal en leg de niertjes erin. Stoof 10 minuten in een hete oven. Vang het bloed op, laat ze rusten en bak ze kort voor het opdienen nog even in de boter. Verwijder het vet uit de pan en doe de fijngehakte sjalotten erin, en de kalfsfond. Kook in en haal door een zeef. Voeg de fijngehakte kruiden toe, de saus monteren met wat koude boter. Op smaak maken.

4. Stort de pureetorentjes midden in vuurvaste borden en strooi er wat paneermeel over. Zet de borden op het bovenste rooster in de oven en laat kleuren. Snij de niertjes in plakjes en schik ze rondom de puree. Giet de kruidensaus, licht gebonden met het nierenbloed, erover. Versier met nog wat kruiden.

Frankrijk

Ragoût van lamszwezerik en

Voorbereidingstijd: 45 minuten
Kooktijd: 1 uur
Moeilijkheidsgraad: ✭

Voor 4 personen

500 g	lamszwezerik
250 g	lamstong
1	bouquet garni
2	tomaten
250 g	kleine champignons
200 ml	blanke kalfsfond
500 ml	lamsfond met tomaat
200 ml	rode port
1 tl	schildpaddensoepkruiden
1 à 2 tl	pijlwortelmeel (arrow-root)
1	citroen
1 mespunt	cayennepeper
1 bosje	dragon
	zout en peper naar smaak

Garnituur:
gestoomde aardappelen

Jan Buytaert heeft van deze 'navarin', een traditionele lamsragout slechts het basisprincipe gebruikt. U heeft tong en zwezerik van een lam nodig, die absoluut vers moeten zijn. Iedereen weet waar de tong voor dient, maar sommige Franse slagers noemen ook de zwezerik zo, terwijl het hier toch gaat om een klier (de thymus), die zich bij jonge dieren bij de aanzet van de hals bevindt, en die tegen bepaalde ziektes bescherming biedt. Orgaanvlees dient men vóór de bereiding enige uren in koud water te leggen, en te blancheren. Daarna worden nog adertjes en vliezen verwijderd.

De lamsfond wordt verrijkt met verse tomaten, zodat hij een rode kleur krijgt. De andere ingrediënten zijn gemakkelijk verkrijgbaar, met uitzondering van de specerij die gewoonlijk wordt gebruikt in schildpaddensoep of bij een kalfskop. Pijlwortel-(zet)meel heeft ten opzichte van aardappelmeel het voordeel dat het lichter verteerbaar is. In ieder geval kunt u in dit recept de kwaliteiten van dit meel ontdekken.

Er is niets tegen om eventueel overgebleven ragoût na een paar dagen op te warmen - hij smaakt dan nog beter.

1. Prepareer de lamszwezeriken, blancheer ze, giet ze af en laat ze in de blanke fond garen met het bouquet garni. Doe hetzelfde met de lamstongen.

2. Verwijder het vlies van de tongen en snijd ze in vieren. Halveer de zwezeriken en snijd ze in grote stukken. Pel de tomaten, verwijder de zaadjes en snijd ze in blokjes. Zet de champignons aan in boter.

-tong met dragonsaus

3. Kook de lamsfond en het gebruikte kalfsfond samen tot tweederde in. Breng deze saus op smaak met wat zout, cayennepeper, schildpaddensoepkruiden, port, en het sap van 1 citroen. Bind met wat pijlwortelmeel. Haal door een zeef.

4. Voeg de champignons met wat citroensap, de blokjes tomaat en de dragonblaadjes toe aan de saus. Doe ook de stukken zwezerik en de tong erbij. Laat op laag vuur 10 minuten koken. Dien op met gestoomde aardappelen.

Kalfslever met gember-sojasaus

Voorbereidingstijd: 20 minuten
Kooktijd: 20 minuten
Moeilijkheidsgraad: ★★

Voor 4 personen

1 kg	kalfslever
50 g	boter
	bloem

Voor de gember-sojasaus:

40 g	sjalotten
50 g	gember
150 g	boter
500 ml	kalfsfond
20 ml	sojasaus

Voor het garnituur:

1 kg	aardappels (krieltjes)
75 g	ganzenvet
4	teentjes knoflook (ongepeld)
2	takjes tijm
2	laurierblaadjes
	bieslook

Voor de sjalotten:

250 g	sjalotten
125 g	boter

Het gebruik van sojasaus en gember in dit kalfsgerecht getuigt van Jacques Cagna's belangstelling voor het Rijk van de Rijzende Zon en de taal van dat land. Bij zijn geregelde bezoeken heeft hij de smaak van deze belangrijke Japanse smaakmakers leren waarderen. Hij introduceert ze met plezier in de Franse keuken.

Het gaat hier helemaal niet om een vanzelfsprekende combinatie, want de zoute sojasaus moet met mate worden gebruikt, zodat hij de smaak van het vlees niet overheerst. In het begin had Cagna weinig succes met dit recept, dat oorspronkelijk voor aal was gedacht, maar toen hij kalfslever ging gebruiken, dat zachter vlees en een minder uitgesproken smaak heeft, kwam de doorbraak. Koop hele verse, zachte lever. Verwijder het buitenste vlies en de adertjes voordat u het vlees door de bloem haalt en aan beide kanten mooi aanbraadt zodat het knapperig wordt. Ter informatie: Jacques Cagna betrekt zijn kalfslever van een fokker in de Corrèze.

In West-Frankrijk worden speciaal op het eiland Noirmoutier bijzondere kleine aardappeltjes verbouwd die 'grenaille' heten. U kunt krieltjes nemen, die ook bij het bakken in ganzenvet een aangename, nootachtige smaak krijgen. De 'grenailles' worden met de hand geoogst en streng gecontroleerd om de kwaliteit te garanderen. Ze zijn makkelijk te verwerken en erg populair bij de gasten van onze chef-kok, die ze ook bij kalfskotelet en slakken serveert.

Dit recept is ook geschikt voor kalfszwezerik, en als u geen verse gember kunt krijgen, kunt u die vervangen door gestoofde sjalotjes.

1. Zet voor de saus de fijngehakte sjalotten met de gember even aan in de boter. Blus met kalfsfond en sojasaus. Laat op laag vuur verder stoven. Roer goed door.

2. Maak de krieltjes schoon, maar schil ze niet. Bekleed een vuurvaste stoofpan met aluminiumfolie en leg hierin de aardappeltjes, het gesmolten ganzenvet, de knoflookteen, de tijm en de laurier. Doe het deksel op de pan en zet 1 uur in de oven.

Jacques Cagna

en krieltjes

3. Verwijder het vlies van de lever en snijd hem in 4 plakken. Voeg zout en peper toe, haal ze licht door de bloem en bak de plakken in een pan met de boter. Laat in een stoofpan de fijngehakte sjalotjes zweten in de boter tot ze helemaal zacht zijn.

4. Snijd de plakken lever in 5 dunnere plakjes en schik ze op een voorverwarmd bord. Bedek ze met de zachte sjalotjes. Schik de aardappeltjes er omheen en giet de saus erbij. Bestrooi met fijngeknipt bieslook en leg de kruiden erop.

Korhoen met linzen

Voorbereidingstijd: 1 uur 30 minuten
Kooktijd: 1 uur
Moeilijkheidsgraad: ★★

Voor 4 personen

4	korhoenders
600 g	linzen (zo mogelijk uit Puy)
250 g	aardappels
225 g	wortels
2	bouquets garni
300 ml	korhoenderfond
100 ml	sinaasappelsap
20 g	boter
	olijfolie
	zout en peper naar smaak

Het begin van het Engelse jachtseizoen voor de korhoen, op 12 augustus, is alleen maar te vergelijken met de 'palombitis', de jachtkoorts die uitbreekt in Zuidwest-Frankrijk wanneer de 'palombes', de wilde houtduiven arriveren. Deze koorts neemt pas op 1 november af, bij het wettelijk einde van jachtseizoen. De korhoen leeft in heide-gebieden in het noorden van Engeland, waar uitstekende jachtmogelijkheden zijn voor de Engelse adel. Denk maar eens aan de beschrijving die Conan Doyle in sommige van zijn Sherlock Holmes-avonturen van dit wilde en ongetemde landschap heeft gegeven.

De Schotse korhoen (Lagopedus scoticus) behoort tot de familie der woudhoenders en voedt zich met wat de heide biedt: blaadjes van heideplanten, wilde bosbessen en vossebessen, hetgeen aan zijn vlees een bijzondere smaak geeft. Hij is nauwelijks groter dan de patrijs en weegt ongeveer 300 g. De mannetjes zijn meestal wat groter dan de vrouwtjes. Het is traditie om de vogel een paar dagen ongeplukt te laten rusten, zodat zijn vlees nog meer smaak kan ontwikkelen. Dan wordt hij in stukken gesneden en gebraden. Andere bereidingsmogelijkheden konden onze chef-koks blijkbaar nog niet bekoren.

Stewart Cameron vindt het beste garnituur bij dit gerecht aardappel-wortelkoekjes, die qua structuur en neutrale smaak de smaak van het gevogelte het best tot zijn recht doen komen. Maar niets gaat beter samen met het korhoen dan een sinaasappelsaus, waarvan de licht zure smaak de kleinste smaaknuances van het vlees naar voren haalt.

1. Schroei de korhoenders af vóór de bereiding en snijd ze in stukken. Zet het borstvlees apart. Maak een fond van de karkassen met een bouquet garni. Kook de linzen 20 minuten met het andere bouquet garni.

2. Schil de aardappels en 200 g wortels en schaaf ze. Druk ze goed uit op absorberend keukenpapier. Maak er 4 koeken van en breng op smaak met peper en zout. Doe ze in een kleine, hete pan en laat ze aan beide kanten knapperig worden.

Stewart Cameron

en sinaasappelsaus

3. Schil de rest van de wortels en snijd ze in reepjes. Frituur ze in hete olie. Bak het borstvlees een paar minuten in een pan en laat dan verder garen in de oven. Haal het vlees uit de pan en houd het warm.

4. Doe de fond in de braadpan van het vlees, kook in en voeg sinaasappelsap toe. Haal door een zeef en monteer de saus met boter. Voeg de linzen toe en roer goed om. Giet de saus op de voorverwarmde borden, leg een aardappel-wortelkoek in het midden, en daarop het borstvlees en de gefrituurde worteljulienne.

Groot-Brittannië

Medaillons van het Angus-rund

Voorbereidingstijd: 45 minuten
Kooktijd: 15 minuten
Moeilijkheidsgraad: ★★

Voor 4 personen

1	filet van een Angus-rund (800 g à 1 kg)
150 g	eekhoorntjesbrood
150 g	cantharellen
50 ml	olijfolie
	zout en peper naar smaak

Voor de saus:

150 ml	Drambuie (whisky-likeur)
150 ml	runderfond
50 g	boter
75 g	brunoise van wortel, selderij en ui
	takjes tijm
1	laurierblaadje
1 g	zwarte peperkorrels

Alleen een Schotse chef-kok kan recht doen aan het Angus-Aberdeenrund. Dit ras is tot ver over de grenzen van Schotland bekend en hoort samen met whisky, en met alle respect, Maria Stuart, tot de beste exportartikelen van het land. Zoals de naam al aangeeft komt dit runderras uit de buurt van Aberdeen. Tegenwoordig is het over de hele wereld verbreid, tot in Argentinië en de Verenigde Staten toe, waar men zeer bedreven is in het fokken van runderen. Maar natuurlijk komen de beste Aberdeen-runderen bij Schotse fokkers vandaan waar de kwaliteitscontroles zeer scherp zijn.

Om de natuurlijke smaak te bewaren laat men ieder geslacht rund eerst meer dan een maand afhangen. Het vlees krijgt hierdoor ook een krachtiger smaak zodat de liefhebber geen al te sterk gekruid garnituur hoeft te maken. Ook gecompliceerde sauzen, die gewoonlijk bij rundvlees worden gegeven, zijn niet nodig. Bovendien reduceert deze behandeling van het vlees de gaartijd aanzienlijk. Het dichtst in de buurt van de kwaliteit van het Angus-rund komt het Franse Charolais-rund.

Wij beperken ons ertoe gesmoorde paddestoelen bij het rundvlees te serveren, die afkomstig zijn van dezelfde bodem die ook de runderen heeft gevoed. U ziet dus dat de samenstelling van het recept niet toevallig is. Uiteraard kunt u de paddestoelen vervangen door groente naar eigen keus, hoewel u daarmee tegen de Schotse traditie ingaat. Dat kunt u weer goedmaken als u tenminste voor de saus Drambuie gebruikt, een likeur van whisky, bloemenhoning en heidebloemen, die alleen al een reisje naar Schotland waard is.

1. Verwijder eventuele zenen uit de Angus-filet en snijd hem in medaillons van ca. 2 cm dik (8 stuks). Zet koud weg.

2. Maak de paddestoelen schoon en snijd ze in hele dunne plakjes.

Stewart Cameron

met paddestoelen

3. Stoof de brunoise (zeer fijn gesneden groenten) met tijm, laurier en peper in 25 g boter, op laag vuur, voeg de Drambuie toe en flambeer. Giet het runderfond erbij en kook tot tweederde in. Haal door een zeef en monteer de saus met de overige 25 g boter.

4. Verhit de olie in een pan, schroei de met peper en zout bestrooide medaillons op hoog vuur aan beide kanten dicht, en bak ze op lager vuur tot de gewenste gaarheid is bereikt. Bak de paddestoelen in hetzelfde vet. Leg in het midden van de borden een medaillon, deponeer de paddestoelen er bovenop en leg daarop nog een medaillon. Giet de Drambuie-saus erover.

Groot-Brittannië

Gepocheerde kuikenborst

Voorbereidingstijd: 1 uur 30 minuten
Kooktijd: 50 minuten
Moeilijkheidsgraad: ★★

Voor 4 personen

8	kuikenborsten
4	kippenboutjes
1 l	kippenbouillon
60 g	gerst
4	dragonblaadjes
12	kleine wortels
12	kleine courgettes
60 g	boter
100 g	roomkaas

Voor de versiering (naar believen):

4	grote plakken truffel

De keukenbrigade van Stewart Cameron functioneert bijna als een rugby-ploeg: effectief en met teamgeest. Dat is niet zo verbazingwekkend, want de buurman die de eieren levert (de beste in de streek, naar men zegt) is niemand anders dan de beroemde rugby-speler Quintin Dunlop.

Het samengaan van kuiken en dragon is al klassiek geworden en wordt nog steeds zeer op prijs gesteld. Dragon heeft een uitgesproken maar toch subtiele smaak, waarvan een goede invloed uitgaat op het zachte kuikenvlees. Doseer de dragon wel goed, want het is een doodzonde om de natuurlijke smaak van het diertje aan te tasten. Neem scharrelkuikens, want hun vlees heeft veel meer smaak.

De kippenmousse die u maakt op basis van klein gesneden kippenboutjes en roomkaas zal steviger van structuur worden als u hem boven ijsblokjes bereid. De structuur moet stevig genoeg zijn om balletjes van de mousse te kunnen maken. Het gebruik van gerst, waarbij we al gauw aan de beroemde whisky denken, is een hommage aan dit graangewas, dat in Schotland ruimschoots wordt geconsumeerd, en waar men ook 'stingo' van maakt, een gerstewijn die op bier lijkt. U dient de droge gerstekorrels in de kippenbouillon te pocheren, om ze zachter en fijner van smaak te krijgen. Doe dat ook met de in stukjes gesneden groenten, waarvan de zachtheid een mooi contrast vormt met de gerst, die wat steviger van smaak is.

Dit gerecht is een mooi staaltje van de Schotse kookkunst, die soms kruiden gebruikt die wij met grote terughoudendheid toepassen (zoals gember, bijvoorbeeld), en die vaak simpele graangewassen als gerst en haver verwerkt.

1. Snijd de kuikenborsten in stukken. Pocheer de gerst in 100 ml bouillon.

2. Meng in een kom het vlees van de kippenboutjes met het vel. Voeg de roomkaas toe en pureer in een keukenmachine of met de mixer.

ns
met gerst en dragon

3. Schil de wortels en de courgettes en snijd ze in ruitjes. Pocheer ze 5 minuten in 150 ml kippenbouillon. Bind ze tot boeketjes, als versiering, en zet ze weg.

4. Maak balletjes van de mousse en pocheer deze in de rest van de bouillon op laag vuur. Doe hetzelfde met de stukken kuikenborst. Giet de bouillons in een braadpan, kook flink in om de smaken te laten mengen en monteer met de boter. Leg het kuikenvlees op warme borden en versier met de groenten, dragonblaadjes en (naar believen) plakken truffel. Giet de saus over het vlees.

Groot-Brittannië

Konijnenragoût

Voorbereidingstijd: 45 minuten
Kooktijd: 35 minuten
Moeilijkheidsgraad: ★★

Voor 4 personen

2	konijnenruggen
1	takje wilde venkel
1	sjalot
5	zwarte olijven
5	groene olijven

100 ml	droge witte wijn
	vleesbouillon
60 g	boter
20 g	Parmezaanse kaas, geraspt
	zout

Voor de 'garganelli' (pasta):

400 g	tarwemeel
4	eieren

De Italiaanse provincie Romagna, tegenwoordig Emilia-Romagna, is de bakermat van een geraffineerde pastasoort, de 'garganelli'. Ze zijn een traditioneel onderdeel van het menu op de beste tafels. Gewoonlijk worden ze opgediend met een kippenbouillon, maar vroeger ook met een vleesragoût met tomaat, en 's zomers, vooral in de armste gezinnen, ook met courgette.

Het maken van deze pasta gebeurt met een 'pettine', een soort 'kam', een houten frame met daarop parallel gespannen draadjes, waarover men de garganelli rolt, zodat ze hun typische uiterlijk krijgen. Het is niet erg als u daar in het begin niets van terecht brengt. Onze chef-kok beaamt dat hiervoor een zekere handigheid nodig is, maar voegt eraan toe dat men het snel leert en dat wie eenmaal de smaak te pakken heeft, niet meer kan ophouden.

De garganelli worden ofwel koud in een salade gegeten, ofwel opgediend met deze konijnenragoût met witte wijn en sjalot. Marco Cavallucci geeft de voorkeur aan de uitstekende konijnen uit Ligurië die de bewoners die aan de Golf van Genua wonen zich goed laten smaken. Bovendien moet het konijn vrij jong zijn (niet té jong), mag het maar weinig vet hebben, en is het bij voorkeur een scharrelkonijn. De toevoeging van de wilde venkel geeft een bijzonder smaak aan het vlees.

De legende wil dat de eerste wilde venkel in de botanische tuinen van de Medici in Florence werd geteeld. Dat is het beste bewijs voor het voorjaarsachtige karakter van dit gerecht dat met passende eerbied moet worden gegeten...

1. Ontbeen de konijnenruggen. Snijd één ervan in stukken en braad de andere in zijn geheel ca. 20 minuten op middelhoog vuur. Het binnenste moet roze blijven. Hak de sjalot fijn en laat hem zweten in een pan met wat boter, voeg de stukken konijn toe en breng op smaak met zout.

2. Ontpit de olijven, hak ze fijn en doe ze bij de stukken konijn in de pan. Voeg de witte wijn toe, laat inkoken, doe de venkel erbij en laat 10 minuten koken. Voeg zo nodig nog wat vleesbouillon toe.

Marco Cavallucci

met 'Garganelli al pettine'

3. Kneed het meel met de eieren, vorm er een bal van en laat het deeg 1 uur rusten. Rol het dun uit, snijd er vierkantjes van 5 x 5 cm uit, rol deze om een dun staafje, en rol dit over de 'pettine' om er 'garganelli' van te maken. Kook ze 'al dente' in water met wat zout. Giet ze af.

4. Snijd de gebraden konijnenrug in dunne plakken. Bak de garganelli even met de Parmezaanse kaas en de konijnenragoût. Dien heet op, met een paar plakjes konijnenrug en versier met venkeltakjes.

Lamsrozetten met truffels

Voorbereidingstijd: 1 uur
Kooktijd: 30 minuten
Moeilijkheidsgraad: ★★

Voor 4 personen

2	lamscarré's (ribstukken) van 700 g
2	aardappels
30 g	Parmezaanse kaas
2	preien
1 glas	port (Tawny)
50 g	zwarte truffels
250 ml	vleesbouillon
50 g	boter
	olijfolie
	zout en peper naar smaak
	bloem

Lam, truffel, aardappel en Parmezaanse kaas vormen het bonte boeket ingrediënten die met hun uitgesproken smaak dit gerecht heel bijzonder maken.

De edele familie van de Grana-kazen, die diep geworteld is in de streek rond de Italiaanse stad Parma, telt meerdere loten, waarvan er één de Parmezaanse kaas is. 'Parmigiano Reggiano' is tot ver over de grenzen bekend. Er zijn wel 100 kaasmakers die zich aan de verfijning van dit product wijden, dat hoofdzakelijk in geraspte vorm bekend is, maar ook in plakken kan worden geserveerd. Er is 16l liter melk nodig om 1 kg kaas te maken.

De Reggiano heeft een wat noordelijker tweelingbroertje, de 'Grana Padano', die in het buitenland minder bekend is, maar die vanwege zijn uitgesproken smaak in niets voor de andere kaas onderdoet. Voor beide geldt dat ze pas vlak voor het opdienen mogen worden geraspt, om de volle smaak te behouden.

De kaas dient te worden gecombineerd met een voortreffelijk stuk lamsvlees. liefst een 'pré-salé' uit Normandië, waarvan het vlees een interessante smaak heeft. De lammeren van de Cotentin die onvermoeibaar de kwelders bij de zee afgrazen nemen een hoeveelheid jodium op die u zal verbazen. Geef er tot slot een mooie aardappel bij, bijvoorbeeld een Hollands bintje of een 'grenaille', een krieltje uit Noirmoutier, en u zult een gerecht kunnen presenteren dat opzien zal baren. Gebruik deze gelegenheid ook eens om bijv. de witte truffel uit de Romagna te leren kennen, die onregelmatig van vorm is en vrij klein van stuk. Zijn smaak doet verrassenderwijs aan knoflook denken.

1. Ontbeen de ribstukken, bestrooi met zout en bak 15 minuten in een hete oven, maar laat het vlees van binnen roze. Zet apart.

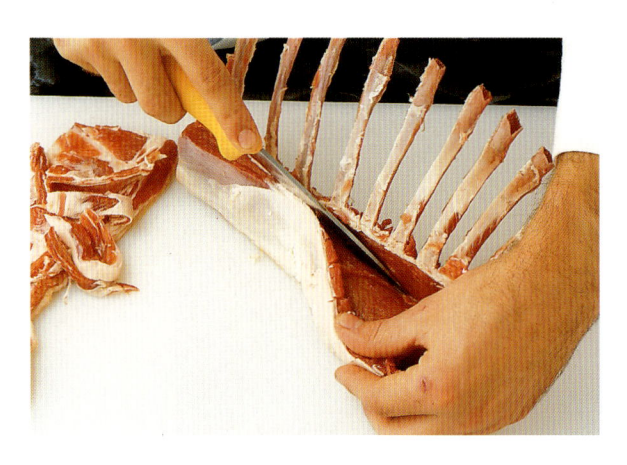

2. Snijd de aardappels in plakjes. Leg ze in een bakblik in de vorm van een rozet die even groot is als het bord. Strooi er zout over, voeg wat boter toe en bestrooi met geraspte Parmezaanse kaas. Laat in 10 minuten bij 180 °C een korstje krijgen in de oven.

Marco Cavallucci

uit de Romagna

3. Giet de port in een pan, kook tot de helft in en voeg de in plakken gesneden truffel en de vleesbouillon toe. Laat een paar minuten koken en bind dan met kleine stukjes boter.

4. Snijd de prei in schuine plakjes. Haal ze door de bloem en bak ze in zeer hete olie. Snij het lamsvlees tot 2 cm dikke rozetten. Leg de krans van aardappels op de borden, met in het midden de lamsrozetten. Giet de saus erover. Versier met gebakken preiringetjes.

Kalfshaas met een saus

Voorbereidingstijd: 45 minuten
Kooktijd: 10 minuten
Moeilijkheidsgraad: ★★

Voor 4 personen

4	kalfshaasjes (filet mignon) van 150 g (van een melkkalf)
4	grote plakken rundermerg
120 g	kleine cantharellen
1	sinaasappel
1	citroen
1	takje majoraan

15 g	suiker
50 g	boter
	olijfolie, koudgeperst
	zeezout (bijv. uit Guérande)
	zwarte peperkorrels, geplet
	zout en vers gemalen peper

Voor de brunoise (fijne blokjes groenten):

100 g	wortels
100 g	groen van een courgette
50 g	bleekselderij
50 g	witte uien

Maakt u eerst een Ossobuco met majoraan, en bewaar daarvan de jus. Dan kunt u zich verder wijden aan een Ossobuco zonder kalfsschenkel, want hier wordt alleen de jus gebruikt om de haasjes van een melkkalf mee op smaak te brengen.

De haas is een kleine spier die langs de wervelkolom loopt, en hoort tot de edelste delen van het dier. Hij is gemakkelijk te bereiden en houdt zijn bijzondere smaak bij het bakken, hoewel u goed op de kooktijd moet letten. Om de heldere kleur van het vlees te bewaren is het nuttig om het vóór het bakken met citroensap te bedruppelen. Het vlees moet zacht blijven, wat een prettig contrast vormt met de knapperige, gekonfijte schilletjes van de citrusvruchten. De combinatie met de cantharellen is volgens de traditie. De fijne abrikozensmaak van de paddestoelen, die slechts in wat schoon water zijn afgespoeld, accentueert de smaak van het kalfsvlees. Het merg heeft eerder al aan de smaak van de saus bijgedragen. Het raffinement wordt nog vergroot door de groentenstukjes fraai op de borden te schikken.

Majoraan groeit in het gehele Middellandse-Zeegebied. De Italianen gebruiken het kruid in het bijzonder voor de 'piccata', een kleine, in boter gebakken kalfsschnitzel. De Grieken gebruiken het voor geitenvlees aan de spies. In Hongarije wordt het toegevoegd aan de beroemde goelasj. In Frankrijk behoort het tot de traditionele 'herbes de Provence' (Provençaalse kruiden).

In plaats van de filet mignon kunt u ook een bovenstuk van de schenkel nemen, maar soms is het vlees wat al te stevig.

1. Snijd de sinaasappel- en citroenschillen in dunne reepjes, blancheer ze en konfijt ze door ze 45 minuten op laag vuur in een pan met wat water en suiker te laten stoven. Afgieten en laten drogen op een bord.

2. Stoof de groenten-brunoise met wat olie en boter, maar let erop dat de groenten knapperig blijven.

van majoraan-Ossobuco

3. Bak de kalfsmedaillons in een pan met wat hete olijfolie en laat ze mooi kleuren. Maak de cantharellen schoon en bak ze in wat boter. Pocheer de plakken rundermerg in water met wat zout.

4. Vorm met behulp van een ringvorm een bergje brunoise in het midden van de borden. Leg de kalfsmedaillons en de plakken merg erop, met wat zeezout en geplette peperkorrels. Schik de cantharellen er omheen en giet de Ossobuco-majoraansaus erover. Versier met reepjes gekonfijte citrusschil, nog wat brunoise en blaadjes majoraan.

Taartje van snijbiet

Voorbereidingstijd: 1 uur
Kooktijd: 30 minuten
Moeilijkheidsgraad: ✻✻

Voor 4 personen

4	konijnenruggen van jong scharrelkonijn
800 g	snijbiet
200 g	kleine cantharellen
1	tomaat
1	wortel
1	stengel bleekselderij
2	sjalotten
1	teen knoflook
4	takjes rozemarijn
10	olijven Niçoise
15 g	pijnboompitten
3	eidooiers
200 ml	room
200 ml	droge witte wijn
50 g	boter
	olijfolie, extra vierge
	zout en versgemalen peper

In de Provence bereidt men uit snijbiet, een wat ondergewaardeerde groente, voor- en hoofdgerechten, maar ook desserts, zoals bijvoorbeeld het beroemde 'pasteitje met snijbietbladeren'.

Er bestaan diverse soorten snijbiet, die alle vooraf moeten worden geblancheerd om de bittere smaak weg te nemen. De stengel van de snijbiet bevat zeer veel vezels en moet daarom worden verwijderd, tenzij het een zeer jong exemplaar betreft. Daarna wordt de groente nog even in boter gestoofd.

Het is tegenwoordig gemakkelijk om een mooi jong scharrelkonijn te kopen, want er bestaat nu een garantiezegel, 'lapin de France' waardoor controle op de kwaliteit verzekerd is. U heeft een paar jonge konijnen van ca. 1 kg nodig, die hoofdzakelijk gevoederd zijn met luzerne, maar ook met gerst en tarwe. De bereiding van het vlees vereist wat aandacht, speciaal om het hoge proteïnegehalte te behouden. Snijd de filets los van de rugbeenderen en vergeet niet om tijdens het bakken de filets regelmatig met hun eigen vet te begieten. Laat het vlees kort rusten, voordat u het in dunne repen snijdt.

Het taartje kunt u ook met spinazie maken, wat ook een smakelijk resultaat geeft. Deze hoeft vóór de bereiding niet te worden geblancheerd.

1. Snijd de filets uit de rugbeenderen en verwijder het vel. Hak de beenderen klein, snijd het vel in stukken en bak alles in olie en boter. Voeg klein gesneden wortel, selderij en sjalot, geplette knoflookteen, 1 takje rozemarijn en gevierendeelde tomaat toe. Laat even bakken en blus met witte wijn en wat water. Laat koken tot er ca. 100 ml saus is.

2. Haal de snijbietbladeren van de stengels, dompel ze in water, blancheer ze, laat ze afkoelen en druk ze uit. Schil de stengels, snijd ze in reepjes en laat ze smoren in een pan met wat boter en water. Houd 20 cantharellen apart, zet de rest even aan in wat boter. Voeg eidooier en room toe, en daarna snijbiet, cantharellen en pijnboompitten. Proef op peper en zout.

met jong konijn en cantharellen

3. Neem 4 ronde vormen van 12 cm doorsnede en 2 cm hoog en bekleed ze met aluminiumfolie. Zorg voor een goed sluitende bodem en vouw het folie over de bovenrand. Bestrijk met boter. Vul de vormen met het snijbietmengsel en laat 10 minuten bakken in een oven van 140 °C. Stort de groententaartjes op de borden en verwijder het folie.

4. Stoof de 20 cantharellen. Halveer de olijven. Bak de konijnenfilets in olijfolie en boter en begiet ze geregeld met hun eigen vet. Laat ze rusten op een rooster en snijd ze in schuine plakken. Maak hier zorgvuldig een rozetvorm van op ieder groententaartje. Leg de cantharellen en de olijven er omheen. Giet er wat saus over.

Frankrijk

Kwartels met vijgen

Voorbereidingstijd: 1 uur
Kooktijd: 30 minuten
Moeilijkheidsgraad: ★★

Voor 4 personen

6	kwartels
4	gedroogde vijgen
600 g	groene koolbladen
100 g	wortels
150 g	uien
1	teen knoflook
50 g	bladselderij
1	bouquet garni
½	runderbouillonblokje
260 g	boter
500 ml	rode wijn
100 ml	cognac
	geplette peperkorrels
	zout

De vijg komt in de geschiedenis veel voor. Naast wijn en olijven wordt hij het meest genoemd in de Bijbel, en volgens de legende kwamen Romulus en Remus, de stichters van Rome, onder een vijgenboom ter wereld. Het is bekend dat de oude Grieken veel gebruik maakten van vijgen, zij propten onder meer hun ganzen ermee vol. De verspreiding van de vijg in het gehele Middellandse-Zeegebied zorgt voor de bijzondere rol die hij speelt in de gastronomie van de Middellandse-Zeelanden. Hoewel er uit de Provence voortreffelijke vijgen komen, neemt onze chef-kok voor dit recept gedroogde vijgen waarbij hij een voorkeur heeft voor Turkse vijgen, vanwege hun smaak en bijzondere zachtheid.

Op de markt moet u kiezen tussen scharrelkwartels, die men herkent aan hun gelige vlees, en batterijkwartels. Jacques Chibois kiest voor de scharrelkwartels, die steviger en groter zijn, uitgesproken van smaak zijn, en in dit recept goed tot hun recht komen. Ze worden direct ontbeend, maar bewaar de botjes, omdat die nog smaak aan de marinade moeten geven, en later worden gebakken om de fond van de saus op smaak te brengen.

De groene kool kunt u gewikkeld in huishoudfolie in de koelkast vers houden. Vernieuw ten minste één maal het kookwater, om de bittere smaak te doen verdwijnen.

Als u vederwild wilt gebruiken, dient u het recept aan de verschillende soorten aan te passen: duif, korhoen, parelhoen en fazant worden op dezelfde manier bereid, maar kunnen met andere groenten worden gecombineerd, zoals paddestoelen, snijbiet of schorseneren.

1. Leg de ontbeende kwartels met de botjes een dag van tevoren in een marinade van ½ l rode wijn, wortels, 100 g uien, in blokjes gesneden selderij, knoflook, bouquet garni en geplette peperkorrels.

2. Giet de kwartels, botjes en groenten af en vang de marinade op. Bak de botjes in 60 g boter, voeg de groenten toe en laat mooi kleuren. Flambeer met de cognac. Voeg bouillon van ½ bouillonblokje, de marinade en het bouquet garni toe. Laat op laag vuur koken tot het mengsel gereduceerd is tot 150 à 200 ml. Haal door een zeef, monteer met 80 g boter en proef op peper en zout.

en groene kool

3. Kook de koolbladeren (zonder de stengels) in water met wat zout, maar laat ze knapperig. Snijd de vijgen in dunne reepjes. Doe de overgebleven 50 g fijngehakte uien en 80 g boter in een pan, evenals 120 ml water en laat koken met het deksel op de pan. Voeg als het mengsel tot op de helft is ingekookt, de vijgen toe, laat ze smelten en doe de in stukken gesneden koolbladeren erbij.

4. Laat de kwartels kleuren in een pan met anti-aanbaklaag, met 40 g boter, maar laat het vlees van binnen roze. Maak in het midden van de borden een torentje van het koolmengsel en zet daar op ieder bord drie kwartelhelften tegenaan. Giet de saus erover.

Runderribstuk op Provençaalse

Voorbereidingstijd: 45 minuten
Kooktijd: 30 minuten
Moeilijkheidsgraad: ★★

Voor 4 personen

2	runderribstukken van 1 kg

Voor de saus:

300 g	stevige tomaten
2	takjes dragon
2	mespuntjes fijngehakte knoflook
4 el	witte wijn
4 el	olijfolie
300 ml	runderjus
300 g	boter

Voor het garnituur:

400 g	nieuwe aardappeltjes
8	artisjokken
8	kleine voorjaarsuien
8	kleine knoflooktenen, gepeld
200 g	kleine courgettes
2	verse takjes tijm
2	verse takjes rozemarijn
2	verse laurierblaadjes
120 g	olijven
80 g	boter

Toe te voegen aan het eind van de kooktijd:

180 ml	water
2 dl	olijfolie
10	basilicumblaadjes, fijngesneden
	zout en peper naar smaak

Het rund is het meest gewaardeerde slachtdier. Er bestaan talrijke, kwalitatief hoogstaande rassen. Fokbedrijven worden streng gecontroleerd, de selectie en het voederen zijn mettertijd verfijnd. Gebraden, gegrild of gepocheerd rundvlees is de basis van de zuinige, huiselijke keuken. Hoewel onze chef-kok hier een voorkeur heeft voor het Limousin-ras, is hij ook zeer te spreken over andere rassen, zoals dat uit Normandië met zijn malse vlees, het Friese ras uit Duitsland of de Belgische 'blauw-witte'.

Bak een mooi runderribstuk heel langzaam op laag vuur, nadat u zenen en vet hebt verwijderd. Toch moet er een beetje vet aan het vlees blijven zitten. Het doorregen vlees geeft juist de meeste smaak. Met het afsnijdsel maakt u de voor de saus benodigde runderbouillon, samen met een ui, de tijm en de laurier en wat water. Vóór gebruik gaat alles door een zeef.

Zoals gezegd dient het bakken van de runderribstukken heel gelijkmatig te gebeuren, op laag vuur. De hitte moet overal in het vlees doordringen, zonder dat de oppervlakte aanbakt. Laat bij het opdienen de botten aan het vlees zitten, ze zorgen voor nog meer smaak.

De voorjaarsgroenten als garnituur bij dit gerecht zorgen voor een fris accent. Ze worden in een pan gestoofd en moeten wel knapperig blijven. In het zuiden eet men de artisjok rauw - u hoeft hem hier alleen wat op te warmen.

1. Verwijder van de runderribstukken de zenen en het vet en snijd er koteletten van.

2. Was de aardappels maar schil ze niet. Haal de blaadjes van de artisjokken los, pel de uien en de knoflooktenen. Blancheer de olijven twee maal en snijd de courgettes in plakjes van 2 cm dik. Kook alle groenten apart in water met wat zout. Stoof de groenten daarna in een pan met anti-aanbaklaag 15 minuten in boter, met het deksel op de pan.

wijze, met voorjaarsgroenten

3. Voeg tijm, rozemarijn en laurier toe. Doe kort voor het opdienen water, olijfolie en basilicum erbij. Roer stevig om zodat alle groenten met de saus zijn bedekt en haal van het vuur.

4. Strooi zout en peper over de runderkoteletten en bak ze 15 minuten in olijfolie. Haal ze uit de pan en houd ze warm op een met aluminiumfolie bedekte schaal. Meng runderjus met de witte wijn, knoflook, dragon en tomaten. Breng aan de kook en voeg 2 el olie toe. Meng goed. Schik de koteletten met de groente op de borden, en giet er wat saus over.

Chartreuse

Voorbereidingstijd:	1 uur
Kooktijd:	1 uur
Moeilijkheidsgraad:	★★

Voor 4 personen

4	jonge duiven van 400 g

Voor de duivenfond:

	karkassen en vel van de duiven
	julienne van wortel, ui en selderij
50 g	boter

500 ml	witte wijn
150 ml	kalfsfond
80 ml	truffelnat
	olie
	zout en peper naar smaak

Voor het garnituur:

1	boerenkool
1	wortel
50 g	selderij
1	sjalot
4	dunne plakken spek
50 g	boter

Veel deskundigen beweren dat dit recept met gestoofde kool, die goed past bij gevogelte als patrijs en duif, afkomstig is van de monniken van Chartres, de Kartuizers. Iedereen mag denken wat hij wil, maar in ieder geval staan de Kartuizers bekend om hun kruidenlikeur, die ook 'Chartreuse' heet.

De onderhavige 'chartreuse' verbergt zijn inhoud en bereidt de tafelgasten een leuke verrassing.

Ook al hebben we het over jonge duiven, u moet niet té jonge of kleine duiven nemen, omdat hun smaak nog niet zo uitgesproken is. Koop daarom geen dieren onder de 350 à 400 gram. De beste tijd voor duiven is natuurlijk het jachtseizoen, maar er bestaan ook speciaal gefokte duiven, die met maïs gevoederd zijn en niet met linzen, en die vormen een goed alternatief vanwege hun hoge kwaliteit.

Kool bevat weinig calorieën en is zeer rijk aan vitamine E. Deze en andere goede eigenschappen zijn al lang bekend: de Romeinen aten kool tegen zwaarmoedigheid en om de alcohol beter te kunnen verdragen. Kool is in heel Europa populair, vooral in Engeland en Duitsland, en in Nederland is natuurlijk de boerenkool zeer geliefd. Deze soort heeft u nodig voor dit recept. Hij moet stevig en zwaar zijn.

1. Ontbeen de duiven. Snijd de uiteinden van de vleugels, en snijd de karkassen en het vel in stukjes. Zet de duivenborsten koel weg, breng op smaak met peper en zout en bak ze 3 minuten aan iedere kant.

2. Bak karkassen, afsnijdsels en vel 5 à 10 minuten op hoog vuur in olie en boter, samen met de poten en de julienne. Ontvet alles. Voeg de witte wijn toe. Voeg wat kalfsfond toe en houd 30 minuten tegen de kook aan, op laag vuur. Neem de poten uit de pan, haal de fond door een zeef en voeg truffelnat toe. Monteren met boter.

van jonge duif

3. Trek bladeren van de kool, bewaar de mooiste, blancheer deze en laat ze afkoelen. Maak een julienne van wortel, selderij, spek en de rest van de kool. Blancheer de selderij, wortel en het spek. Laat de fijngehakte sjalot even zweten in boter. Doe spek en groentenjulienne erbij en laat 20 minuten garen op laag vuur.

4. Leg de achtergehouden koolbladeren in ringvormen van 10 cm doorsnede. Vul met een laag julienne, een duivenpoot en weer een laag julienne. Dek af met folie en zet 20 minuten in een stoompan. Verdeel de saus over de borden, stort de chartreuses erop en leg de in plakjes gesneden duivenborsten er omheen.

Frankrijk

Lamsbiefstukjes

Voorbereidingstijd: 30 minuten
Kooktijd: 20 minuten
Moeilijkheidsgraad: ✶

Voor 4 personen

1	lamsrug van 1½ kg
300 g	aardappels (bijv. Belle de Fontenay)
4	plakken eendenlever (of ganzenlever)
1	truffel
120 g	boter
80 ml	room
	olijfolie
	zout en peper naar smaak

Voor de saus:

	botten en vel van de lamsrug
1	ui
1	wortel
50 g	selderij
1	bouquet garni
30 g	boter
80 ml	truffelnat
250 ml	witte wijn

De 'Belle de Fontenay' is een aardappel van topklasse, met geel vruchtvlees, die zich uitstekend laat koken. Er kan een heerlijke, niet melige puree van worden gemaakt, die alle smaken harmonieus met elkaar combineert. Deze puree past uitstekend bij de saus, waar onze chef-kok hem vóór het opdienen zorgzaam mee bedekt.

Een lam is meestal 4 à 5 maanden oud als het wordt geslacht, en heeft de moederschoot nog nauwelijks verlaten, waar hij de gehele tijd gezoogd is. Wij kiezen hier voor de rug, het stuk direct boven de nieren, waarvan het vlees duidelijk roze moet zijn en maar een heel dun laagje vet mag hebben. Vergeet u niet dat het vlees malser wordt als u het na het braden kort laat rusten. Door het braden trekken de vezels zich iets samen, waardoor het vlees wat steviger wordt dan het eigenlijk moet zijn.

Twee uitgelezen ingrediënten maken dit gerecht nog geraffineerder: truffel en eendenlever. Lever is het rijkste en voedzaamste orgaanvlees.

1. Ontbeen de lamsrug, verwijder zenen en snijd 4 stukken van gelijke grootte uit de filets. Bind ze met keukengaren vast om ze in de vorm te houden. Zet koud weg.

2. Snijd vel en botten klein om een saus te maken. Bak samen met uien, wortel, selderij en het bouquet garni, en laat 20 minuten kleuren op hoog vuur. Schep het vet eraf, blus met witte wijn en kook in. Haal door een zeef en kook nog verder in. Voeg dan het truffelnat toe, proef op peper en zout en monteer met boter.

Serge Courville

'Rossini'

3. Bak de lamsbiefstukjes in een mengsel van boter en olijfolie. Laat ze van binnen roze. Zet 5 à 6 minuten weg om te rusten. Kook de aardappels, maak er puree van en meng met 20 g boter en room. Breng op smaak met peper en zout.

4. Bak de plakken eendenlever tot ze droog zijn. Leg op ieder bord een lamsbiefstukje met daarop een medaillon eendenlever en daarop een plak truffel. Leg er bolletjes aardappelpuree naast en giet de saus erover.

Frankrijk

Ossenhaas uit de Chalosse

Voorbereidingstijd: 1 uur
Kooktijd: 30 minuten
Moeilijkheidsgraad: ★★

Voor 4 personen

4	haasbiefstukken (tournedos) van 150 g
1	eendenlever
1	truffel
500 g	witte asperges
500 g	groene asperges
250 g	maïs
3	tomaten
4	sjalotten
100 g	broodkruim
250 ml	witte wijn
250 ml	gebonden kalfsjus
	olie
	boter
	zout en peper naar smaak

Voor de Béchamel-saus:

500 ml	melk
25 g	bloem
25 g	boter
2	eidooiers

Ten zuiden van Les Landes, tussen Adour en de bergstroom de Pau ligt de Chalosse, een streek waar van alles wordt geteeld en waar het fokken van runderen het belangrijkst is. Ze krijgen zelfs een garantiecertificaat. Het gaat hier om de 'blonde d'Aquitaine', een runderras dat vier maanden lang met maïs wordt vetgemest en waarvan de haas wel zeven kilo kan wegen. Voordat het in de handel komt, laat men het vlees uit de Chalosse drie à vier weken rijpen.

De versheid van het vlees is niet direct gelieerd aan de kleur, die van ras tot ras kan variëren. Deze is beter af te lezen aan de fijne, witte gemarmerdheid van de bovenkant van de spieren. De plakken die van de haas worden gesneden moeten ongeveer 2 cm dik zijn en worden gebakken in een pan met hete boter en olie.

Zo kan de buitenkant van het vlees snel dichtgeschroeid worden en blijven de sappen behouden.

Zoete maïs is als garnituur onontbeerlijk, omdat de runderen van de Chalosse hoofdzakelijk daarmee gevoerd zijn. De kolven zijn melkwit van kleur, met zachtgroene bladeren er omheen. Ze zijn van juli tot oktober te vinden op de markten. Maakt u de saus uit de maïskolven een dag van tevoren en zet hem koud weg. Daardoor worden de kolven zachter en wordt het makkelijker om ze te snijden.

Serveer bij dit gerecht asperges, liefst uit Les Landes, omdat deze beroemd zijn vanwege hun zachtheid. Kook ze kort, zodat ze net gaar zijn en nog veel smaak hebben, terwijl de punten ook knapperig zijn.

1. Maak een stevige Béchamel-saus van een roux van 25 g boter en 25 g bloem. Verhit op laag vuur 5 à 10 minuten. Breng de melk aan de kook en laat hem afkoelen. Giet hem dan over de hete roux. Klop er 1 eidooier doorheen. Voeg de maïs toe.

2. Spreid de massa uit in een laag van 1 cm dik over een klein, met olie bestreken bakblik. Zet 2 uur koud weg. Vorm er klompjes van, haal ze door 1 eigeel en het gemalen broodkruim. Zet weg. Snijd zo nodig de ossenhaas in 4 tournedos van 150 g, strooi er zout over en bak ze in 1 minuut aan beide kanten. Leg ze op een schaal.

met voorjaarsgroenten

3. Laat de gepaneerde maïsklompjes bruinen in boter. Kook de witte asperges en de groene asperges in water met wat zout 'al dente'. Pel de tomaten, verwijder de zaadjes en snijd ze in blokjes. Snijd de truffel in plakjes.

4. Verwijder bijna al het vet uit pan waarin de tournedos zijn gebakken. Doe de fijngesneden sjalotten in de pan en stoof ze. Voeg de witte wijn toe. Kook 5 minuten in en voeg de kalfsjus toe. Breng aan de kook en haal door een zeef. Leg op iedere tournedos een plakje eendenlever en daarop een plakje truffel. Schik de groeten op de borden. Giet er wat saus over.

Warme eendenlever

Voorbereidingstijd: 30 minuten
Kooktijd: 10 minuten
Moeilijkheidsgraad: ★★

Voor 4 personen

1	eendenlever van 500 g
200 g	rabarber
1	citroen
1	sinaasappel
	roze peperkorrels
	korianderzaadjes
	nootmuskaat
	'espelette'-piment
100 g	geroosterd brood
100 g	suiker
1	vanillestokje
50 g	rabarberjam
100 g	gemengde sla
	peterselie
	boter
	fijn zeezout (fleur de sel)
	peper, witte peper
	Sezchuan-peper

Vaak wordt foie gras voor het eind van het jaar bewaard, maar er is geen enkele reden waarom men de rest van het jaar niet van eenden- of ganzenlever zou genieten. Eind december is het aanbod het grootst, wat wel betekent dat alles wat u op de markt vindt, zeer vers is. Een eendenlever weegt gemiddeld 400 à 500 gram. Hij moet vet, glad, rond en gelijkmatig van kleur zijn. Gebruik hem alleen voor warme gerechten, omdat hij daar veel beter voor geschikt is dan ganzenlever, die zachter maar ook kwetsbaarder is. In dit recept wordt de gebakken eendenlever slechts met wat zout opgediend, heel simpel dus.

Rabarber wordt zoet of hartig, alleen gekookt gegeten. Deze grote plant uit de familie der polygonaceae valt zeer op door zijn ongewone hoeveelheid vezels en vetstoffen, waardoor hij zeer gezond is, ook al wordt hij vaak bitter gevonden. De Engelsen bereiden er ook een chutney uit.

Gebruik alleen de stengels, die bij de aankoop stevig en breekbaar moeten zijn. Uit te rijpe, te zachte of te vezelige rabarber ontstaat een slappe, smakeloze compote. Als u bang bent dat de rabarber te zuur is, kunt u hem eerst blancheren vóór de eigenlijke bereiding.

De pikante specerijen als peper, roze peper en piment mogen de smaak van de lever niet neutraliseren, gebruik ze daarom met mate.

1. Doe de in grote stukken gesneden rabarber met de suiker en het vanillestokje in een pan en laat 10 minuten koken. Giet de compote af.

2. Plet de peperkorrels en rooster ze in een pan, zodat alle smaak vrijkomt. Voeg citroen- en sinaasappelsap toe, evenals de overige specerijen.

Richard Coutanceau

met rabarbercompote

3. Doe de rabarbercompote erbij, met 1 citroenschil en 1 el rabarberjam. Snijd het geroosterde brood in blokjes, bak ze in boter en droog ze in de oven. Druk ze door een grove zeef.

4. Bak de lever in een pan met anti-aanbaklaag en bestrooi met zout en peterselie. Leg op de warme borden een struikje gemengde sla en strooi het gezeefde brood erbij. Leg hierop plakken lever. Verdeel de rabarbercompote over de borden.

Jonge duif in truffelsaus met

Voorbereidingstijd: 35 minuten
Kooktijd: 20 minuten
Moeilijkheidsgraad: ★★★

Voor 4 personen

4	jonge duiven van 350 g
300 g	aardappels (bijv. Charlotte)
250 g	wilde paddestoelen
1	sjalot
40 g	truffel
50 g	boter
	gemengde sla
	zout en peper naar smaak

Het houden van duiven was in de Middeleeuwen voorbehouden aan de leenheren. Alleen zij hadden het recht om duiventillen te bouwen, waarvan de grootte recht evenredig was met de uitgestrektheid van hun bezit. Deze concentratie van duiven was overigens erg schadelijk, want de vogels pikten alles van het land. En dat verklaart de eisen van de boeren tot afschaffing van dit feodale recht, zoals die verschenen in de klaagschriften van 1789.

Deze duiven lijken in bijna niets op stadsduiven. Men wijst op de schade die stadsduiven veroorzaken, en voert campagnes om het aantal duiven te verminderen. Fokduiven echter, hebben zacht en smakelijk vlees. Neem exemplaren van 300 à 350 gram en braad ze zachtjes in een voorverwarmde oven. Laat ze vóór het opdienen nog even rusten, zodat het vlees nog zachter wordt.

Wilde paddestoelen worden in het voorjaar en in de herfst gezocht. We verstaan hieronder morieljes, ridderzwammen, cantharellen en andere soorten. Ze worden ook wel gedroogd verkocht, en dan kort in lauw water geweekt. In het aardappel-paddestoelentaartje vormen de zachte paddestoelen een mooi contrast met de knapperige aardappel. Denk erom de vorm niet té vol te stoppen met kleingesneden paddestoelen, zodat er een mooi evenwicht ontstaat.

1. Ontbeen de duiven en breng ze met behulp van houten prikkers weer in de vorm terug. Maak met de karkassen een stevig fond. Zet apart.

2. Braad de duiven in de oven met de in vieren gesneden sjalot. Blus het braadvocht met de duivenfond, kook in en monteer de saus met boter en voeg een puree van verse truffel toe. Goed kloppen.

Richard Coutanceau

aardappel-paddestoelentaartje

3. Snijd de aardappels in schijfjes van gelijke omvang. Bekleed voor ieder bord 3 ringvormen met aardappelschijfjes en bak ze 20 minuten in een matige oven. Stoof het mengsel van wilde champignons in wat boter en breng op smaak met peper en zout.

4. Vorm op ieder warm bord een taartje van 3 plakken aardappelkoek en 2 lagen champignons ertussen. Leg de gebraden duiven erbij en giet de truffelsaus erover. Garneer met gemengde sla en stukjes truffel.

Frankrijk

Rollade van lam,

Voorbereidingstijd: *20 minuten*
Kooktijd: *20 minuten*
Moeilijkheidsgraad: ✷✷

Voor 4 personen

2	lamsruggen van 1 kg
300 g	foie gras (ganzenlever, of eendenlever)
50 g	truffel
4	aardappels
16	groene asperges
	arachide-olie
	zout en peper naar smaak

Deze rollade, in het Frans heet hij eigenlijk 'canon', is een klassieke manier om vlees gevuld met foie gras te presenteren. Hier nemen we lamsrug, waar we stevige, smakelijke filets uit snijden.

In heel Frankrijk worden lammeren gefokt die slechts moedermelk als voeding krijgen. Onze chef-kok kiest voor een Sisteron- of Limousin-lam. De Limousin is een streek die zich onderscheid door de hoge kwaliteit van de weidegrond en het feit dat de fokkerijen familiebedrijven zijn. Het vlees van deze lammeren is bijzonder mals, rijk van smaak en bevat slechts weinig vet. Deze dieren worden meestal als paaslam gegeten, maar bereiken hun hoogste kwaliteit in de loop van het voorjaar.

Kies vooral een eersteklas lever uit. Hij moet bij het koken zijn stevigheid behouden. Dat kunt u controleren door eerst een proefstukje te bakken. Als dit uit elkaar valt, of korrelig wordt, is de lever niet geschikt. Ook verse truffels kunnen verrassingen in petto hebben waar u zich beter tegen kunt wapenen door truffels in een potje te kopen. Deze truffels zijn één keer verhit geweest. U kunt als alternatief ook morieljes van eersteklas kwaliteit gebruiken.

De aardappeljulienne mag niet schoongespoeld worden, omdat hij dan het zetmeel verliest dat de bij het bakken het omhulsel van de rollade bijeenhoudt. Bintjes of Sirtema's (nieuwe aardappelen) die stevig aanvoelen, zijn goed geschikt om het vlees in te hullen.

Onze chef-kok stelt voor om als garnituur seizoensasperges te bereiden, ook om het voorjaarsachtige karakter van dit gerecht te benadrukken.

1. Ontbeen de lamsruggen. Maak van botten en afsnijdsels een fond. Snijd de rauwe filets bij zodat ze mooi recht zijn, snijd ze open en bestrooi ze met peper en zout. Schil de asperges en kook in water met wat zout. Laat ze schrikken, giet ze af, snijd ze van onderen af tot 8 cm lengte en zet apart.

2. Snijd de helft van de truffels in plakjes, bewaar de andere helft voor de saus. Bekleed de filets met truffelplakjes en leg daarop de duimdik gesneden plakken foie gras. Sla het vlees erom heen. Schil de aardappels, snijd ze in reepjes tot een julienne, spoel niet af, strooi er zout over en knijp goed uit.

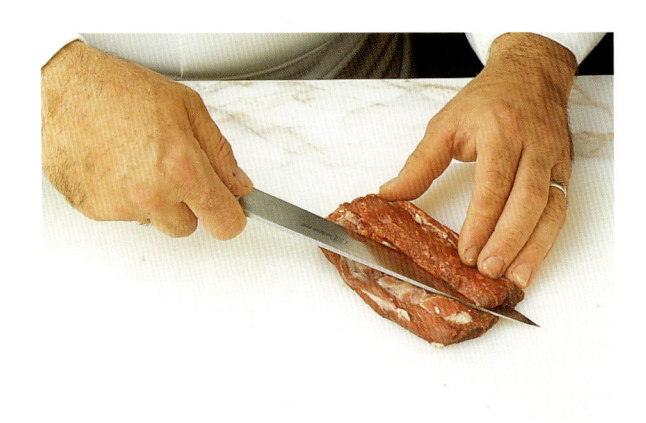

Jean Crotet

foie gras en truffel

3. Rol de filets op en bekleed ze met de aardappeljulienne. Hak de rest van de truffels fijn en doe ze bij de fond. Haal door een zeef.

4. Bak de rollades ca. 12 minuten aan beide kanten in de olie tot ze mooi gekleurd zijn. Zet ze nog 4 à 5 minuten in een oven van 160 °C. Snijd de twee rollades ieder in vieren en leg op ieder warm bord 2 stukken. Garneer met warme asperges en giet de truffelsaus erbij.

Haas 'Rossini'

Voorbereidingstijd:	40 minuten
Kooktijd:	1 uur
Moeilijkheidsgraad:	★★

Voor 4 personen

4	korte stukken hazenrug
200 g	rauwe eendenlever
½	rode kool
2	appels (goudrenetten)
5	grote uien
1	wortel
2	tenen knoflook
1	takje tijm
1 fles	witte wijn
100 ml	rode wijn
100 ml	brandewijn (Bourgogne)
150 ml	azijn
150 g	boter
	olijfolie
	zout en zwarte peper

Kiest u tijdens het jachtseizoen een haas van ca. 3½ kg uit, waarvan u een prachtige filet kunt snijden. Het vel moet strak zitten, de ledematen moeten stijf zijn. Verwijder in ieder geval de hagelkorrels die er misschien nog in zitten, en snijd gedeeltes die door kogels beschadigd zijn, weg.

Onze chef-kok is geen voorstander van een marinade, omdat hij gelooft dat het vlees dan een groot deel van zijn smaak verliest. Denk erom dat u het hazenvlees alleen licht aanbraadt, en niet door laat bakken, zodat het roze van binnen blijft. De heerlijke vulling van eendenlever zal goed tot zijn recht komen als u een rauwe lever neemt die de krachtige smaak van de haas wat tempert.

De gestoofde rode kool met een compote van uien en appels is een passende garnituur. U kunt zelfs nog grote rozijnen toevoegen, die eerst gemarineerd zijn in kokende witte wijn, en er los bij gegeven worden.

's Winters zijn verse kastanjes nog een fraaie toevoeging aan dit gerecht. Snijd ze klein en bak ze met uien en blokjes selderij in wat eendenvet, zodat u een dikke saus krijgt.

1. Snijd de filets los. Bak de fijngehakte botten in wat olie, laat kleuren en voeg de helft van de uien, wortel, knoflook en tijm toe. Blus met witte wijn, wat water en een deel van de brandewijn en laat een halve dag tegen de kook aan staan. Snijd de filets open, leg in het midden een lange plak eendenlever ter dikte van een pink en vouw de filet weer dicht. Snijd hem in 4 tot 6 plakken per persoon en bind er touwtjes om.

2. Verdeel de rode kool in vieren en snijd hem klein. Snijd 2 uien in dunne reepjes en de appel in blokjes van 1 cm. Bak de uien in 80 g boter, voeg appel en rode kool toe. Laat nog 10 à 15 minuten bakken onder voortdurend roeren. doe de rode wijn en 20 à 30 ml azijn bij het mengsel en laat nog 1 uur zonder deksel koken op laag vuur. Proef op peper en zout.

Jean Crotet

met rode kool

3. Verhit wat olie in een pan, bestrooi de kleine hazenmedaillons met peper en zout en laat ze mooi bruin worden. Haal ze uit pan en zet ze weg.

4. Verwijder het vet uit de pan en voeg de rest van de azijn toe, kook in, voeg de fond toe, kook verder in en haal door een zeef. Monteer vlak vóór het opdienen met 50 g boter. Goed kloppen. Deponeer in het midden van ieder bord een flinke berg rode kool, schik de hazenmedaillons er omheen en giet de saus erover.

Kalfskoteletten

Voorbereidingstijd: 45 minuten
Kooktijd: 15 minuten
Moeilijkheidsgraad: ★★

Voor 4 personen

1	kalfsribstuk van 1½ kg
4	tomaten
2	wortels
3	venkelknollen
8	milde uien
1	stengel bleekselderij
	gladde peterselie
	boter
	olijfolie
	suiker
	tijm
	knoflook
	zout en peper naar smaak

Voor de saus:

	botten en vel van het ribstuk
1	tomaat
2	uien
1	bouquet garni
1 l	blanke fond
1	citroen
1	sinaasappel
	boter

Michel del Burgo is dol op alle delen van het met moedermelk groot gebrachte kalf. Het zeer delicate vlees betrekt hij van plaatselijke fokkers (uit de streek van Carcassonne en Limoux), die hij vertrouwt. Van het Aude-kalf smaakt alles heerlijk: ribstuk, haas, schenkel, orgaanvlees...

Onze chef-kok presenteert hier een eigen versie van 'Ossobuco', de beroemde Italiaanse klassieker van kalfsschenkel. Zijn originele variant is de bereiding van een kalfskotelet op dezelfde manier. Hij wordt uit het ribstuk gesneden en zorgvuldig ontbeend - dat kunt u het beste uw slager laten doen. Laat wat vet om het vlees zitten, zodat er bij het bakken een knapperig, smakelijk korstje ontstaat.

De kotelet wordt eerst gebakken in een pan, met een bijpassend garnituur van kleine groenten die hun smaken afgeven aan de boter en de olie. Als hij mooi gekleurd is, wordt hij in een matige oven verder gegaard. Tijden het braden moet het vlees steeds met eigen vet worden begoten zodat het niet uitdroogt.

De venkelknollen worden gevierendeeld. Pas op dat ze niet uit elkaar vallen. Onze chef-kok geeft als alternatief artisjokken op in plaats van venkelknollen, en ieder mooi stuk kalfsvlees in plaats van kotelet.

1. Pel de tomaten en snijd ze in vieren. Verwijder zaadjes en leg de stukken op een bakblik dat bekleed is met bakpapier dat met wat olijfolie is ingevet. Strooi er suiker, peper en zout over, bestrijk met olijfolie en strooi er tijm over. Leg op ieder kwart een partje knoflook. Droog de tomaten 2½ uur in een oven van 100 °C.

2. Doe de kalfskotelet in een pan waarin u olie en boter heeft verhit, samen met een garnituur van een paar uien, wortels en wat knoflook. Laat alles kleuren. Braad dan nog ca. 15 minuten in een oven van 160 à 170 °C. Maak een brunoise van citroen- en sinaasappelschillen en zet apart.

'Ossobuco'

3. Bak voor de saus vel en botten van het ribstuk en voeg fijngehakte ui, bouquet garni en de tomaat toe. Verwijder het vet uit de pan en voeg wat water toe. Kook in tot de saus zich verdikt en voeg dan de blanke fond toe. Laat koken en haal dan door een zeef. Monteer met de boter en voeg op het laatste moment de citrusbrunoise toe.

4. Bak de rest van de uien, de in stukken gesneden venkel met stukken selderij in wat boter en voeg de gedroogde tomaten en de peterselie toe. Snijd de kotelet in plakken en schik met het garnituur op de borden. Giet er wat saus bij.

Plakjes eend uit Challans

Voorbereidingstijd: 20 minuten
Kooktijd: 20 minuten
Moeilijkheidsgraad: ★

Voor 4 personen

1	eend (uit Challans)
4	appels (bijv. Melrose)
1	bosje waterkers
10 g	korianderzaadjes
250ml	eendenfond
	boter
	zout en peper naar smaak

Het zal wel niemand verbazen dat de eend hier op smaak wordt gebracht met koriander, want deze combinatie werd al door de Romein Apicius in zijn beroemde kookboek aanbevolen. Dit uit het Verre Oosten stammende kruid vindt in de zwemvogel zijn ideale compagnon, ook al is de enige reden dat zijn vlees de meest uitgelezen smaken kan opnemen zonder daarbij wat van zijn eigen smaak te verliezen.

De Challans-eend, ook wel Nantes-eend genoemd, heeft de naam gekregen een opmerkelijke vogel te zijn. In de Vendée, in de buurt van Nantes worden wat kleinere eenden (talingen) gefokt, die een rood garantiezegel hebben. Het zijn wilde eenden die vrij rondlopen op het vette gras van de streek en per dag een uitgekiende hoeveelheid granen krijgen. Het dier wordt na 77 dagen (de wijfjes) of 84 dagen (de mannetjes) geslacht. Het vlees is zacht en vol van smaak, maar bevat wel wat vet.

Onder de twee vleugels van de eend bevinden zich de kleine filets, die met het vel worden losgesneden en waarvan vorm en structuur zich zeer goed lenen voor dit gerecht. U kunt ook het vlees van een middelgrote eend nemen en dit in repen snijden.

Joseph Delphin heeft de Melrose-appel niet alleen gekozen als hommage aan Maurice Chevalier, de zanger van 'Ma pomme', en zelf een groot eendenliefhebber. Het gaat het ook om de appel zelf, een tweekleurige soort die wat minder bekend is dan de Golden Delicious of de goudrenet. Hij heeft een dunne schil, veel smaak en past buitengewoon goed bij de eendenfilets.

1. Snijd de filets los, maak ze schoon en prepareer ze. Trek het kleine stuk vel dat zich boven aan de filets bevindt, los. Snijd het overige vel in zodat het vet bij het bakken weg kan lopen.

2. Bak de filets met het vel naar onderen 10 à 12 minuten in een pan met boter, en leg ze dan op aluminiumfolie om 10 minuten te rusten. Snijd ze in dunne plakken.

met koriander

3. Schil de appels, snijd ze doormidden, verwijder het klokhuis en snijd ze in zessen. Bak de plakken aan beide kanten in wat boter tot ze enigszins gekleurd zijn.

4. Verwijder het vet uit de pan en voeg geplette koriander, monteer met boter en voeg de eendenfond toe. Schik de plakken appel en eend dakpansgewijs om en om op de borden. Giet de saus erover en leg in het midden van ieder bord een bosje waterkers. Dien heet op.

Frankrijk

Gevulde konijnenrug met

Voorbereidingstijd: 1 uur
Kooktijd: 1 uur
Moeilijkheidsgraad: ★★

Voor 4 personen

900 g	konijnenrug
	konijnenniertjes
80 g	wortels
40 g	gedroogde tomaten
40 g	tomaten (de schillen)
20 g	lavendel
40 ml	rode wijn
240 g	pasta (tortellini)
2	knolletjes

Voor de konijnenfond:

	konijnenbotjes
1	ui
	sjalotten
1	wortel
1	prei
1	takje lavendel
	lavendelolie
	knoflook
	tijm
	laurier

Philippe Dorange komt uit Mougin. Dat betekent dat hij dol is op lavendel, die karakteristiek is voor de hele Provence. En het betekent ook dat hij een grote bewondering koestert voor zijn vroegere leermeester Roger Vergé. Het is dus niet verbazingwekkend dat hij geheel nieuwe gerechten ontwerpt waarin lavendel een rol speelt. Deze plant heeft immers nog meer goede eigenschappen dan louter het verdrijven van muggen...

In plaats van de konijnenpoten die hij gewoonlijk voor zijn vrienden bereidt, met knoflook en in boter gebakken aardappels, gebruikt onze chef-kok hier de rug van het konijn, om deze te overgieten met een overheerlijke saus die is gemaakt op basis van lavendelessence (in de apotheek verkrijgbaar), lavendel zonder bloemen, en rode wijn. De rode wijn moet afkomstig zijn uit de Provence of Corsica.

Neem het liefst een scharrelkonijn waarvan de rug het zachtste gedeelte is. Om deze malsheid te bewaren dient u het vlees langzaam en op zacht vuur te braden, zodat het roze van binnen blijft. Van de rest van het dier kunt u een soep bereiden of stukjes gebraden konijnenpoot met mosterd, olijfolie en rozemarijn.

Pasta is een mooi bijgerecht, omdat - zoals bekend - de Provence en Italië niet ver verwijderd van elkaar liggen, en er aan de gastronomische en culturele uitwisseling nooit een eind komt.

1. Ontbeen de konijnenruggen en houdt de botjes apart voor de saus. Zet ook de niertjes weg, voor de vulling.

2. Snijd de wortels en de knolletjes in reepjes van 3 x 0,5 cm. Kook ze apart in water met wat zout en laat ze afkoelen.

lavendel-wildsaus

3. Snijd de konijnenrug open en vul hem: groentenreepjes aan de zijkant, en in het midden de gedroogde tomaten en de niertjes. Rol op en bind goed vast. Kook de pasta in water met wat zout en laat afkoelen.

4. Bak de konijnenbotjes met de ingrediënten voor de fond in de lavendelolie. Verwijder het vet uit de pan. Voeg de schillen van de tomaten toe en de rode wijn toe en kook in. Haal na ca. 1 uur door een zeef. Braad de konijnenrug 8 à 10 minuten in de oven bij 200 °C en snijd hem in medaillons. Leg de pasta in het midden van de borden, begiet met de saus, en schik de konijnenmedaillons er omheen.

Frankrijk

Lamsrug

Voorbereidingstijd: 1 uur
Kooktijd: 45 minuten
Moeilijkheidsgraad: ★★★

Voor 4 personen

800 g	lamsrug (in 2 stukken)
120 g	filo-deeg
100 g	champignons
140 g	cantharellen
140 g	boter
240 ml	olijfolie
12 g	basilicumblaadjes
40 g	kaneel
10 g	nootmuskaat
	bieslook
10 g	kruidnagelpoeder
40 g	maanzaad
	witte peper
	zout en peper naar smaak

Voor de lamsfond:

	lamsbotten
	wortels
	sjalotten
	knoflook
	uien
	tijm
	laurier
40 ml	sherry-azijn
100 ml	port

Er bestaan chef-koks met een groot gevoel voor humor, die hun gasten af en toe een kleine surprise bereiden. Als u dit recept hebt bekeken, waarin het met paddestoelen gevulde lamsvlees als een duveltje uit een doosje tevoorschijn komt uit het knapperige deegomhulsel, zult u het ermee eens zijn dat ook Philippe Dorange gevoel voor humor heeft. En zult u kunnen vaststellen dat de farce geen farce is...

Ook voor dit recept is onze chef-kok het zuiglam uit Pauillac trouw gebleven. Hij looft de malsheid van dit dier dat uit een streek komt die ook al gezegend is met een beroemde wijn: Château-Lafitte en Mouton-Rothschild. Philippe Dorange heeft het voorzien op de rug van het lam. Hij snijdt de filets los om ze te vullen en met kruiden te omhullen. Er is wat tijd nodig voor deze bereiding, omdat de filets nadat ze in het deeg zijn gerold, 24 uur moeten rusten voordat ze gebraden worden.

De moeilijkheid hier is de keuze en de dosering van de kruiden. Ze moeten te proeven zijn zonder dat ze de smaak van het lam overheersen. Basilicum en kruidnagel kunnen zonder risico door leken worden toegepast. Meer ervaren koks zullen nog wat korianderzaadjes willen toevoegen, zoals die vaak voor eend wordt gebruikt. Tenslotte zal ook het maanzaad zich aan het deeg hechten en dit omsluiten met een donkere, knapperige laag.

1. Snijd de filets uit de lamsrug en houd de botten apart voor de bereiding van de fond. Snijd de cantharellen in blokjes.

2. Zet 100 g champignons aan in wat boter en breng op smaak met peper en zout. Snijd overlangs een opening in de filets en vul deze met de champignons. Bak de filets in olijfolie, breng op smaak met kaneel, peper, nootmuskaat en kruidnagel, en zet weg.

in gekruid filo-deeg

3. Bak botten en afsnijdsel van de lamsrug met de aangegeven ingrediënten. Verwijder vet uit de pan, voeg sherry-azijn en port toe en laat 1 uur inkoken. Haal door een zeef. Bak de cantharellenblokjes in boter.

4. Rol het filo-deeg uit en leg het in drie lagen die met geklaarde boter zijn bestreken. Wikkel de filets met basilicumblaadjes in het deeg en zet 2 à 3 minuten in een oven van 200 °C om te kleuren. Rol ze daarna door het maanzaad. (Bestrijk het deeg eventueel eerst met honing.) Snijd de rollades in plakken. Leg in het midden van de borden een bergje cantharellen.

Frankrijk

Kalfszwezerik met kerriesaus

Voorbereidingstijd: 40 minuten
Kooktijd: 10 minuten
Moeilijkheidsgraad: ★★

Voor 4 personen

2	kalfszwezeriken van 250 à 300 g
500 ml	gevogeltefond
200 g	verse pasta
2	courgettes
2	tomaten
	kervel
	boter
	olijfolie

Voor de kerriesaus (200 ml):

2	el	kerriepoeder
2		uien
1		tomaat
1		appel
1		banaan
500	ml	room
		zout en peper naar smaak

De thymus is een klier die zich in de halsaanzet vóór de luchtpijp bevindt, die jonge dieren beschermt tegen bepaalde infectieziekten en die in de volwassenheid weer verdwijnt. De thymus wordt onder andere aangetroffen bij lammeren en kalveren, waar hij 'zwezerik' heet. Het ronde gedeelte, de 'noot' smaakt overheerlijk en is bij gastronomen bijzonder geliefd.

Kalfszwezerik kan op alle mogelijke manieren worden bereid. Hij kan worden gestoofd, gegrild en gebakken. Als Claude Dupont hier besluit om hem in de boter te braden, denkt hij daarbij aan de kwaliteit van het Belgische runderras 'blanc bleu belge' (B.B.B.) uit de omgeving van Namen. Er zijn in Europa een groot aantal kwalitatief hoogwaardige runderrassen, zodat u ook vlees van een andere rundersoort kunt nemen, als de voeding maar doordacht is geweest, en de versheid verzekerd.

Zoals bij alle orgaanvlees dient u de zwezerik eerst te ontdoen van verontreinigingen en bloedresten, door hem in koud water schoon te spoelen. Het kan nodig zijn om hem daarna nog verder schoon te maken, en het verwijderen van het dunne vlies dat de noot omhult, moet in alle rust en geconcentreerd gebeuren. Laat daar nog niet het kleinste stuk van zitten.

Let goed op bij het maken van de kerriesaus omdat de dosering van de diverse ingrediënten met beleid moet gebeuren. U kunt ook kerriepasta gebruiken, maar past u dan ook goed op. Wat de groenten betreft, probeert u aan de fijne, smakelijke courgettesoort 'Diamant' te komen. Snijd deze in even grote reepjes als de pasta om een mooi evenwicht te bereiken.

1. Was de kalfszwezerik en maak hem grondig schoon. Blancheer hem, verwijder het vlies en druk hem uit in een servet. Stoof hem in gevogeltefond, verdeel iedere zwezerik in vieren en droog af met een servet. Bewaar de gevogeltefond.

2. Bak iedere plak zwezerik in geklaarde boter tot hij knapperig is. Kook de pasta 'al dente' en houd hem warm.

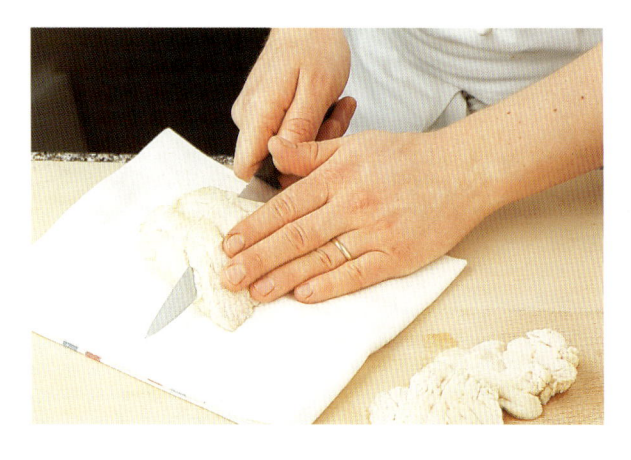

en verse pasta

3. Snijd de courgettes in reepjes. Bak ze snel in wat hete olijfolie zonder ze te laten kleuren. Doe de pasta erbij en breng op smaak met peper en zout.

4. Stoof de fijngehakte uien, gevierendeelde appel, tomaten, 2 plakken banaan en 2 eetlepels kerriepoeder. Doe de gevogeltefond erbij, kook in, voeg de room toe, kook verder in, breng op smaak met peper en zout en haal door een fijne zeef. Leg in het midden van de borden een bergje pasta, leg hierop 2 plakken zwezerik en giet de kerriesaus erover. Versier met kervel en partjes tomaat.

Hammetjes van gevogelte

Voorbereidingstijd: 45 minuten
Kooktijd: 25 minuten
Moeilijkheidsgraad: ★

Voor 4 personen

2	vogels van 1 kg (haantje, kapoen, kalkoen, parelhoen of eend)
400 g	hopspruiten
	sap van 1 citroen
2	sjalotten
	peterselie
	kervel
100 g	boter
100 ml	whisky
200 ml	witte wijn
200 ml	gevogeltefond
500 ml	room
	zout en peper naar smaak

Welke vogel het beste geschikt is voor deze klassieke 'hammetjes' mag u zelf bepalen. Volg uw eigen smaak en kies voor haantje, kapoen, kalkoen, parelhoen of eend. Ze zijn alle even geschikt voor dit recept. De Belgen beroemen zich erop dat ze gevogelte met veel luister toebereiden, zoals in de gerenommeerde gerechten 'Mechelse koekoek' of 'Waterzooi', wat inderdaad veel luisterrijker recepten zijn dan het onderhavige.

We kunnen het uitstekende Franse landgevogelte uit Bresse of uit Les Landes niet genoeg aanbevelen voor dit recept. De bereiding van de hammetjes is niet moeilijk, maar u dient voorzichtig om te gaan met het vel, dat moet worden ingesneden om het stukje bot doorheen te steken. De rest gaat dan bijna vanzelf.

De jonge hopspruiten of hopscheuten zijn in België erg geliefd en bevinden zich op de menukaarten van veel restaurants. Hun seizoen duurt erg kort, van midden maart tot eind april, want deze klimplant die geteeld wordt in verband met de bierproductie kan wel 5 meter hoog worden, en zet alles op alles om hemelwaarts te streven en zich tegelijkertijd te vermeerderen. In de 15de eeuw kende men aan de hop medicinale eigenschappen toe, maar in de eeuwen daarna geloofde men dat de plant als afrodisiacum dienst kon doen, de erotiek bevorderde dus. Tegenwoordig is heel Europa geïnteresseerd in deze Belgische specialiteit, die door velen met de asperge wordt vergeleken. Voordat ze in boter worden gebakken worden de hopscheuten trouwens net als asperges schoongemaakt en geblancheerd.

Deze bereidingswijze heeft ook nog het voordeel dat de hopspruiten daarna nog meerdere dagen kunnen worden bewaard. Maar dat is een theoretisch gegeven, want het is niet waarschijnlijk dat uw gasten er veel van op hun bord zullen laten liggen...

1. Snijd iedere vogel in 4 stukken, 2 vleugels en 2 poten. Ontbeen ieder stuk zó, dat er alleen vlees, vel en aan de poten 1 uitstekend botje overblijft.

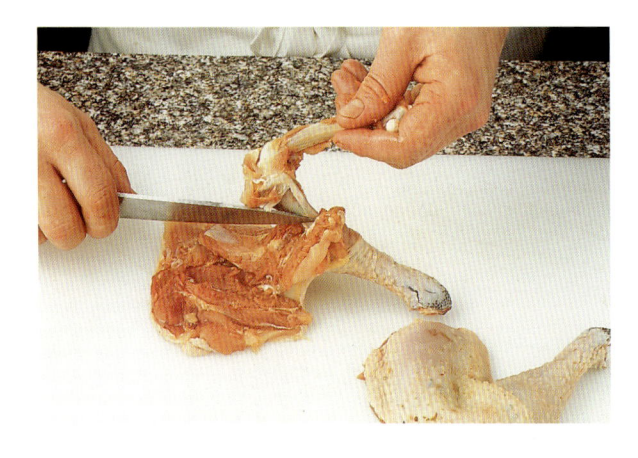

2. Wikkel steeds vleugelvlees en -poot in wat vel, snijd een klein gat in het vel, en steek het botje daar doorheen, zodat het geheel op een hammetje lijkt. Vorm zo 4 hammetjes.

Claude & Éric Dupont

met hopspruiten

3. Bak de hammetjes met de sjalotten en de peterselie in wat boter en laat 5 minuten stoven. Blus met whisky en kook in. Voeg de witte wijn toe, kook weer in, giet het gevogeltefond erbij en laat koken. Haal de hammetjes uit de pan als ze gaar zijn en houd ze warm. Kook de saus verder in en voeg de room toe.

4. Kook weer verder in tot de saus mooi romig is en breng op smaak met peper en zout. Roer de boter erdoor en haal door een zeef. Blancheer de hopspruiten met het citroensap in net niet kokend water en stoof ze in boter. Leg de hopscheuten op de borden, met daarnaast een hammetje en giet de saus er omheen. Versier met kervel.

Chartreuse van kuiken

Voorbereidingstijd: 1 uur
Kooktijd: 20 minuten
Moeilijkheidsgraad: ★★

Voor 4 personen

Voor de chartreuse:
2	kuikens
4	plakken ganzenlever van 10 g
200 g	kalfsvlees
4	plakjes zwarte truffel
4	wortels van 100 g
2	koolrabi's van 400 g
4	blaadjes basilicum
2	savooiekoolbladeren
100 ml	room

boter
truffelolie
madera
cognac
4-kruidenmengsel

Voor het eekhoorntjesbrood:
600 g	klein eekhoorntjesbrood
1 el	fijngehakte peterselie
1 el	fijngehakte kervel
1 tl	fijngehakte sjalot
4 el	balsamico-azijn
4 el	rode wijn
4 el	kalfsjus
40 g	boter
	zout en peper naar smaak

Alle verhemeltes opengesperd, alle zintuigen in de aanslag: deze chartreuse brengt de gasten van Lothar Eiermann meestal in een staat van verrukking die de opperste zaligheid benadert. Zelden worden kuiken, ganzenlever en eekhoorntjesbrood samen in één gerecht verwerkt, en nog zeldzamer is het dat de gelegenheid zich voordoet om een dermate geraffineerd gerecht zelf te kunnen bereiden.

Doet u eerst maar wat opwarmoefeningen: probeer de truffel, verwijder de zenen uit de ganzenlever, ontbeen het kuiken en maak de paddestoelen schoon. Dat is het moment waarop u de goede trouw van uw leverancier kunt beoordelen: het kuiken moet een echt piepkuiken zijn, en dat is moeilijker dan het lijkt. Neem het liefst een kuiken uit de Elzas, zo vers mogelijk en flink groot. Maar weer niet groter dan een duif, want de hele borst moet in de chartreuse-vorm passen. Koop in ieder geval een heel kuiken, want de lever en het hart zijn zelf ook nog heerlijke ingrediënten.

Voor de farce waarmee u de borst vult, kunt u vele smaken gebruiken: cognac, madera, port zijn alle uitstekend op hun plaats.

Is het recept van de chartreuse ('Kartuizer gerecht') daadwerkelijk afkomstig van de Kartuizer monniken, die het gebruikten om vlees te conserveren dat ze in de vastentijd niet mochten eten? Het is niet zeker. In ieder geval dient u de chartreuse een paar dagen van tevoren te maken zodat hij koud kan worden weggezet. Door deze voorbereiding wordt het storten later vergemakkelijkt. Maakt u altijd een paar extra, want het kan voorkomen dat de groenten bij het opdienen op het bord uit elkaar vallen.

1. Snijd de kuikens in stukken en verwijder het vel van de borsten. Ontbeen de poten en marineer ze in cognac en madera. Bak de ganzenlever en de kuikenhartjes, bestrooi met peper en zout, en verwarm ze samen met het kalfsvlees op laag vuur. Druk de kuikenborsten enigszins samen, parfumeer ze met truffelolie en leg op iedere borst 1 plak ganzenlever met 1 blaadje basilicum en 1 plakje truffel. Bind tot een pakketje en zet koel weg.

2. Maak een farce van de gemarineerde poten en het kalfsvlees, met de room. Druk door een zeef. Voeg 4-kruidenmengsel, cognac en room toe. Maak de wortels en de koolrabi schoon en snijd ze in reepjes. Blancheer ze, laat ze schrikken in koud water en uitlekken. Doe hetzelfde met de hele savooiekoolbladeren en snijd hier 8 rondjes van 5 cm doorsnede uit.

met eekhoorntjesbrood

3. Bestrijk 4 kleine soufflévormpjes met boter en zet tegen de randen afwisselend wortel- en koolrabireepjes. Leg op de bodem een rondje savooiekool en wat farce. Bestrijk met behulp van een lepel de zijkanten ook met farce en druk daarbij de groentenreepjes goed tegen de randen. Wring de kuikenborst in de vorm, druk goed aan en vul op met farce en nog een savooikoolrondje. Zet ca. 25 minuten au bain-marie in een oven van 150 °C.

4. Maak het eekhoorntjesbrood schoon, snijd in dunne plakken en stoof met wat boter en kruiden. Haal de paddestoelen uit de pan, zet warm weg, giet de rode wijn en de kalfsjus in de pan en voeg de balsamico-azijn toe. Druppel wat van deze saus op de borden, stort de chartreuses in het midden en garneer met plakjes eekhoorntjesbrood en kervel.

Duitsland

Geglaceerd speenvarken

Voorbereidingstijd: 20 minuten
Kooktijd: 1 uur 30 minuten
Moeilijkheidsgraad: ★★

Voor 4 personen

1	speenvarkenbout van 1 kg, met het zwoerd
200 g	suiker
10 g	citroentijm, marjolein, rozemarijn
1 el	honing
300 ml	sinaasappelsap, vers geperst
80 g	sjalotten, fijngehakt
1 tl	zwarte peperkorrels, geplet
1 tl	witte peperkorrels, geplet
	zout

Voor de zuurkool:

400 g	wijnzuurkool (rauw)
30 g	gerookt buikspek
1	aardappel
100 g	uien
½	appel
200 ml	Riesling (Verrenberg)
50 ml	appelsap
100 ml	bouillon
1 el	mosterdzaad
1	kruidnagel
1	laurierblaadje
1	jeneverbes
5	witte peperkorrels
	suiker
	zout en versgemalen witte peper

De Verrenberg-Riesling is afkomstig van de landerijen en de prins van Hohenlohe, de eigenaar van dit beroemde wijngebied, waar Lothar Eiermanns restaurant zich ook bevindt. Kenners noemen dit een van de beste wijnen van Baden-Württemberg. En waarschijnlijk vindt u het verstandiger om bij de bereiding van het speenvarken een Riesling van wat bescheidener herkomst te gebruiken, om bij de maaltijd zelf de ware 'nectar' van Verrenberg te drinken.

Zelfs bij een zeer jong speenvarken heeft de bout een uitgesproken smaak, en onze chef-kok gebruikt een glacering om deze te nuanceren. De eerste laag brengt u 30 minuten na de aanvang van het braden op, in geen geval eerder. De overige lagen worden daarna met tussenpozen opgebracht. Begiet het vlees ook steeds met zijn eigen vet, zodat het niet droog wordt.

Het basisingrediënt voor de glacering is honing, die tot de beste producten van het Zwarte Woud hoort. Maak er echter spaarzaam gebruik van, omdat zijn uitgesproken smaak anders het evenwicht in het gerecht kan verstoren. Maak de zuurkool volgens de regels: doe eerst wat ganzenvet bij de kool. De naam 'zuurkool' is alleen van toepassing als u de kool 2 tot 8 weken in zout inlegt. Daarna wordt hij op smaak gebracht met jeneverbes, bier of witte wijn - of, zo u wilt, met champagne.

1. Snijd het zwoerd van de speenvarkenbout op diverse plaatsen in, en braad de bout in een zeer hete pan aan alle kanten aan. Leg hem op de kant van het bot 30 minuten in een oven van 180 °C.

2. Maak de fond voor de glacering door het sinaasappelsap aan de kook te brengen met suiker, honing, sjalot en de kruiden. Kook in tot er een siroop ontstaat. Haal het speenvarken uit de oven en laat het afkoelen. Bestrijk de bout met de siroop en zet terug in een lauwe oven. Laat 60 minuten garen en glaceer in die tijd 2 of 3 maal opnieuw.

met Verrenberger wijn-zuurkool

3. Was de zuurkool in koud water en laat uitlekken. Laat de uien en het gerookte spek zweten in een pan, maar laat niet kleuren. Voeg de in plakken gesneden appel, Riesling, appelsap en bouillon toe. Doe de zuurkool en de kruiden in een builtje erbij en laat 1½ uur stoven.

4. Rasp de aardappel fijn, verwijder spek en kruidenbuiltje en bind met de aardappelrasp. Proef op peper en zout. Snijd de speenvarkenbout in plakken, schik op de borden en leg er wat zuurkool bij.

Plakjes jonge eend

Voorbereidingstijd: 25 minuten
Kooktijd: 45 minuten
Moeilijkheidsgraad: *

Voor 4 personen

2	jonge eenden van ½ kg
2	verse vijgen
2	citroenen
2	aardappels
	olijfolie
200 g	boter
2	takjes dragon
	zout en peper naar smaak

Voor het eendenfond:

	eendenkarkassen
50 ml	droge witte wijn
50 ml	cognac
200 ml	kalfsfond

Voor de karamel:

150 g	suiker
50 ml	rode wijnazijn
1 el	honing

Het vlees van jongen eenden is zacht en mals, en biedt de liefhebber een groot aantal smaaknuances. Voor Jean Fleury is de Challans-eend de beste, omdat er een strenge kwaliteitscontrole wordt toegepast. De dieren worden zo gehouden dat iedere eend 2,5 m² tot zijn beschikking heeft. Het voer bestaat uit granen. De dieren worden geslacht als ze 11 weken oud zijn, wanneer het vlees een zekere rijpheid heeft. Ook de Sologne-eenden zijn uitstekend, maar ze halen niet de kwaliteit van Challans.

Eendenvlees is geschikt voor talloze heerlijke gerechten. En als garnituur kunnen uiteenlopende zaken dienen als zwarte olijven, verse munt, bittere sinaasappels, zwarte bessen, en kersen. Fonds worden verrijkt met port of de heerlijke gele wijn uit de Jura. Bij het onderhavige recept raadt onze chef-kok, geheel volgens de traditie, aan om verse vijgen, droge witte wijn en een goede cognac te gebruiken, waar tenslotte nog kalfsfond aan toegevoegd wordt.

De vijgen moeten uit Frankrijk komen. Er zijn meerdere soorten die een fijne smaak hebben, zoals 'Varoise de Solliès', of de 'Bellone', die een naar de kleur violet neigende schil heeft. De vijg wordt al in de Bijbel genoemd, en heeft zijn populariteit tot op heden gehandhaafd. Volgens Fleury past parelhoen ook uitstekend bij vijgen.

De bereiding van de aardappelen is eenvoudig. De flinterdunne plakjes worden bij het bakken bijna doorzichtig, zodat de dragonblaadjes er doorheen schijnen. Denk eraan de azijn en de honing voorzichtig te doseren, anders kunnen ze alle smaken gaan overheersen.

1. Schroei de eenden af, verwijder de ingewanden en bind ze op. Braad ze 25 à 30 minuten bij 200 °C, maar laat het vlees roze. Snijd er filets uit en grill de poten helemaal gaar. Hak de karkassen klein en bak ze aan. Voeg witte wijn, cognac en tenslotte kalfsfond toe. Laat 15 minuten koken en haal dan door een zeef.

2. Maak een heldere karamel van de suiker. Voeg ca. 50 ml rode wijnazijn en wat honing toe en breng aan de kook. Meng met de eendenfond, laat even koken en dan afkoelen. Voeg de schillen van de citroenen toe, evenals de boter en proef op peper en zout.

met citroen en honing

3. Maak de aardappels schoon en schil ze. Snijd ze in flinterdunne reepjes en leg op ieder schijfje een dragonblaadje. Leg hierop nog een aardappelschijfje. Bak de vijgen met wat boter in de oven.

4. Bak de aardappelschijfjes in een pan met anti-aanbaklaag in (geklaarde) boter. Leg op ieder bord een gegrillde eendenpoot en wat plakjes eendenfilet ernaast. Schik er wat aardappelschijfjes bij. Giet de citroen-honingsaus erover en versier met reepjes citroenschil.

Frankrijk

Gevulde varkensstaart

Voorbereidingstijd: 30 minuten
Kooktijd: 2 uur
Moeilijkheidsgraad: ★★★

Voor 4 personen

8	varkensstaarten, licht gepekeld
750 g	in zout ingelegde snijbonen
250 g	witte bonen
100 g	blank kalfsvlees
70 g	ganzenlever
100 g	boter
100 ml	volle room (48%)
1 el	witte of gele wijn
1 el	sjalotjes
	nootmuskaat
	blanke fond
	gebonden kalfsjus
	zout en peper naar smaak

Ingelegde bonen, een aandenken aan de tijd dat Nederland nog door Spanje werd overheerst, kunnen heel goed worden gebruikt in diverse recepten met varkens- of lamsvlees. Ze worden in de herfst gepekeld, en de hele winter lang gegeten, waaruit blijkt hoe doeltreffend deze manier van conserveren is. Nadat ze zijn schoongemaakt en in stukjes gesneden worden ze in lagen in een aardewerken pot gelegd, met de stevigste bonen onderop. Daarna wordt de pot tot aan de bovenrand met zout gevuld, voordat er een zware plaat op wordt gelegd die de bonen samendrukt. Om ze te gebruiken dienen ze meerdere malen te worden afgespoeld, en daarna 15 minuten gekookt in water.

De gepekelde varkensstaart is roze van kleur en moet goed geprepareerd worden. Een eerste vereiste is het ontzouten, 24 uur lang. Daarna volgt nauwkeurig schoonmaken. Vervolgens worden de staarten gekookt in water dat tegen de kook aangehouden wordt, op ca. 70 °C. Na het schrikken in koud water moeten ze gemakkelijk ontbeend kunnen worden. Desgewenst kunnen ze dan enige tijd in de koelkast worden bewaard.

In ieder geval is het resultaat van het recept afhankelijk van de vulling. Gebruik geen ingrediënten van matige kwaliteit. Versfolie geeft het geheel meer stevigheid. Wij raden u aan om bij het pocheren van de staarten ieder stuk strak te omwikkelen met een zeer fijne stof.

1. Leg de varkensstaarten 24 uur in water om ze te ontzouten. Doe ze in koud water en laat ze 1½ à 2 uur in water van ca. 70 °C liggen, laat ze schrikken en afkoelen tot ze lauw zijn. Maak de farce door het vlees van 4 staarten fijn te hakken. Zet de sjalotten aan en blus met de witte wijn. Voeg dit toe aan het fijngehakte varkensvlees, evenals het kalfsvlees, de ganzenlever en de volle room. Meng goed en breng op smaak met nootmuskaat, zout, en peper.

2. Ontbeen de overige varkenstaarten, snijd ze overlangs open en verwijder de botten. Vul met de farce.

Constant Fonk

met snijbonen in het zout

3. Leg 2 varkensstaarten bij elkaar en wikkel ze in huishoudfolie als een worst. Knoop de uiteinden dicht. Spoel de ingelegde bonen 2 à 3 maal af onder stromend water om ze te ontzouten. Doe ze in kokend water en laat ze 15 minuten koken. Bereid de twee soorten bonen verder zoals gewoonlijk.

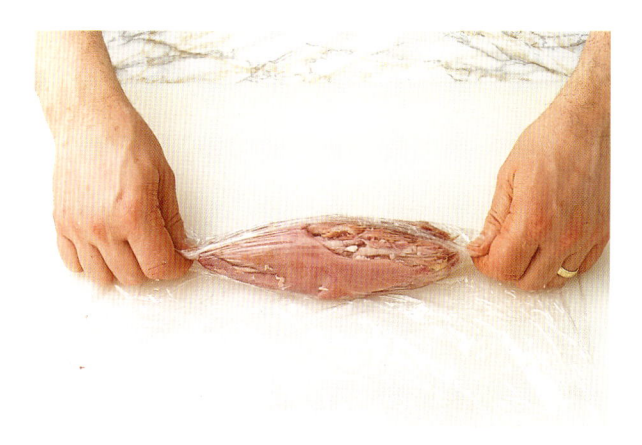

4. Pocheer de staarten ca. 30 minuten, eventueel in een zeer dunne doek gewikkeld, in een blanke fond. Als ze gaar gekookt zijn, kunnen ze ook in een pan goudbruin worden gebakken. Meng de twee soorten bonen en voeg boter toe. Snijd de gevulde staarten in plakken. Schik deze op warme borden, met de bonen. Gebruik wat gebonden varkensjus als saus.

Nederland

Gebraden lamsfilet

Voorbereidingstijd: 2 uur
Kooktijd: 2 uur
Moeilijkheidsgraad: ★★

Voor 4 personen

900 g	lamsribstuk (Pauillac-lam)
300 g	lamsschouder (Pauillac-lam)

Voor de moussaka:
400 g	aubergines
150 g	uien
100 g	tomaten
1	takje tijm, teen knoflook

Voor de gestoofde courgettes:
4	mini-courgettes
4	jonge uitjes
6	kerstomaatjes
1	mespunt tijm
	olijfolie

Voor de schouder (en de lamsfond):
	brunoise van wortel, ui en bleekselderij
1	tomaat
2	tenen knoflook
1	bouquet garni
500 ml	lamsjus
250 ml	olijfolie
	zout en gemalen peper

Voor het kruidenjasje:
100 g	witbrood-kruim
25 g	rozemarijn, bonenkruid, salie, tijm, majoraan
2	eiwitten
	zout en peper

Met Pasen smaakt lam het beste. Toch kunt u er het gehele jaar van genieten. Lamsvlees wordt niet alleen in Europa gewaardeerd, maar wordt ook toegepast in gerechten uit India en Afrika.

Van de soorten die voorzien zijn van een kwaliteitszegel houdt onze chef-kok het meest van het Pauillac-lam uit de Gironde. Dit dier wordt geslacht voordat het 65 dagen oud is, en zijn blanke vlees heeft een zeer uitgesproken smaak. Neemt u een ribstuk, omdat het vlees bij de botten altijd het smakelijkst is.

De moussaka, een Griekse auberginschotel, kan van tevoren worden klaargemaakt, en wordt dan nog sterker van smaak. Hij kan ook koud worden gegeten, en desgewenst weer worden opgewarmd.

Voor het maken van het kruidenjasje heeft u wat geduld nodig. Terwijl de Engelsen dol zijn op lam met muntsaus, geven wij voor dit gerecht de voorkeur aan mediterrane kruiden: rozemarijn, tijm, bonenkruid. Ook de salie accentueert de smaak van het blanke vlees, evenals majoraan. U dient het kruidenjasje op een koele plek te bereiden, om de mooiste structuur te krijgen.

Dien dit voorjaarsgerecht, dat u helaas maar een paar dagen kunt bewaren, zeer heet op.

1. Snijd de schouder in 4 stukken van ca. 50 g, braad ze aan, laat ze uitlekken en doe de brunoise in de pan om te laten stoven. Blus met lamsjus, voeg knoflook, tomaten en bouquet garni toe en breng op smaak met peper en zout. Houd 90 minuten tegen de kook aan. Giet door een zeefdoek, kook in en schep het vet eraf tot de saus romig wordt. Houd au bain-marie warm.

2. Snijd 200 g aubergines ongeschild in reepjes, laat ze kleuren in wat olijfolie en bak ze 15 minuten in een oven van 120 °C. Snijd de rest van de aubergines in blokjes, hak de uien fijn en stoof alles samen met de fijngehakte knoflook en de geplette tomaten. Bekleed met de auberginereepjes 4 ringvormen van 3 cm doorsnede en 6 cm hoog en leg daarin een stuk aangebraden lamsvlees en wat gestoofde groenten. Vouw de reepjes over de bovenkant. Houd warm.

Louis Grondard

in een kruidenjasje

3. Kook de courgettes in water met wat zout en laat ze afkoelen. Snijd ze open tot een waaier en schuif plakjes kerstomaat tussen de lamellen. Leg daarop plakjes ui en bestrooi met zout en peper. Giet er olijfolie over en zet 10 minuten in een oven van 150 °C.

4. Snijd 4 filets uit het ribstuk, verwijder zenen, bestrooi met peper en zout en laat aan alle kanten even kleuren in wat olijfolie. Zeef voor het kruidenjasje het broodkruim, voeg de verse, fijngehakte kruiden toe, meng goed en breng op smaak met peper en zout. Verdeel over een stuk huishoudfolie en rol de filets erdoor. Bestrijk met eiwit en bak 4 à 5 minuten in een pan om een bruin korstje te verkrijgen. Laat het vlees van binnen roze. Schik op de borden met de gestorte moussakavormen, courgettewaaiers en wat saus.

Frankrijk

Kalfsfilet met een

Voorbereidingstijd: 1 uur
Kooktijd: 20 minuten
Moeilijkheidsgraad: ★★★

Voor 4 personen

500 g	kalfsfilet
1	nieuwe groene kool
1 bosje	nieuwe wortels
1 bosje	voorjaarsuien
1 bosje	knolletjes
100 g	haricots verts
250 g	groene asperges
300 g	boter
200 ml	helder gevogeltefond
1 bosje	bieslook
	zout en peper

Voor de saus:
fijngesneden truffel
rode, groene, gele paprika's, fijngehakt

Kalfsvlees werd in de Klassieke Oudheid al bezongen. En de Hebreeërs richten een Gouden Kalf op, toen Mozes op de berg Sinaï de Tien Geboden ontving, en aanbaden het op zondige wijze. Ook werd er een vet kalf geslacht om de terugkeer van de Verloren Zoon te vieren. Deze twee bijbelse verhalen duiden erop dat allang bekend was wat de kwaliteiten van het kalf en zijn smakelijke vlees waren.

Alle delen van het kalf werden opgegeten: klieren, orgaanvlees, en natuurlijk het vlees zelf, bieden de gourmet talloze mogelijkheden tot gerechten. We vinden ze terug als kalfsschenkel, ragoûts en fricassee's. Vooral in Frankrijk, dat zegt de grootste producent van kalfsvlees in Europa te zijn, wordt het dier graag gegeten. Na een aantal moeilijke jaren zijn de fokkers erin geslaagd het vertrouwen terug te winnen en is de jaarlijkse consumptie per hoofd op 4 kg per jaar gekomen.

Voor deze kalfsfilet 'à la ficelle' (met keukengaren samengebonden), dat ontleend is aan een oud thuisrecept, beveelt onze chef-kok ons een van een garantiezegel voorzien Limousin-kalf 'sous la mère' aan, dat slechts met moedermelk is gevoed. Zijn vlees glanst en is helder-roze gekleurd, zeer stevig en voorzien van een wit vetlaagje. U kunt het kalfsvlees een dag van tevoren kopen en in de koelkast bewaren.

De echte oorsprong van het woord 'chartreuse' is niet bekend. Dit gerecht, met zijn voedzame kool als goedkoop hoofdingrediënt, is misschien bedacht door de Karthuizer monniken, in de grimmige eenzaamheid van hun eindeloze meditaties.

1. Ontdoe de filets met een mes van zenen en vet, bestrooi met peper en zout en bind vast met keukengaren. Zet koel weg. Blancheer de koolbladeren, laat ze goed uitlekken en leg ze op huishoudfolie.

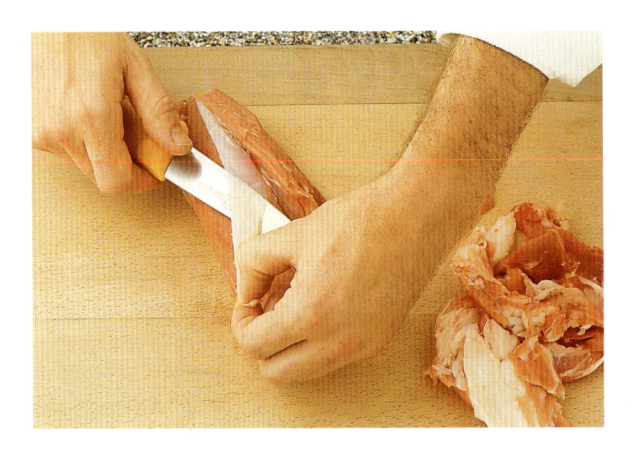

2. Kook de overige groenten in water met wat zout en snijd ze in stukjes. Leg deze op de koolbladeren. Giet er wat gesmolten boter met fijngeknipt bieslook over. Klap dicht, met behulp van het folie, en rol op tot een rollade. Stoom 5 minuten vóór het opdienen.

Louis Grondard

groenten-chartreuse

3. Pocheer de kalfsfilets 8 minuten in de gevogeltefond, haal ze uit de pan en houd warm.

4. Kook de fond in tot de helft en monteer met de boter. Voeg truffel en paprika toe. Proef op peper en zout. Snijd de kalfsfilets in plakjes, leg ze op de borden en giet de saus erover. Leg de gestoomde groenten-chartreuse erbij.

Frankrijk

Varkenshaasje met

Voorbereidingstijd: 50 minuten
Kooktijd: 30 minuten
Moeilijkheidsgraad: ★

Voor 4 personen

2	varkenshaasjes van 800 g (puntjes van de haas)
30 g	boter
	bouillon
4	kardemomzaadjes
2	kruidnagelen
2 mesp.	kerrie
2 mesp.	kummel (karwijzaad)
2 mesp.	paprika
1 mesp.	kaneel
200 g	griesmeel
1 el	tomatenpuree
10	kleine muntblaadjes
100 ml	room
50 ml	olijfolie

Voor de ingelegde vruchten:

	sap van 1 citroen en 1 limoen
2	gedroogde vijgen
3	gedroogde abrikozen
2	gedroogde pruimen
10	geroosterde pinda's
5	geroosterde amandelen

Kokos-kerriesaus:
zie de basisrecepten achterin

Tijdens een zakenreis naar Tunesië heeft Philippe Groult dit recept bedacht. Hij had een echte Hof van Eden ontdekt, waar een groot aantal kruiden met onbekende geuren hem inspireerden.

Bij het uitkiezen van het griesmeel is de grootte van de korrels niet belangrijk, wel de kwaliteit van de harde tarwe en de bereiding in olijfolie.

De pinda's, amandelen, en naar believen kikkererwten en pijnboompitten, worden in een pan geroosterd. 's Zomers kunt u ook verse amandelen gebruiken, en dat geldt evenzo voor de gedroogde vruchten, waar u dadels aan kunt toevoegen, en die u door verse vruchten kunt vervangen.

De citroen en de limoen zijn erg belangrijk bij het inleggen van de vruchten. De citroen maakt de smaak van de vruchten minder zoet, en de limoen voegt een subtiel accent toe.

De filets worden van het puntje van de haas gesneden en blijven lichtrood bij het bakken. Dit recept is ook geschikt voor alle delen van het lam, en in het bijzonder de rug. Vlees en groenten zijn in een perfecte balans gedoseerd.

---

1. Leg de gedroogde vruchten en de noten 10 minuten in het sap van de citroen en de limoen.

2. Doe de tarwegries voorzichtig beetje bij beetje in een pan met de olijfolie. Voeg bouillon en tomatenpuree toe. Stamp de specerijen in een vijzel, doe ze bij de room en breng aan de kook. Voeg dit aan de tarwe toe, evenals tweederde van de ingelegde vruchten.

Philippe Groult

kokos-kerriesaus

3. Snijd de varkenshaasjes los, bind ze met touw samen, bestrooi met peper en zout en laat kleuren in wat boter en 2 theelepels olijfolie. Braad het vlees lichtroze, laat rusten op een bord, voeg aan het braadvocht 30 ml water toe en zet weg.

4. Zet voor de saus de uien, appel en banaan aan in olijfolie, voeg kerrie, kokosmelk en gevogeltefond toe, laat 3 minuten koken, meng goed, haal door een zeef en monteer met de boter. Leg op ieder bord 3 eetlepels tarwegries met daarop een plak varkenshaas. Giet er wat braadvocht over. Versier met kokos-kerriesaus en muntblaadjes.

Spies van divers

Voorbereidingstijd   2 uur
Kooktijd: 45 minuten
Moeilijkheidsgraad: ★★

Voor 4 personen

2	wilde houtduiven
4	kwartels
1	wilde eend
250 g	verse eendenlever
5	tamme kastanjes
1	sjalot
1	teen knoflook
2	uien
1	takje tijm
5	jeneverbessen
200 ml	rode wijn
	cognac
4	grotchampignons
5	grote aardappels
	sap van 1 sinaasappel
150 g	verse boter
100 g	paardenbloemen
50 g	veldsla
1	krop frisÈesla
1	radicchio
	bieslook
1 el	honing
10 g	Szechuan-peper
10	korianderzaadjes
20 ml	vinaigrette

Deze fraai gepresenteerde spies met gevogelte staat aan de basis van het succes van Philippe Groult. De verschillende soorten vlees en diverse smaken van de uitgekozen vogels (eend, kwartel en duif) zouden een onervaren kok lelijk kunnen ontmoedigen, wanneer hij ze geplukt heeft. Maar met dit recept kunt u de problemen de baas, en zult u lauweren oogsten...

De wilde eend moet klein zijn en een gele kop en mals, sappig vlees hebben. De houtduif komt veel in Europa voor en zou gemakkelijk te krijgen moeten zijn, evenals de kwartels. Neemt u in ieder geval grote en stevige kwartels met een uitgesproken smaak. Nadat u de vogels zorgvuldig heeft ontdaan van ieder spoor van hagel, gaat u geenszins met een marinade in de weer, omdat de wildsmaak door het laten versterven van het vlees alleen maar minder wordt.

Wildgerechten kunnen fraai worden gecombineerd met gegrild eekhoorntjesbrood en verse kastanjes, die u bijzonder knapperig kunt krijgen door ze in plakjes te snijden en rauw te bakken.

U kunt de samenstelling van de spies naar smaak veranderen. Ree, wild zwijn, hinde en everjong kunnen het gevogelte vervangen, als u tenminste maar goed let op de bereidingswijze en de kooktijd die bij iedere wildsoort hoort.

1. Schroei de duiven en de wilde eend af en verwijder de ingewanden. Snijd het borstvlees en de bouten eraf. Schroei de kwartels af en verwijder de ingewanden. Druk de levertjes door een zeef en houd ze apart. Ontbeen de kwartels, maar laat de rug intact. Vul ze met een deel van de eendenlever. Breng op smaak met peper en zout, voeg jeneverbessen en wat cognac toe. Breng het borstvlees op smaak met zout, peper en geplette korianderzaadjes.

2. Hak de karkassen fijn. Laat in een pan de sjalot zweten met de uien en de knoflook en voeg de karkassen toe. Bak ze 2 minuten en flambeer met wat cognac. Kook de rode wijn in tot de helft en voeg toe aan de karkassen, evenals de tijm. Laat 15 minuten koken en haal door een zeef.

vederwild

3. Snijd de rest van de eendenlever in 4 plakken, bak ze 8 minuten en voeg de kwartels, het borstvlees en de paddestoelen toe. Braad ze saignant (nog rood). Ontbeen de bouten en bak ze knapperig. Meng de slasoorten met de vinaigrette. Snijd de geschilde aardappels in plakken en bak ze. Snijd de geschilde kastanjes in plakjes en bak ze.

4. Steek eend, paddestoelen, kwartels, lever en duif op een vleesspies en houd warm. Voltooi de saus: voeg eerst sinaasappelsap, dan het braadvocht toe. Haal van het vuur en roer er de gezeefde kwartellevertjes door. Karamelliseer de schil van de sinaasappel met de honing. Schik alles op de borden, leg de sinaasappelschil op de stukjes eend. Bestrooi de spies met peper en koriander. Versier met de saus.

Jonge Challans-eend

Voorbereidingstijd: 1 uur
Kooktijd: 45 minuten
Moeilijkheidsgraad: ★

Voor 4 personen

2	jonge Challans-eenden van 1½ kg
250 g	korianderzaadjes
150 ml	honing
4	sinaasappels, schillen en sap
1	grote ui
1	wortel
120 g	verse boter
50 ml	wijnazijn
	laurierblaadjes
20 g	bieslook
10 g	dragon
	peper en zout naar smaak

Voor het garnituur:

40	kleine aardappelen (krieltjes)
16	kleine uitjes
100 g	champignons, in vieren
200 g	rookspek
30 g	boter
150 ml	arachide-olie
1	mespunt kristalsuiker
	zout

Men geeft vaak de voorkeur aan het magere en malse vlees van de jonge eend boven dat van een volwassen exemplaar. In ieder geval dient u gevogelte met een slap karkas te vermijden en erop te letten dat de eend een maïskleurige huid bezit.

Als rechtgeaard Normandiër raadt Philippe Groult aan om een eend uit Rouen te nemen (in het bijzonder een 'Duclair'), waarvan het rode vlees zeer fijn van smaak is. Maar ook diverse kruisingen van wilde eenden zijn zeer geschikt.

Volgens onze chef-kok is koriander, dat men al sinds eeuwen een genezende en rustgevende werking toedicht, het juiste kruid voor bij de eend. Men zegt dat Amphycles, een gastronoom uit de Oudheid, deze schermbloemige al gebruikte om vlees mee te conserveren. Uw gasten zullen in het bijzonder de korianderzaadjes lekker vinden, die vet en braadvocht hebben opgenomen en ten slotte van een honinglaagje zijn voorzien.

De complexiteit van dit gerecht, dat tegelijkertijd simpel en doordacht is, doet recht aan de culinaire principes van Philippe Groult, die wij hier nog eens laten horen: 'Ik wil graag in verrukking brengen zonder te camoufleren, harmonie laten ontstaan zonder verraad te plegen, om op het bord een verrassing te brengen zonder te provoceren.'

1. Schroei de eenden af, verwijder ingewanden en overtollige botjes, bind ze op, bestrooi ze met zout. Bestrijk ze rondom met gesmolten boter waaraan 2 tl honing zijn toegevoegd. Doe de grof gesneden ui, wortel en de laurierblaadjes erbij. Zet ze 25 minuten in een oven van 180 °C.

2. Haal eenden, groenten en vet uit de pan, voeg de rest van de honing toe en karamelliseer de geplette koriander en de sinaasappelschillen.

met sinaasappel en koriander

3. Maak een garnituur door de geschilde krieltjes te blancheren en te sauteren. Bak de paddestoelen en de geblancheerde stukjes spek. Stoof de uitjes in de arachide-olie, voeg dan wat boter, een mespunt suiker en zout toe en doe alles bij elkaar.

4. Bestrijk de eenden met het gekaramelliseerde mengsel en bak ze nog 10 minuten. Haal de eenden uit de ovenschotel, kook het braadvocht flink in. Blus met wijnazijn en sinaasappelsap. Haal de saus door een zeef. Serveer de eenden met het garnituur en geef de saus er apart bij. Bestrooi de borden met fijngehakt bieslook en dragon.

Wilde eend in een kruidenjasje

Voorbereidingstijd: 1½ uur
Kooktijd: 1½ uur
Moeilijkheidsgraad: ★★

Voor 4 personen

2	wilde eenden
150 g	honing
2	tenen knoflook
30 g	Szechuan-peper
30 g	koriander
10 g	kummel
4	kardemomzaadjes
1 el	sojasaus
2 el	sherry
	zout

Voor de rode kool met vijgen:

1	rode kool
8	gedroogde vijgen
2	grote uien
1	verse gemberwortel
250 ml	rode wijn
1 glas	port
100 ml	olijfolie
3 el	azijn
1	mespunt suiker
	zout

De kwaliteit van Aziatische specerijen en de mengsels die ermee gemaakt kunnen worden, zijn een inspiratie voor onze beste chef-koks. In dit geval is het de wilde eend, die op wonderbaarlijke wijze door deze specerijen wordt getransformeerd.

Als u geen wilde eend kunt vinden, kunt u ook een andere eendensoort gebruiken. Hij moet ca. 3 kg wegen en ongeplukt zo'n 10 dagen rusten in de koelkast. Dan hoeft u hem alleen nog maar te plukken en aan de bereiding te beginnen, op de dag waarop hij gegeten wordt. Hoewel de gaartijd van eend slechts 20 minuten bedraagt, dient u het vlees vóór het opdienen nog even te laten rusten, zodat het weer helemaal mals is.

Rode kool smaakt in de herfst en de winter het beste. Neem voor dit recept een middelgrote krop. Verwijder de grote bladnerven en de stronk, voordat u de kool klein snijdt en marineert. Dat laatste dient de hele nacht te duren, waardoor de kool lichter verteerbaar wordt. Gebruik niet teveel azijn: de uitgesproken smaak ervan mag die van de kool niet gaan overheersen. Doseer ook de Szechuan-peper voorzichtig.

Dit recept volgt een Elzasser traditie waarbij met Kerstmis een gebraden gans wordt geserveerd die met rode kool of zuurkool is gebraden. De 'Auberge de l'Ill', die al 100 jaar bestaat, houdt zich met veel succes bezig met de kunst van het variëren, en dit gerecht zou ook goed dienst kunnen doen als feestmaal.

1. Pluk de eenden, verwijder ingewanden en bind ze op. Marineer een dag van tevoren de kool: snijd de stronk eraf, verdeel de kool in vieren en snijd in fijne repen. Bestrooi met zout en suiker en giet de azijn erover. Laat een nacht staan.

2. Zet de volgende dag de fijngesneden uien aan in wat olijfolie. Voeg de gemarineerde rode kool en de in blokjes gesneden vijgen toe. Giet er de rode wijn en de port bij, en voeg 3 plakjes gember toe. Laat bij 150 °C 1 à 1½ uur stoven in de oven. Breng op smaak met peper en zout alvorens op te dienen.

met rode kool en vijgen

3. Maal in een koffiemolen Szechuan-peper, koriander, kummel en kardemom zeer fijn. Meng de gemalen specerijen door de honing, sojasaus, sherry en knoflook. Bestrooi de eenden van binnen en van buiten met zout.

4. Bestrijk beide eenden met behulp van een penseel met de kruidenhoning. Zet ze 20 minuten in een oven van 220 °C en laat ze daarna ca. 15 minuten rusten. Bestrijk ze vóór het opdienen nogmaals met de kruidenhoning en zet ze nog even in de oven om op te warmen. Dien op met de gestoofde rode kool.

Duif en ganzenlever

Voorbereidingstijd: 1 uur 30 minuten
Kooktijd: 35 minuten
Moeilijkheidsgraad: ★★★

Voor 8 personen

4	duiven van 500 g
8	plakken ganzenlever
8	plakjes truffel
16	spinaziebladeren
8	kleine stronkjes witlof
8	wortels
1	eidooier

1,2 kg	bladerdeeg (zie basisrecepten achterin)
	geklaarde boter
	zout en peper naar smaak

Voor 500 g vulling:

200 g	varkensvlees
150 g	varkenshalsstuk
100 g	varkensreuzel
50 g	gekookte ham
5 g	fijngehakte truffel
100 ml	truffelnat
500 ml	port
	zout en peper naar smaak

Er was vroeger veel bijgeloof verbonden aan de truffel. Zo diende men de plaatsen waar de truffels groeiden, 's nachts te mijden, aangezien de truffel een duistere kracht zou bezitten. In ieder geval diende men zich daar aanhoudend te bekruisen. Later begon men de smaak van deze edele paddestoel te waarderen, in het bijzonder dankzij de gastronoom Brillat-Savarin die sprak van de 'zwarte diamant'. Een truffel is pas na een paar jaar rijp. De zwarte truffel is de ideale begeleiding van gevogelte, en in dit recept verfijnt hij de smaak van een duif in een jasje van bladerdeeg.

Het is meestal gemakkelijk om jonge, gefokte duiven te vinden, die buiten worden gehouden, en gevoerd met graan en soms met erwten. Een duif van 350 à 400 gram heeft zeer mals vlees, dat voorzichtig moet worden gebraden, zodat het niet taai wordt.

Omdat het bereiden van de farce nogal lang duurt, dient u deze een dag van tevoren te maken, hetgeen de smaak ten goede komt. Zelfs de meest professionele koks schrikken nog wel eens terug voor het zelf bereiden van het bladerdeeg. Gebruikt u in ieder geval fijn zeezout dat het bladerdeeg wat losser maakt, en koude gesmolten boter voor de kleur. Laat het deeg minstens 2 uur rusten.

1. Snijd het borstvlees in zijn geheel van de duiven, verwijder het vel. Ontbeen de bouten, maar laat de voetbotjes zitten. Verhit de geklaarde boter op hoog vuur en braad de duivenborsten en de plakken ganzenlever aan, die van tevoren op smaak zijn gebracht met peper en zout.

2. Leg nu op iedere duivenborst een plakje truffel en daarop een plak ganzenlever. Laat 30 minuten rusten. Maak de farce van de aangegeven ingrediënten, in een keukenmachine of met de mixer. Blancheer de spinaziebladeren en laat ze schrikken. Bestrijk de duivenborsten met de vulling, evenals de bouten en de spinaziebladeren. Wikkel de duivenborsten in de bladeren. Braad de bouten in 10 minuten gaar.

108 Michel Haquin

in feuilletée met truffel

3. Snijd met behulp van een uitsteekvorm een kleine en een grotere cirkel uit het bladerdeeg. Bestrijk de randen met eigeel. Leg het in spinazieblad verpakte vlees op het kleine deegrondje en bedek met het grotere. Snijd de 8 stronkjes witlof schuin in plakken. Schil de wortels en tourneer ze. (Snijd ze tot decoratieve vormen.)

4. Druk de deegranden aan met een vork en bestrijk het deeg aan alle kanten met eigeel. Laat 15 minuten rusten en zet 10 à 15 minuten in een hete oven. Laat nogmaals 1 minuut rusten en snijd doormidden. Stoof de plakjes witlof en glaceer de wortels. Dien heet op.

Gebraden haantje met

Voorbereidingstijd: 1 uur
Kooktijd: 30 minuten
Moeilijkheidsgraad: ★★

Voor 4 personen

4	haantjes
2	wortels
2	witte knollen
2	schorseneren
2	stronken knolselderij
9	tenen knoflook
8	kruidnagels
24	walnoten
2 l	eendenvet
300 ml	kippenbouillon
500 ml	melk
250 ml	room
25 ml	kummellikeur
	zout en peper naar smaak

Hoewel Paul Heathcote een Engelsman is, is hij zo gecharmeerd van Franse haantjes uit Les Landes of uit Bresse, dat hij zijn eigen kippenfokker zover heeft gekregen om de fokmethoden uit die streken over te nemen. Het gevogelte loopt vrij rond en wordt gevoederd met graan, maïs en melkproducten. Ook al voldoen deze vogels nog niet aan de eisen die het 'label rouge' stelt (in Frankrijk te zien aan een ring om de poot), is Paul Heathcote zeer tevreden over het borstvlees, dat na het braden zeer mals blijft.
In Frankrijk zijn scharrelhaantjes herkenbaar aan hun zwarte poten en hun krachtige houding. Ze zijn twee maanden oud en worden daarom deels ook als 'kuiken' aangeduid. Ze dienen voorzichtig te worden gebraden, omdat het vlees erg zacht is en niet erg sterk van smaak. Daarom wordt er trouwens ook een pikante saus bij gegeven, bijvoorbeeld een van geblancheerde en gepelde walnoten zoals in dit recept.

De witte knollen moeten liefst heel jong zijn, omdat ze dan zachter en zoeter smaken. Lange tijd heeft men knolraap beschouwd als een ordinaire groente die alleen voor éénpansgerecht geschikt was. Maar ze komen in wat verfijndere gerechten net zo goed tot hun recht. U kunt afwisselen met pastinaak, een bij ons bijna vergeten groente, waar de Engelsen echter dol op zijn.

Dit gerecht doet u wellicht voor het eerst kennismaken met kummellikeur, waarvan de smaak aan anijs doet denken.

1. Schil de wortels en de knollen, snijd de schorseneren in de lengte door en stoof de groenten ca. 15 minuten met de kruidnagels in het eendenvet. Braad de haantjes aan beide kanten 7 minuten aan, verwijder de bouten en braad deze nog 15 minuten. Houd warm.

2. Snijd de selderij in blokjes en kook deze 20 minuten in de melk. Laat tweederde van de room koken tot hij dik wordt. Giet de selderij af en pureer met de mixer of in de keukenmachine, voeg alle room toe en breng op smaak met peper en zout.

Paul Heathcote

knolselderij en walnotensaus

3. Blancheer de walnoten en pel ze. Doe ze bij de kippenbouillon en laat zachtjes koken tot de saus dik wordt. Laat de knoflookteentjes goudgeel kleuren voeg de gestoofde groenten toe en proef op peper en zout.

4. Deponeer met een lepel een balletje selderijpuree in het midden van de borden en leg daarop de in dunne plakken gesneden haantjesborst. Schik de bouten en de groenten er omheen. Begiet met walnotensaus en versier met een paar druppels kummellikeur.

Groot-Brittannië

Gebraden fazant

Voorbereidingstijd:	1 uur 40 minuten
Kooktijd:	1 uur 30 minuten
Moeilijkheidsgraad:	★★★

Voor 4 personen

2	fazanten
8	savooiekoolbladeren
	linzen
4	schorseneren
8	sjalotten
1	citroen
	peterselie
200 ml	eendenvet
50 g	boter
	zout en peper naar smaak

Voor de hutspot:

500 g	aardappels
1	wortel, in plakjes
½	ui, in ringen
1	takje rozemarijn
150 g	gesmolten boter

Voor de saus met oude port:

	karkassen van 2 fazanten
2	selderijstengels
1	wortel
1	ui, 1 teen knoflook
1	laurierblad, 1 takje tijm
6	peperkorrels
200 ml	port
200 ml	kalfsfond
500 ml	heldere gevogeltefond
50 g	boter
	zout en peper naar smaak

Dit van oorsprong Vlaamse recept hoort tot de traditionele gerechten in het Engelse graafschap Lancashire. Paul Heathcote presenteert hier een variant met vederwild. Neem hiervoor een jong fazanthoen, dat fijner van smaak is dan de eigenlijke fazant. Laat de vogel niet te lang besterven, slechts een paar dagen vóór de daadwerkelijke bereiding. Als u niet aan een fazanthoen kunt komen, kunt u net zo goed een andere soort vederwild uitkiezen, zoals jonge patrijs, korhoen of duif.

De hutspot wordt op originele wijze bereid, met gebruikmaking van de beroemde 'Pommes Anna'-vorm, die de chef-kok van de familie Rothschild, Adolphe Dugléré, heeft bedacht ter ere van Anna Deslions. Het betreft een hoge, gietijzeren vorm, liefst met anti-aanbaklaag, waarin de groenten dankzij de dikke wanden zeer sappig blijven.

Het woord 'hutspot' heeft met 'hutsen', 'hutselen' te maken: door elkaar mengen, stampen. Het Frans kent ook de term 'hochepot', maar het oorspronkelijke recept is verloren gegaan. Wellicht ging het om een runderragoût die zonder water werd verhit, en dus alleen door flink roeren van de kok kon worden bereid.

1. Schroei de fazanten af en verwijder de ingewanden. Snijd het borstvlees los en braad het 7 à 8 minuten aan alle kanten, tot het goudgeel is. Maak de uien schoon, stoof ze in de eendenlever, breng op smaak met peper en zout en zet apart. Was en blancheer de savooiekoolbladeren.

2. Snijd de schorseneren in vieren en bak ze goudbruin in de boter. Breng op smaak met zout, peper, citroensap en fijngehakte peterselie. Kook linzen voor 4 personen.

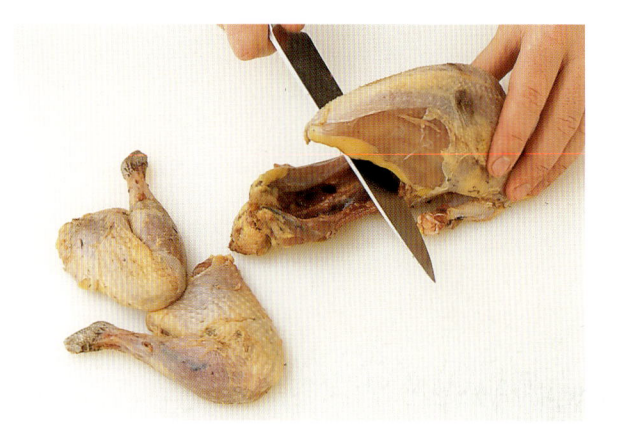

Paul Heathcote

met hutspot

3. Schil de aardappels en snijd ze in plakken. Bekleed een 'Pommes Anna'-vorm of een andere vorm met een laag aardappelschijfjes en vul de vorm op met de wortel, ui en de rest van de aardappelplakjes. Zet 1 uur in de oven tot alles goed gaar is en een mooie kleur heeft gekregen.

4. Bak voor de saus de karkassen en de groenten met de kruiden in boter. Blus met port en kook in tot de helft. Voeg de gevogelte fond toe, kook nogmaals tot de helft in, voeg de kalfsfond toe en haal na een paar minuten door een zeef. Breng aan de kook, schep het vet eraf en kook in tot een saus. Haal door een zeef. Serveer op voorverwarmde borden.

Runderhaas met gestoofde

Voorbereidingstijd: 1 uur 30 minuten
Kooktijd: 3 uur 40 minuten
Moeilijkheidsgraad: ★★★

Voor 4 personen

6	rundertournedos van 150 g
1	ossenstaart
1	savooiekool
450 g	wortels
1	koolraap
200 g	prei
	olie om te bakken

15 g	pijlwortelmeel (arrowroot)
1 bosje	gladde peterselie
100 g	tijm
2 l	runderfond
500 ml	rode wijn
500 ml	Guinness-bier
125 ml	rode wijnazijn

Voor de aardappelpuree:

900 g	aardappelen (bijv. Mary Piper)
50 g	boter
100 ml	geslagen room

Wat betreft de kwaliteit van Engelse en Franse runderrassen wil Paul Heathcote geen oordeel vellen: u heeft dus de vrijheid bij uw keuze van kwaliteitsvlees, of u nu Angus uit Noordwest-Schotland neemt of Charolais uit Frankrijk. In ieder geval krijgt u dan vlees met weinig vet, dat vol van smaak is, sappig, rijk aan eiwit en zeer mals. U dient het op matig vuur en niet te lang te bakken, zodat het binnenste goed mals blijft.

De ossenstaart geeft alleen smaak aan de saus. Neem bij voorkeur de bovenste stukken van de staart, die het dikste zijn en het meeste smaak hebben. U moet ze net zo lang koken tot het vlees losraakt van de botten.

De groenten worden in grote vierkanten gesneden en slechts kort gebakken, zodat alles knapperig blijft. De klassieke Engelse biersaus moet voorzichtig worden ingekookt, omdat te lang gekookt bier zijn smaak verliest en zelfs bitter kan worden. De keuze van het bier hangt voornamelijk van uw eigen smaak af, maar onze chef-kok raadt aan om Guinness te gebruiken, het bekende bier waar de Ieren terecht trots op zijn: wereldwijd zou de dagelijkse consumptie meer dan 8 miljoen glazen bedragen... U mag natuurlijk ook een andere biersoort nemen.

1. Verwijder vet en zwoerd van de ossenstaart. Maak de groenten schoon en snijd de wortels, prei en koolraap in grote vierkanten en de savooiekool in stukjes en kook de groenten. Bewaar schillen e.d. van de groenten.

2. Bak de stukken ossenstaart ca. 15 minuten in de olie, voeg de groentenresten toe en blus met azijn en rode wijn.

ossenstaart en biersaus

3. Voeg bier, runderfond en kruiden toe. Stoof in de oven tot het vlees gaar is (ca. 3 uur). Neem de stukken ossenstaart uit de pan, verwijder het vet in de pan, bind de saus met arrowroot en haal door een zeef. Breng de rundertournedos op smaak met peper en zout, bak ze in een pan met wat boter en laat ze rusten.

4. Kook de ongeschilde aardappels, schil ze terwijl ze nog heet zijn en pureer ze. Voeg de room toe, meng met een klopper en voeg vlokjes boter toe. Proef op peper en zout. Snijd de tournedos kort vóór het opdienen in plakken en verdeel met alle groenten en een bergje aardappelpuree over de borden. Giet de saus er omheen.

Sneeuwhoen

Voorbereidingstijd: 50 minuten
Kooktijd: 30 minuten
Moeilijkheidsgraad: ★★

Voor 4 personen

4	jonge sneeuwhoenders (of korhoenders)
250 g	'Russische erwten' (gebroken, gedroogde en geroosterde doperwten)
4	struiken witlof
2	bollen knoflook
100 ml	truffelnat
	boter

sap van 1 citroen
peterselie
zout en peper naar smaak

Voor de saus:

	karkassen en poten van de hoenders
	mirepoix van uien, wortels en knolselderij
1	bol knoflook
500 ml	stevige rode wijn
100 ml	room
100 g	boter
	jeneverbessen
	citroen
	zout en peper naar smaak

De jacht is in Noorwegen gedurende de gehele poolwinter geoorloofd, wat een uitgelezen kans biedt om te dwalen door de reusachtige wouden om de dierenwereld ter plekke te leren kennen. Hier komt het sneeuwhoen, met zijn gevederde poten, op de eerste plaats. Zijn wetenschappelijke naam is Lagopodus. Hij wisselt drie maal per jaar van verentooi: is hij in de zomer nogal bruin van kleur, 's winters is hij wit als sneeuw en nauwelijks te onderscheiden van zijn natuurlijke omgeving. Sneeuwhoenders eten knoppen en kleine vruchten die ze onder de sneeuw vinden.

Neem zo mogelijk jonge sneeuwhoenders, want die zijn malser en fijner van smaak. Zoals bij alle wild dient eerst alle hagel zorgvuldig te worden verwijderd. Net als zijn verre verwant, de wilde houtduif, kan het sneeuwhoen door te lang braden bitter van smaak worden. Beperk de gaartijd dus tot 30 minuten.

Naast het gevogelte vraagt dit recept om 'Russische erwten'. Dat zijn doperwten die gebroken, gedroogd en geroosterd worden en een uitgesproken smaak hebben. Ze moeten een dag van tevoren worden geweekt in koud water. Bij het koken wordt er ruim boter bij gedaan. En met wat truffelnat versterkt u de smaak van de erwten verder.

Als u deze erwten niet kunt krijgen, zijn morieljes of een ragoût van slakken ook een uitstekend garnituur. De sneeuwhoenders kunt u zo nodig door korhoenders vervangen.

1. Week de erwten een dag van tevoren in water. Schroei de hoenders af en verwijder de ingewanden. Snijd de bouten los. Braad het borstvlees 10 minuten in ruim boter met ongepelde tenen knoflook, zodat het vel goudgeel wordt.

2. Hak de karkassen fijn en maak er samen met de poten een saus van. Voeg mirepoix, jeneverbessen en citroensap toe. Blus met rode wijn, kook in en haal door een zeef. Roer de boter en de room erdoor. Stoof de witlof met wat boter en citroensap, met het deksel op de pan. Bak ze tenslotte even tot ze kleuren.

met Russische erwten

3. Kook de Russische erwten in water en voeg tenslotte ruim boter, truffelnat en wat fijngehakte peterselie toe.

4. Snijd het borstvlees van de hoenders in plakken en schik met de witlof op de borden. Verdeel de Russische erwten over het vlees en giet er wat saus over.

Licht gezouten ganzenborst,

Voorbereidingstijd: 1 uur
Kooktijd: 1 uur 20 minuten
Moeilijkheidsgraad: ★★

Voor 4 personen

1	gans van 4 kg
300 g	ganzenlever
16	jonge, witte knolletjes
16	jonge wortels
1	knolraap
1	ui
2	appels (Golden Delicious)
50 g	gedroogde vijgen
200 g	groene linzen
	kruidnagel
	kardemom
	nootmuskaat
	anijs
	koriander
2 l	kippenbouillon
100 g	boter
	truffelnat (naar believen)
200 g	grof zeezout
	zout en peper naar smaak

Hoe dichter men bij de Poolcirkel komt, hoe belangrijker het is om levensmiddelen te kunnen conserveren, in verband met het ruige klimaat en de lange winter die het onmogelijk maken aan verse waar te komen. Daarom worden in Noorwegen zowel vis als vlees met grof, jodiumrijk zeezout gepekeld.

Ook de gans, met zijn dikke vetlaag, is hier heel geschikt voor. Denk er echter om dat het zout het vlees steviger maakt en dat het meerdere malen moet worden afgespoeld nadat de gans uit de pekel is gehaald. Daarna wordt het ganzenvlees op laag vuur gekookt, liefst in een stevige bouillon. Haalt u de lever uit de gans voordat u hem in het zout legt, deze wordt nog voor de vulling gebruikt. Eyvind Hellstrøm opteert voor een traditioneel Noors garnituur van knolraap en witte knolletjes die in grote stukken worden gesneden. Het garnituur wordt op smaak gebracht met oosterse specerijen als kardemom en geraspte nootmuskaat. Als u aan dit noordelijke gerecht nog een zuidelijk tintje wilt geven, gebruik dan ook nog wat tijm, rozemarijn en peterselie.

In het voorjaar kunt u het garnituur afwisselen met klein gesneden, knapperige groenten als wortels, krieltjes en haricots verts.

1. Verwijder de lever van de gans en bedek de vogel met grof zeezout. Laat een nacht staan. Spoel het vlees daarna diverse malen goed met water af. Ontbeen de gans en laat het vel aan het borstvlees zitten. Snijd de borststukken enigszins open en vul ze met lever, appel, in blokjes gesneden vijg en alle specerijen.

2. Bestrooi met peper en zout, vouw de huid om het vlees en wikkel deze rollade in een keukendoek. Kook en tourneer de groenten en spoel de groene linzen meerdere malen af.

gepocheerd en gegrild

3. Pocheer de rollade ca. 1 uur in de kippenbouillon, en daarna de linzen 20 minuten.

4. Bak de rollade aan alle kanten tot het vel knapperig is, snijd in plakjes en leg deze op een bedje van linzen. Schik de groenten er omheen en giet er wat gesmolten boter en eventueel van truffelnat overheen.

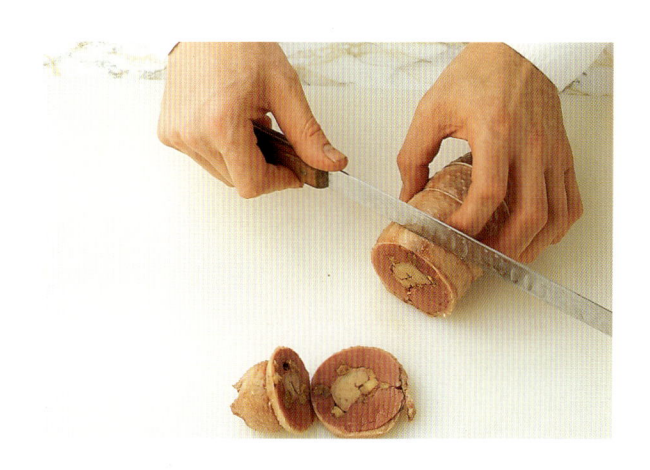

Rendier uit de Karasjok

Voorbereidingstijd: 50 minuten
Kooktijd: 1 uur
Moeilijkheidsgraad: ★★

Voor 4 personen

1	rendierrug van 1½ kg (jong rendierkalf)
500 g	verse morieljes
4	aardappels
2	peren
2 el	ganzenvet
200 ml	volle room (48%)
	tijm
20	jeneverbessen
1 el	geplette peperkorrels
	zout en peper naar smaak

Voor de saus:

	fijngehakte rendierbotten
1	wortel
¼	selderijknol
3	tenen knoflook
1	ui
1 l	stevige rode wijn
200 ml	port
200 g	boter
10	geplette espressobonen
	tijm
	jeneverbessen

Bij de grens tussen Noorwegen en Finland ligt de Karasjok, een zeer groot, ijzig gebied dat gedeeltelijk door de Lappen wordt bewoond en buitengewoon geschikt is voor het fokken van, en het jagen op rendieren. In deze eindeloze weidsheid speelt tijd noch ruimte een rol. Rendier is wild met een zeer uitgesproken smaak. Het liefst heeft men een tweejarig rendierkalf, en ook onze chef-kok raadt u dat aan.

Na kort aanbraden moet het vlees nog roze van binnen zijn, of zelfs nog bloederig ('saignant'). De jeneverbessen vormen een soort van korst die stevig aan het vlees vast zit. In Noord-Europa is men dol op deze smakelijke bessen, bijvoorbeeld in de zuurkool of bij wild. Ze worden ook gebruikt bij het stoken van jenever, waaraan in het Belgische Hasselt zelfs een museum is gewijd.

Het onontbeerlijke garnituur bij dit gerecht bestaat uit paddestoelen. Bijvoorbeeld morieljes, die u eerst bijzonder nauwkeurig moet schoonmaken, of andere paddestoelen, als ragoût. Onze chef-kok breekt hier bovendien een lans voor de ongewone combinatie van aardappels en peren, waar uw gasten zeker verrast van zullen opkijken. De ingrediënten zijn na het koken niet meer van elkaar te onderscheiden.

Heel bijzonder aan dit recept is de saus, die met koffie wordt bereid, waarvoor Arabica-bonen het best geschikt zijn.

1. Snijd de filets uit de rendierrug en snijd deze in 4 stukken van gelijke grootte. Breng op smaak met tijm, zout, peper en jeneverbessen. Was de morieljes goed en bak ze kort vóór het opdienen en voeg wat room toe.

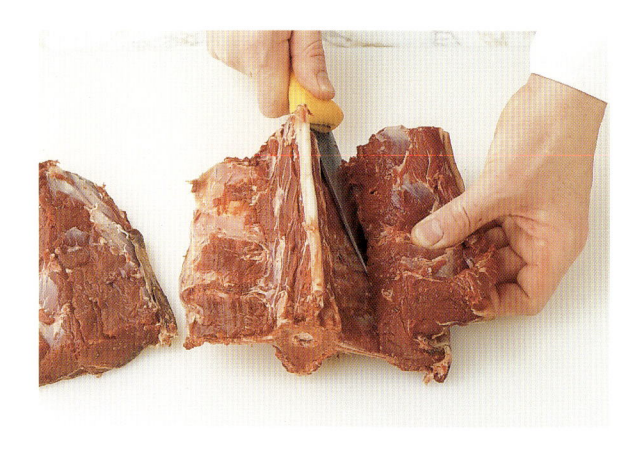

2. Maak een fond voor de saus uit botten, groenten en kruiden. Kook de rode wijn en de port in en voeg de fond toe. Kook opnieuw in en laat de koffiebonen erin stoven. Haal door een zeef en monteer kort vóór het opdienen met wat boter.

met jeneverbessen

3. Schil de aardappels en de peren en snijd ze in plakjes. Frituur ze in de ganzenlever als chips. Laat ze uitlekken op keukenpapier. Vorm er weer peren van, waarbij peren- en aardappelchips elkaar afwisschen. Zet een paar minuten in de oven en houd warm.

4. Braad de rendierfilets ca. 10 minuten aan en snijd ze overlangs in dunne plakken. Leg de ze in het midden van de borden, zet de peer gemaakt van aardappel- en perenchips ernaast en giet de saus er omheen.

Noorwegen

Runderrollade met rozijnen,

Voorbereidingstijd: 30 minuten
Kooktijd: 5 minuten
Moeilijkheidsgraad: ★★

Voor 4 personen

1,2 kg	runder-entrecôte (lendebiefstuk)
30 g	rozijnen
30 g	pijnboompitten
	peterselie
	knoflook

Voor de tomatensaus:

6	tomaten
1	teen knoflook
500 ml	olijfolie

Voor het garnituur:

20 g	rozijnen
20 g	pijnboompitten
	andijviebladeren
300 ml	olie
	knoflook

Het restaurant van onze chef-kok heeft 'Don Alfonso', ter herinnering aan zijn grootvader aan wie ook dit recept is opgedragen.

Tot aan het begin van de 20ste eeuw at men alleen op zondag vlees, en de droogte in Zuid-Italië maakte het onmogelijk om de weidegronden uit te breiden, wat ongunstig was voor de ontwikkeling van de runderfok. Vlees werd simpelweg gebraden en opgediend met rozijnen en pijnboompitten. 's Avonds werd het braadvocht als garnering van de pasta gebruikt.

Tegenwoordig, nu men veel gemakkelijker vlees van uitstekende kwaliteit kan krijgen, is deze bereidingswijze aanzienlijk verfijnd. Neem liefst een entrecôte, die goed is doorregen, mals en sappig, en nog smakelijker wordt als u hem beklopt.

Onze chef-kok is dol op rode tomaten, die het belangrijkste onderdeel van het garnituur vormen. Ze worden gepureerd en met knoflook op smaak gebracht. De rozijnen stooft u met de andijviebladeren waarvan de bittere smaak een mooi contrast vormt met de zoete rozijnen.

Bewaar dit gerecht zonder meer voor zon- en feestdagen. U kunt geen andere ingrediënten gebruiken, behalve misschien een everjong tijdens het jachtseizoen.

1. Leg wat huishoudfolie op de entrecôte en beklop het vlees. Bak de pijnboompitten mooi lichtbruin.

2. Leg op het platgeklopte vlees 30 g pijnboompitten, 30 g rozijnen, fijngehakt knoflook en peterselie. Rol op tot een rollade en zet vast met een spies of met prikkers. Stoof voor de saus de knoflook in de olijfolie. Verwijder de knoflook. Voeg de gepelde en van zaadjes ontdane tomaten toe. Laat 5 minuten koken op hoog vuur.

pijnboompitten en tomatensaus

3. Doe wat olijfolie in een pan met anti-aanbaklaag en braad de rollade aan alle kanten aan. Neem het vlees terwijl het nog lichtroze van binnen is uit de pan en voeg de tomatensaus toe. Laat 5 minuten koken.

4. Blancheer de andijviebladeren en bak ze met de pijnboompitten, de rozijnen en de knoflook in wat olie. Giet de tomatensaus op de borden, leg daarop de andijviebladeren met de pijnboompitten en rozijnen, en daar weer op, dwars op elkaar, 2 plakken rollade per bord.

Italië

Kalfsentrecôte met teriyaki en

Voorbereidingstijd: 45 minuten
Kooktijd: 15 minuten
Moeilijkheidsgraad: *

Voor 4 personen

1	kalfsribstuk van 600 g
4	struikjes witlof
1	kleine truffel
4	tomaten
8 el	witte kleefrijst
4 el	oestersaus
50 ml	olijfolie
	zout en peper naar smaak

Voor de marinade:

1	chilipepertje, fijngehakt
2 el	sojasaus
1 tl	koriander, fijngehakt
1	teen knoflook
	peterselie

Voor de teriyaki:

1 el	sojasaus
1 el	sesamolie
1 el	bouillon
1	tomaat

Voor de brunoise:

1	rode paprika
1	courgette
2 el	bieslook

Wie zegt dat reizen de algemene ontwikkeling ten goede komt, moet daar aan toevoegen dat ook het verhemelte niets te kort komt, want het is ontegenzeggelijk waar dat de smaken en de traditionele keukentechnieken van verre landen ons eetgewoonten en onze smaak verrijken. Dat geldt bijvoorbeeld ook voor de teriyaki, een sojasaus met sesamzaadjes die men door een zeef strijkt. Hij is in Japan erg populair en heeft nu ook onze keuken bereikt.

Uit het kalfsribstuk waar André Jaeger zijn recept op baseert, moeten entrecôtes van ca. 150 g per persoon kunnen worden gesneden. Het vlees krijgt nog meer smaak als het een tijdlang wordt gemarineerd, bijvoorbeeld een dag van tevoren. Wel moet het minstens 30 minuten vóór de bereiding in de koelkast worden gezet. Oestersaus is in China erg geliefd, waar hij wordt gekookt, gefermenteerd en met sojasaus gemengd. Met het pepertje maakt u het vlees wat heter van smaak, maar verwijder de zaadjes voordat u het pepertje in reepjes snijdt. Gebruik niet teveel want chilipeper is zeer scherp.

Kleefrijst is het essentiële ingrediënt voor de truffelballetjes. Dat de rijst kleverig is, is allerminst laatdunkend bedoeld. Het betreft een Chinese, rondkorrelige rijst die de bijzondere eigenschap heeft dat hij bij het koken aan elkaar gaat plakken. Daar kan men dus balletjes van maken die zo stevig zijn dat ze gefrituurd kunnen worden zonder uit elkaar te vallen.

In plaats van kalfsribstuk kunt u op dezelfde manier in dunne plakken gesneden borstvlees van kip bereiden.

1. Snijd uit het ontbeend kalfsribstuk 4 entrecôtes van ca. 150 g. Snijd de truffel in zeer dunne plakjes bijvoorbeeld met de truffelschaaf, meng deze door de gare rijst en vorm er 8 balletjes van. Maak een brunoise van de aangegeven ingrediënten.

2. Bestrijk met behulp van een kwastje iedere entrecôte met sojasaus. Strooi er koriander, chilipeper, knoflook en peterselie over. Laat minstens 2 uur marineren. Snijd de struiken witlof overlangs in vieren en stoom ze gaar.

gefrituurde truffel-rijstballetjes

3. Doe de gepelde, van zaadjes ontdane en in blokjes gesneden tomaten in een kom en meng ze met de brunoise en de teriyaki-ingrediënten. Bestrijk de entrecôtes met olijfolie en grill ze kort.

4. Frituur de rijstballetjes in zeer hete olie. Snijd de entrecôtes in plakjes, schik ze in een waaier op de borden en garneer met lof die met oestersaus is besprenkeld. Leg er wat teriyaki-groenten en saus bij.

Zwitserland

Aziatische parelhoen

Voorbereidingstijd: 1 uur
Kooktijd: 20 minuten
Moeilijkheidsgraad: ★★★

Voor 4 personen

1	parelhoen

Voor de ravioli met lever:

100 g	tarwemeel
50 ml	water, 1 snufje zout
	lever van het parelhoen
1 tl	zwarte-bonensaus
	fijngeknipt bieslook
	olie (om te bakken)

Voor de parelhoen-pastanestjes:

	vlees van de bouten
100 g	verse, dunne lintpasta
	zout en peper naar smaak
1 tl	chilipeper zonder zaadjes
1 tl	sesamolie
	koriander
1 el	lente-uitjes

Voor de parelhoenfilet:

2	parelhoenfilets (met het vel)
150 g	verse pasta
½	rode paprika
4	jonge maïskolven
8	gedroogde shiitake-paddestoelen
2	bladstelen Chinese kool
50 ml	vleesjus
	olie (om te bakken)

Voor de marinade van de filets:

	verse koriander
1	teen knoflook
1 tl	geraspte gember
2 el	oestersaus

Ondanks zijn verschrikkelijke gekrijs heeft het parelhoen zich sinds de 17de eeuw toegang verschaft zowel tot de kippenboerderij als de voornaamste tafels. Veel fokgebieden beschikken zelfs over een garantiezegel. Zo zijn vogels met het Franse zegel 'pintade jaune du Sud-Ouest' (geel parelhoen uit het Zuidwesten) te herkennen aan hun zwarte poten. Hun voortreffelijke kwaliteit is het gevolg van een uitgewogen dieet. Het parelhoen is niet zo groot, maar een exemplaar van 1 à 1½ kg is voldoende voor 4 personen.

Getrouw aan zijn culinaire fantasie schotelt André Jaeger ons hier een exotische variant van het parelhoen voor, waarin wat minder bekende ingrediënten zijn verwerkt. Eerst dient u de filets los te snijden, en bij de bouten zorgvuldig het vel en zenen te verwijderen, en tenslotte het vet. De filets worden een dag lang gemarineerd met verse koriander, dat wil zeggen met kleingesneden korianderblaadjes, en niet met korianderzaadjes die bij andere gelegenheden vaak worden gebruikt. Dit kruid geeft met zijn bijzondere smaak een geraffineerd tintje aan het vlees van de parelhoen. Braad de filets slechts kort aan in de hete olie, zodat ze mooi kleuren, maar toch mals blijven.

Veel andere soorten gevogelte zijn op dezelfde manier te bereiden, vooropgesteld dat u van Aziatische kruiden en specerijen houdt. Dien het gerecht heet op.

1. Snijd de filets los met huid en al, en leg ze 24 uur in de marinade. Haal de bouten los, ontbeen ze, verwijder vet en zenen. Week de shiitake in lauw water. Snijd de lever klein en meng met de zwarte-bonensaus en het bieslook. (Zwarte-bonensaus wordt gemaakt van gedroogde Spaanse pepertjes en gefermenteerde zwarte sojabonen.) Giet 50 ml kokend water over het tarwemeel waaraan een snufje zout is toegevoegd. Kneed hiervan een soepel deeg en laat het rusten.

2. Spreid het deeg uit en snijd er cirkels van 8 cm doorsnede uit. Leg op iedere plak wat leverfarce en druk de ravioli dicht aan de randen. Bak ze kort aan in zeer hete olie, met de dichtgeplakte rand naar beneden en voeg dan 1 eetlepel water toe. Doe een deksel op de pan en laat garen in de stoom.

-fantasie

3. Snijd het vlees van de bouten in stukjes, hak de uitjes en het pepertje fijn en meng met de koriander. Breng op smaak met peper en zout. Maak 4 nestjes van ongekookte pasta met dit mengsel. Laat ze kleuren in de hete sesamolie. Houd warm. Maak de paprika schoon en snijd hem in reepjes. Snijd de Chinese kool in repen van 1 cm breed. Kook de shiitake gaar in het weekwater. Halveer de maïskolven.

4. Stoof paprika, kool, shiitake en maïs samen. Schik in een kom en leg er de ravioli op. Kook de 150 g pasta al dente. Bak de filets in hete olie en laat ze rusten. Snijd ze in plakken en leg ze op de pasta waarover wat oestersaus en vleesjus is gegoten. Dien de pastanestjes apart op in een bakje. Versier met korianderblaadjes.

Zwitserland

Duif

Voorbereidingstijd:	30 minuten
Kooktijd:	20 minuten
Moeilijkheidsgraad:	★★

Voor 4 personen

2	duiven
100 g	foie gras
40 g	verse truffel
100 g	mager spek
1	boerenkool
2	uien
1	wortel
2	tenen knoflook
1	eidooier
300 g	bladerdeeg (zie de basisrecepten achterin)
250 g	boter
300 g	kalfsfond
	olijfolie
	tijm
	laurierblad
	zout en peper naar smaak

Roger Jaloux gebruikt vaak bladerdeeg om zijn gasten een culinaire verrassing te bereiden, zoals in dit recept.

Onze chef-kok heeft een zwak voor vederwild en is een expert in het bereiden van kwartels, korhoenders, patrijzen en duiven. Hij ontwikkelt er steeds nieuwe recepten voor. Niet alle duiven kunnen voor hem door de beugel: de hagel mag het vlees niet te veel hebben aangetast, het dier moet heldere ogen hebben en netjes geplukt zijn. Trek de veren er niet met geweld uit, maar verwijder eerst voorzichtig de veren uit de borst, dan uit de vleugels en tenslotte die van de bouten. Dit karweitje kost wat tijd, maar moet wel tot gevolg hebben dat het vel intact blijft.

Een duif heeft geen galblaas, maar u dient wel de krop en de spiermaag te verwijderen. Schroei de vogel af en snijd heel zorgvuldig het borstvlees los.

Wat betreft het bladerdeeg bestaan er twee mogelijkheden: u kunt het zelf maken, en dan moet u rekening houden met genoeg rusttijd na iedere toer (de professionele werkwijze), wat succes garandeert. Of u kunt, bij gebrek aan tijd, uw toevlucht nemen tot diepvries-deeg. De kwaliteit hiervan is tegenwoordig zeer behoorlijk. In beide gevallen dient u voldoende deeg bij de hand te hebben, zodat u steeds een stuk kunt uitsnijden dat groot genoeg is.

1. Schroei de duiven af en verwijder de ingewanden. Snijd het borstvlees los, ontbeen de bouten en breng op smaak met peper en zout.

2. Kies mooie koolbladeren uit, was ze, snijd ze in dunne repen, blancheer ze in water met wat zout en laat ze schrikken. Bak de uien met het spek in wat boter en voeg de koolbladeren en nog wat boter toe. Laat ca. 12 minuten stoven. Maak een saus met de duivenkarkassen en de kalfsfond.

ns
in bladerdeeg

3. Leg als de koolbladeren afgekoeld zijn een rond stuk bladerdeeg van ca. 50 g op bakpapier en schik daarop een poot in de vorm van een vleugel. Leg hierop een stuk duivenborst, een plak foie gras en een plakje truffel. Rond af met een flinke eetlepel koolblad. Herhaal dit voor 4 porties.

4. Vouw het bladerdeeg dicht, bestrijk met eigeel en zet ca. 20 minuten in een oven van 200 °C. Snijd het deegjasje in 2 stukken, leg het op een bord en giet er wat saus over. Serveer er de rest van de gestoofde boerenkool bij.

Frankrijk

Gestoofde kalfswang

Voorbereidingstijd: 20 minuten
Kooktijd: 2 uur
Moeilijkheidsgraad: ★★

Voor 4 personen

8	kalfswangen
1	groene kool
100 g	linzen (bijvoorbeeld uit Puy)
4	wortels
2	sjalotten
½	teen knoflook
2	uien
½	laurierblad
1 takje	tijm
30 g	ganzenvet
30 g	boter
500 ml	droge witte wijn
1 l	kalfsfond
	wijnazijn
50 ml	olijfolie
1 bosje	peterselie
	zout en peper naar smaak

Hoewel de kalfswang eigenlijk tot het slachtafval behoort is het een mooi stuk helderroze vlees, dat zich uitstekend tot stoven leent. Het is mals en dient lange tijd op laag vuur te staan. Dat is trouwens het geheim van goed stoofvlees. Denk erom het vlees regelmatig om te keren zodat het gelijkmatig gaar wordt. Na het stoven kunnen de wangen drie dagen worden bewaard. Ze smaken nog beter als u ze van tevoren klaarmaakt en kort voor het opdienen opwarmt.

U dient genoeg groene koolbladeren van de juiste grootte af te spoelen en te blancheren om voor iedere wang een jasje te kunnen vormen. Pas op dat de bladeren niet scheuren, want ze moeten ook wat saus kunnen bevatten.

Het zou kunnen dat de Moren de linzen naar de Franse stad Velay hebben gebracht toen zij die in de 7de eeuw veroverden. In ieder geval zijn de groene linzen uit Puy (Lens esculenta), die een garantiezegel hebben, een echte delicatesse. Doe de linzen in ruim koud water en kook ze langzaam gaar. Schuim geregeld de ongerechtigheden af. Er is dus alles bij elkaar wat tijd nodig om dit heerlijke herfstgerecht te bereiden.

1. Bak de kalfswangen in ganzenvet en begin met de vette kant. Voeg de knoflook en een mirepoix van de uien en 2 wortels toe. Giet de kalfsfond en de witte wijn erbij, breng op smaak met peper en zout, doe het deksel op de braadpan en laat ca. 2 uur stoven in een voorverwarmde oven van 150 °C.

2. Spoel de koolbladeren schoon onder koud water en blancheer ze in water met wat zout. Laat ze schrikken en uitlekken. Zet de linzen onder water in een pan en voeg de 2 andere kleingesneden wortels toe. Voeg tijm en laurier toe en laat 20 à 25 minuten op heel laag vuur koken.

met linzen-vinaigrette

3. Haal de wangen uit de pan na het stoven, giet het braadvocht door een zeef en kook in tot de gewenste dikte. Wikkel iedere wang met wat saus in een koolblad. Wikkel het geheel in huishoudfolie om het vóór het opdienen warm te stomen.

4. Maak de vinaigrette met wijnaziin. olijfolie, zout en peper. Giet de linzen af en meng ze met de fijngehakte sjalot en peterselie. Giet er wat vinaigrette over. Leg de linzen op de borden, en daarop 2 met boter bestreken kalfswangen. Giet er wat saus omheen.

Konijn met wortelsaus,

Voorbereidingstijd: 30 minuten
Kooktijd: 25 minuten
Moeilijkheidsgraad: ★★★

Voor 4 personen

1	konijn van 1½ kg
4	grote wortelen
800 g	nieuwe aardappeltjes
1 bosje	gladde peterselie
	sap van 1 citroen
1 el	ganzenvet
	boter
	zout en peper naar smaak

Voor het garnituur van konijnenfumet:

	vel en botten van het konijn
4	champignons
2	tenen knoflook
1	ui
2	sjalotten
1	wortel
200 ml	witte wijn
250 ml	kalfsfond
1	takje tijm
	laurierblaadjes

Het konijn werd in Frankrijk in de Middeleeuwen geïntroduceerd om het gebrek aan wild op te vangen. Dit knaagdier paste zich zeer goed aan aan zijn nieuwe omgeving en plantte zich met de bekende snelheid voort. In de 17de eeuw werd eerst het 'lapin de Garenne', het wilde konijn, populair, en daarna het tamme konijn, dat ook tegenwoordig het meest wordt gewaardeerd. Wat de tekenfilms ons ook willen doen geloven, een konijn voedt zich niet met wortels, maar met luzerne, tarwe en gerst.

Een mooi konijn weegt tussen de 1½ en 2 kilo. Zijn poten zijn soepel, zijn vlees is mooi helderroze en met een dun vel bedekt. Koop het liefst een heel dier en ontleed het zelf met een mes, de structuur volgend zodat de botjes niet versplinteren. Patrick Jeffroy raadt aan om het dier eerst te blancheren in de fumet zodat het vlees niet uitdroogt. Zo wordt het vlees ook veel malser.

Met de wortelsaus doet u deze gezonde groente met zijn carotine en vitamine A, alle recht. De wortelsoorten worden onderscheiden aan de hand van kleur en vorm. De wortels die het meest in de buurt van de kleur oranje komen zijn het zachtst van smaak.

Van eind april tot midden juni zien wij de jodiumhoudende aardappeltjes van de zandgronden eventjes op de markt. Ze zijn moeilijk te vinden. De Charlotte is uitstekend geschikt voor dit gerecht, evenals de Nicola. Als u nog wat originaliteit wilt toevoegen kiest u voor topinamboers, nieuwe witte rapen of zelfs de Japanse andoorn-knol.

1. Snijd eerst de dijen van het konijn los, dan de bouten en verdeel de rest in 8 stukken van gelijke grootte. Haal het vel eraf en verwijder vet en zenen. Bestrooi met peper en zout. Houd de nieren en de lever apart. Bewaar vel en botjes voor de fumet.

2. Braad vel en botjes even aan. Voeg een mirepoix (toe van de aangegeven groenten, evenals de tijm, de laurier en de gevierendeelde champignons. Giet eerst de witte wijn, daarna de kalfsfond erbij. Laat 20 à 25 minuten op laag vuur trekken. Schuim geregeld af. Kook de saus in en haal door een zeef.

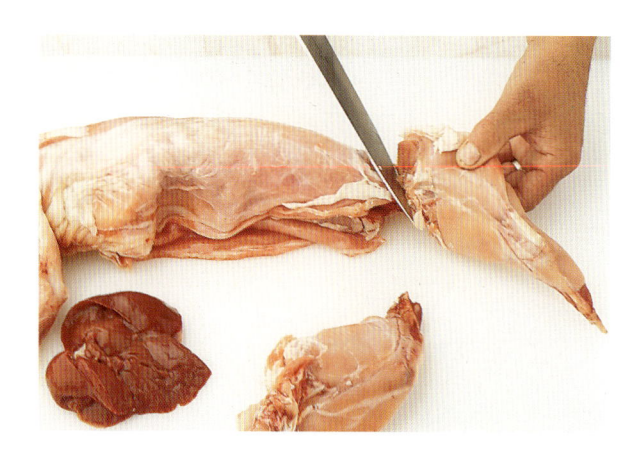

aardappels en peterselie

3. Bak het konijnenvlees goudgeel in het ganzenvet en laat nog ca. 20 minuten stoven. Bak het orgaanvlees van het konijn ook een paar minuten. Giet alles af en houd warm. Doe de wortels met het citroensap in een sapcentrifuge en haal door een zeef. Schil de aardappels en kook ze in water met wat zout, maar laat ze beet houden.

4. Haal het vet uit de braadpan, voeg wat zout en peper toe, en daarna het wortelsap en een deel van de fumet. Bak de aardappels in geklaarde boter. Glaceer de aardappels met de rest van de fumet. Voeg peterselie toe en schik op de borden. Monteer de saus met de boter. Leg stukjes konijn op de borden en giet de saus erover.

Jong parelhoen

Voorbereidingstijd: 45 minuten
Kooktijd: 1 uur 30 minuten
Moeilijkheidsgraad: ★

Voor 4 personen

1	jong parelhoen van 1½ kg
200 g	zwarte bloedworst
100 g	ganzenlever
4	aardappelkoekjes
1 kg	rauwe zuurkool
1	rode paprika
1	ui
2	tenen knoflook
300 ml	Elzasser Riesling
10 g	paprikapoeder
	jeneverbessen
2	laurierblaadjes
	zout en peper naar smaak

Zuurkool is het symbool van de keuken van de Elzas. Émile Jung heeft een variatie gecreëerd waarbij zuurkool wordt gecombineerd met parelhoen, waarvan het vlees, dat fijn van structuur en vol van smaak is, bijzonder wordt gewaardeerd. De echte liefhebbers laten het 48 uur besterven alvorens het te bereiden. Eigenlijk is er voor parelhoen geen betere bereidingswijze dan het met peper en zout te braden.

De echte zuurkool wordt gemaakt van kleingesneden, gezouten en gefermenteerde witte kool, die door deze conserveringsmethode zeer voedzaam wordt. Vroeger waren er veel 'zuurkoolsnijders' die op het land de kool al sneden. Hij werd door de vrouwen verder bereid, om er maandenlang het gezin mee te kunnen voeden. Zuurkool is licht verteerbaar, in tegenstelling tot diverse vleessoorten waarvan men denkt dat zij de zuurkool moet begeleiden, terwijl er in de Elzas veel andere bereidingswijzen bestaan. Men kan het hele jaar door van zuurkool genieten, maar men moet er niet teveel van eten en hem evenwichtig kruiden.

Tegenwoordig kun je zuurkool overal krijgen, rauw of gekookt, en zelfs in pot of blik. Dat laatste is geen goede oplossing omdat de zuurkool er een metalige bijsmaak van krijgt. Koopt u rauwe zuurkool dan moet u hem eerst met koud water afspoelen (heet water schaadt de vezels) om het overschot aan zuur kwijt te raken, en dan pas koken. Hij moet dan net onder water staan, want teveel water verzwakt de fijne smaak van de zuurkool. U kunt ook wijn gebruiken. Toevoeging van paprikapoeder en verse paprika maakt het gerecht nog wat pikanter.

1. Was de rauwe zuurkool zorgvuldig twee maal. Stoof de gesnipperde ui en de fijngehakt knoflook in 50 g ganzenvet. Bestrooi het parelhoentje met peper en zout. Zet het ca. 30 minuten in een oven van 200 °C. Houd warm.

2. Als de ui en knoflook mooi gekleurd zijn voegt u de zuurkool, de jeneverbessen en de laurier toe. Giet de Riesling erbij en laat 1½ uur op laag vuur stoven.

met zuurkool en paprika

3. Snijd de paprika in blokjes en bak 10 minuten in 50 g ganzenvet. Voeg paprikapoeder toe en meng op laag vuur. Houd warm. Pocheer de bloedworst 15 minuten in water dat net niet kookt en houd apart.

4. Doe de paprikablokjes bij de gare zuurkool. Verdeel het parelhoen in 4 stukken en leg deze op de borden. Garneer met zuurkool, een stukje bloedworst en een koekje van geraspte, gebakken aardappel.

Frankrijk

'Baeckeoffe' van gemarineerde

Voorbereidingstijd: 1 uur
Kooktijd: 1 uur
Moeilijkheidsgraad: *

Voor 4 personen

600 g	runderhaas
400 g	aardappels
200 g	witte knolletjes
100 g	wit van prei
200 g	savooiekool
100 g	wortels
1	ui

50 g	geraspte mierikswortel
250 ml	Riesling
750 ml	heldere fond
	zout en peper naar smaak

Voor de marinade:

250 ml	Elzasser Riesling
2	wortels
2	uien
	knoflook
1	bouquet garni
	witte peperkorrels

In de vorige eeuw werd dit traditionele plattelandsgerecht door de Elzasser huisvrouwen bereid met drie soorten vlees (lam, rund en varken), waarbij van iedere soort evenveel werd genomen. Alles werd een nacht lang gemarineerd in witte wijn, dan werden de groenten toegevoegd en vervolgens werd het geheel naar de bakker gebracht waar het in zijn oven ('Baeckeoffe' genoemd in de Elzas) op laag vuur tussen 10 en 12 uur gaar werd. Zo was het op tijd klaar voor de lunch.

Émile Jung stelt voor om in dit geval alleen het rundvlees zo te bereiden. De haas is het meest malse stuk van het rund. Neem een middenstuk, dat volgens velen het beste is. Laat het niet korter dan een hele nacht marineren. 's Ochtends laat u de groenten (waar u ook nog selderij aan toe kunt voegen) zachtjes koken tot ze mooi zacht zijn. Jonge witte knolletjes, met hun vitaminen en mineralen, zijn daartoe uitstekend geschikt. Stoof alles op laag vuur, zodat het vlees roze van kleur en mals blijft.

U kunt het regionale tintje van dit gerecht nog versterken door er geraspte mierikswortel aan toe te voegen, iets waar de Elzassers dol op zijn. Ze hebben er tot ver over de grenzen bekendheid mee gekregen. Deze grote radijs uit de familie der kruisbloemigen heeft een zeer eigen smaak en mag pas op het laatste moment worden geraspt, zodat de etherische olie, die lijkt op mosterd, niet vervliegt. Mierikswortel wordt in Frankrijk ook wel 'Duitse mosterd' genoemd, wat gezien het overvloedige gebruik in Duitsland eigenlijk best terecht is.

1. Laat het vlees minstens een nacht marineren in 250 ml Riesling, samen met de in plakken gesneden uien, de gehalveerde knoflooktenen, schuin afgesneden wortels, het bouquet garni en een paar witte peperkorrels.

2. Snijd aardappels, prei, knolletjes, wortels en uien in plakjes. Blancheer de savooiekoolbladeren en snijd ze in dunne repen. Stoof alle groenten in een stoofpan met de heldere fond en 250 ml Riesling ca. 30 minuten.

runderhaas met groenten

3. Doe de runderhaas bij de groenten en laat 30 minuten stoven met het deksel op de pan. Haal het vlees weer uit de pan, laat 10 minuten rusten en snijd er 8 dikke plakken van. Schik de groenten op de borden en wissel daarbij de kleuren af.

4. Maak met behulp van een soeplepel halfronde ballen van de savooikoolreepjes en leg deze ook op de borden. Kook het stoofvocht in en giet deze saus over de groenten. Leg 2 plakken runderhaas op de groenten. Bestrooi met grof zeezout en garneer met geraspte mierikswortel.

Frankrijk

Speenvarken

Voorbereidingstijd: 2 uur
Kooktijd: 15 minuten
Moeilijkheidsgraad: ✶

Voor 4 personen

800 g	speenvarkensrug met de ribben
200 g	varkensvlees
200 g	varkensdarmnet
200 g	aardappelpuree
500 g	aardappels
1	spitskool
	mirepoix van selderij, wortel, ui en prei
250 ml	gevogeltefond
250 g	boter
20 ml	donker bier
500 ml	room
1	eiwit
	tijm
	rozemarijn
	zout en peper naar smaak

De combinatie van speenvarken en donker bier is in Duitsland zeer bekend en hoort bij diverse feestelijkheden.

De ervaring heeft aangetoond dat men het beste een speenvarken van 3 à 4 kilo kan gebruiken, dat in zijn geheel kan worden gebraden. Het smakelijkste stuk is de rug, en het wordt nog smakelijker als u het vlees een paar dagen van tevoren bereidt. Om het ook een mooie kleur te laten krijgen, dient het langzaam te worden gebraden: reken op twee à tweeëneenhalf uur voor een heel speenvarken. Als u alleen de rug neemt, duurt het natuurlijk veel korter. Als u niet aan speenvarken kunt komen, kunt u het vervangen door varkenshaas of zuiglam.

Dieter Kaufmann gebruikt een 'Alt-bier' uit Düsseldorf met een laag alcoholpercentage dat goed bij de andere ingrediënten past. Laat het bier niet koken, dan verliest het zijn smaak.

Het mooiste effect heeft het bier samen met de aardappels, hier in de vorm van bolletjes puree. Neem bij voorkeur bintjes, BF 15 of kleine nieuwe aardappeltjes. Ze passen allemaal goed bij de smaak van het vlees.

Uw gasten zullen zeker enthousiast zijn over de combinatie van speenvarken en bier. Geef er gegratineerde witlof of een ander koolgerecht bij.

1. Maak de mirepoix van wortel, ui, selderij en prei. Verwijder vel en vet van het speenvarkensribstuk en schraap de ribben zelf schoon. Maak een klassieke farce van room en eiwit met het varkensvlees en 1 eetlepel in boter gebakken mirepoix. Blancheer de grote spitskoolbladeren, droog ze af en verwijder de dikke nerven.

2. Bestrooi het ribstuk met peper en zout en bestrijk het met de farce. Snijd de rest van de kool in dunne reepjes, blancheer ze en bak ze in boter. Maak de aardappelpuree en houd warm.

in biersaus

3. Wikkel het ribstuk in de koolbladeren en dan in het darmnet. Braad stevig aan in een braadpan. Zet nog 6 à 7 minuten in een oven van 220 °C. Houd de ribbetjes warm.

4. Bak de botjes en afsnijdsels van het speenvarken met de rest van de mirepoix. Blus met bier. Voeg een soeplepel gevogeltefond toe, kook in en monteer met boter. Giet wat saus op de borden, schik de ribbetjes erbij, leg er een bolletje aardappelpuree bij en de gestoofde kool.

Zuurvlees

Voorbereidingstijd: 1 uur 30 minuten
Kooktijd: 20 minuten
Moeilijkheidsgraad: ★★

Voor 4 personen

1 kg	runderhaas
500 g	fijngehakte kalfsbotten
250 g	kleine rozijnen
	rode kool
	brunoise van wortel en selderij
150 ml	suikerbietenstroop
500 ml	crème fraîche
100 ml	arachide-olie
50 g	suiker
	zout en peper naar smaak

Voor de marinade:

1 l	azijn, 500 ml water
6	uien
3	laurierblaadjes, 1 tl thee
2 à 3	kruidnagelen
	jeneverbessen
50 g	zout, 50 g suiker

Voor de broodkruimballetjes:

4-6	oude broodjes
250 ml	runderbouillon
250 ml	melk
50 g	mager spek
1	ui, 2 eieren
30 g	boter
	paneermeel
	zout, nootmuskaat, kervel

Voor dit traditionele gerecht moest het vlees vroeger 2 weken van tevoren worden gemarineerd en nam de kooktijd meerdere uren in beslag. Maar onze chef-kok presenteert hier een verkorte variant, waarbij het vlees slechts 6 à 8 uur in een azijnmarinade ligt (bij langer marineren gaat de azijnsmaak te veel overheersen). Daarna wordt de filet kort aangebraden, zodat hij nèt gaar is (à point).

De saus kunt u het beste van tevoren maken, want het zou kunnen zijn dat u daarvoor bij het opdienen geen tijd heeft. U kunt hiervoor de runderbotten of kalfsbotten nemen, maar u moet ze wel eerst goed fijnhakken. Het originele van dit recept zit hem in het gebruik van suikerbietenkruid of suikerbietenstroop, een specialiteit uit het Rijnland, waar veel suikerbieten worden geteeld. Dieter Kaufmann kan zich nog herinneren hoe hij kort na de oorlog suikerbieten uit vrachtwagens pikte en de suikerbietenstroop als beleg op de boterham at.

Om de traditie nog meer eer aan te doen wordt de runderhaas geserveerd met de onsterfelijke knoedels, waarvan er in iedere Duitse streek wel speciale varianten zijn. Meestal gaat het daarbij om balletjes van oud brood dat naar believen op allerlei manieren kan worden gekruid. Het magere spek en de uien die in dit recept staan aangegeven, kunnen heel goed door paddestoelen, bijvoorbeeld cantharellen, of door een ander ingrediënt met veel smaak, worden vervangen.

Bij arme families was het de gewoonte om konijn in plaats van rundvlees te gebruiken. Deze geraffineerde variant kunt u natuurlijk ook uitproberen.

1. Breng azijn en water aan de kook. Leg de runderhaas met alle ingrediënten voor de marinade in een diepe schotel en bedek met de vloeistof. Laat 8 uur marineren in de koelkast.

2. Bak de gesnipperde ui en het magere spek in boter. Haal van het vuur, voeg in blokjes gesneden brood, melk, kervel, eieren, nootmuskaat, zout en peper toe, en meng goed. Laat 1 uur staan. Snijd de rode kool in dunne reepjes en stoof met een snufje suiker in wat boter.

uit het Rijnland

3. Braad de runderhaas ca. 20 minuten met de fijngehakte botten en de brunoise in de arachide-olie. Haal het vlees uit de pan, doe de helft van de marinade erin, kook in, voeg suikerbietenstroop en crème fraîche toe. Laat een paar minuten koken. Haal door een zeef en voeg de rozijnen aan de saus toe.

4. Maak van het broodmengsel balletjes ter grootte van een pingpongbal en pocheer ze 6 à 7 minuten in kokend water. Leg op ieder bord 3 plakken runderhaas en garneer met broodkruimballetjes, rode kool en saus.

Gerookt rendiervlees

Voorbereidingstijd: 20 minuten
Kooktijd: 10 minuten
Moeilijkheidsgraad: *

Voor 4 personen

400 g	gerookt rendiervlees
12	eieren
40 g	boter
100 ml	crème fraîche
	verse tijm
	zout en peper naar smaak

Voor de garnering (naar believen):
alvereitjes

Zweden zijn traditioneel zeer gastvrij. Mede in verband met de slechte toestand van de wegen en het ruige Scandinavische weer worden reizigers altijd gastvrij ontvangen. In ieder huis staat een versterkend buffet klaar, het zogenaamde 'aquavitbord', met haringen, diverse soorten brood ('tunnbrod', 'karving', 'vika'), kazen en natuurlijk een borrel. Later gingen deze tafels 'smörgasbord' heten en kwamen er nog meer ingrediënten bij, zoals gerookt rendiervlees.

Het tamme rendier wordt door de Lappen gefokt en heeft een sociale en gastronomische functie. Deze herkauwer levert vlees met een zeer uitgesproken smaak. Ook de melk van de rendieren is van belang en wordt zelfs voor de kaasfabricage gebruikt. Het aantal dieren loopt echter terug, wat grotendeels wordt veroorzaakt door het feit dat de rendieren nauwelijks meer als trekdier worden ingezet.

Er bestaan veel bereidingswijzen voor rendiervlees. Het kan gebakken met een romige saus, als steak of als filet met morieljes in roomsaus worden opgediend. In dit recept worden de gerookte rendiersteaks kort aangebraden.

Het garnituur van roereieren zwakt de krachtige smaak van het vlees enigszins af. Ook aardappels of vossebessencompôte kunnen die functie hebben. Als, wat zeer waarschijnlijk is, uw slager of poelier niets laat leveren uit de gebieden bij de poolcirkel, kunt u in plaats van rendier ook gerookte ree of bepaalde delen van het paard op deze manier bereiden.

1. Meng de eieren met de crème fraîche, zout en peper.

2. Smelt de boter in een pan, voeg het eimengsel toe en blijf roeren met een houten lepel totdat de eieren stollen.

Örjan Klein

uit Lapland

3. Strooi er tenslotte verse tijm over. Snijd het gerookte rendiervlees in plakken.

4. Bak de plakken rendier snel zonder vet aan. Leg de roereieren in het midden van de borden, schik de plakken rendiervlees er omheen en garneer naar believen met alvereitjes (of zalmkaviaar).

Zweden

Gezouten runderborststuk

Voorbereidingstijd: 45 minuten
Kooktijd: 3 uur
Moeilijkheidsgraad: ★★

Voor 4 personen

1 kg	gezouten runderborststuk
200 g	nieuwe aardappeltjes
1 bosje	kleine wortels
4	kleine preien
200 g	savooiekool
200 g	witte knolletjes
200 g	peultjes
200 g	bruine en witte bonen
1 bosje	verse tijm
1 stukje	mierikswortel
	Dijon-mosterd
	roggebrood
	boter
1	bouquet garni
	zout en peper naar smaak

In het uitgestrekte Zweden (450.000 km² groot) hebben de transportproblemen van vroeger ertoe geleid dat men uitgebreide manieren ging verzinnen om levensmiddelen te conserveren, waaronder het zouten van vlees. Onze chef-kok geeft een voorbeeld: het rundvlees wordt 4 à 6 dagen op een koele plaats gemarineerd in een 18%-zoutoplossing met wat salpeter. Daarna wordt het goed afgespoeld en laat men het uitlekken om het te kunnen koken. Om een onaangename verrassing te vermijden wordt aangeraden om van het kookwater te proeven, en het, als het nog te zout is en dus nog teveel sporen van het conserveren bevat, te verversen.

Echter, voordat u begint dient u het juiste vlees te kiezen. Onze Midden- en Zuideuropese runderrassen, zoals het Limousin-rund of het Hereford-rund, dat oorspronkelijk uit Engeland stamt maar ook in Amerika zeer gewild is, zijn minstens even goed van kwaliteit als de Zweedse runderen. Als u geen tijd heeft om het vlees zelf te zouten, koop het dan kant-en-klaar gezouten, en kook het in een rijke bouillon, zodat het vlees mooi mals wordt en u het zogezegd op kunt lepelen. Neem het wat minder vette gedeelte van de runderborst, dat is het zijstuk, waaruit u gemakkelijk dikke plakken kunt snijden.

Om de smaak van het vlees verder te accentueren gebruikt Örjan Klein mierikswortel dat sterk van smaak is en u zeker zal bevallen. Geef dit er los bij zodat iedere gast zichzelf ervan kan bedienen.

1. Kook het runderborststuk in water met het bouquet garni zo'n 2½ à 3 uur, totdat het vlees in stukjes uit elkaar valt. Schuim regelmatig af. Haal het vlees uit de pan en bewaar het kooknat. Leg het vlees een nacht in de koelkast met een zwaar voorwerp er bovenop.

2. Maak de groenten schoon, kook ze apart gaar in water met wat zout, laat ze schrikken en warm ze kort vóór het opdienen weer op in wat hete boter.

met groenten en mierikswortel

3. Snijd de runderborst in dikke plakken en warm ze op in het kooknat.

4. Schik het vlees en de groenten decoratief op de borden. Dien op met roggebrood, mosterd, geraspte mierikswortel en tijm.

Zweden 145

Lamszadel met dadels

Voorbereidingstijd: 1 uur 30 minuten
Kooktijd: 1 uur 30 minuten
Moeilijkheidsgraad: ★★★

Voor 4 personen

2	lamszadels
4	dadels
8	struiken witlof
8	sjalotten
1 el	grove mosterd (met zaadjes)
1 l	lamsfond
4 el	rode wijnazijn
500 ml	port
	verse muntblaadjes
4	steranijszaadjes
1 el	suiker
1 el	boter
	zout en peper naar smaak

De combinatie van lam met gedroogde vruchten is erg populair in Marokko. In Europa wordt lam vaak op smaak gebracht met grove mosterd 'à l'ancienne', die wordt vervaardigd uit de geplette zaden van diverse soorten mosterd. Hier gaan beide tradities samen.

Onze chef-kok maakt dit gerecht met een Schots lam, maar ieder lam van goede kwaliteit komt in aanmerking, zoals bijvoorbeeld een pré-salé. Zijn vlees bevat veel jodium omdat het lam in de korte periode van zijn leven graast op de kwelders bij zee. Het ontbeende rugstuk dat wordt gevuld en in stukken vel gewikkeld, moet eerst 10 minuten worden gebraden opdat het vet smelt. Daarna vindt de eigenlijke bereiding plaats in de oven, op een bedje van aardappels: op deze manier komt het vlees niet in contact met de bodem en wordt het gelijkmatiger gaar. Denk erom dat het lamsvlees na de bereiding even moet rusten, zodat het zijn malsheid helemaal terugkrijgt.

De dadel komt oorspronkelijk uit Noord-Afrika en het Middellandse-Zeegebied. Hij bevat fosfor en calcium, en zijn gebruik in de gastronomie beperkt zich sinds kort niet meer alleen tot de desserts waar hij vroeger in te vinden was. U moet het lam vullen met zijn sappige, barnsteenkleurig vruchtvlees. Volgens de legende dankt de dadelpalmentuin van Marrakesj zijn ontstaan aan de dadelzaden die de arbeiders tijdens de bouw van de koningsstad op de grond gooiden.

1. Snijd de filets uit het rugstuk en verwijder het vet. Trek het vel van de zijstukken en verwijder het vet. Klop voorzichtig plat om dunne plakken te krijgen. Pureer de dadels en meng ze met de mosterd.

2. Bestrijk de zijstukken met het mengsel en wikkel een lamsfilet in ieder stuk met vel. Bindt vast.

en mosterdzaad

3. Zet de gesnipperde sjalotten aan, blus met rode wijn en kook in tot de vloeistof verdampt is. Blus nu met port en kook weer in. Voeg lamsfond, steranijs en wat muntblaadjes toe. Laat even trekken, haal door een zeef en houd warm.

4. Maak de witlof schoon en blancheer de bladeren. Stoof ze in boter met suiker op middelhoog vuur en laat ze goudgeel kleuren. Braad de lamsrolladen in de boter tot ze van binnen roze zijn. Laat het vlees rusten en snijd het dan in plakken van 2 cm dik. Giet wat saus op de borden en schik hierop de plakken lam en de witlof.

Nederland

Parelhoen gevuld met kalfsnier,

Voorbereidingstijd: 45 minuten
Kooktijd: 20 minuten
Moeilijkheidsgraad: ★★

Voor 4 personen

4	parelhoenborsten, ontbeend
1	kalfsnier
200 g	spinazie
1 el	gesnipperde sjalot
1	teen knoflook
100 -150 g	varkensdarmnet

20 g	boter
	olie
	zout en peper naar smaak

Voor het groentenmengsel:

2	knolrapen
2	wortels
30 g	gerookt spek
100 ml	bruine kalfsfond
1 el	gesnipperde sjalot
200 ml	room
20 g	boter
	zout en peper naar smaak

In Zwitserland is men dol op parelhoen, waar het meestal wordt gevuld als een mesthoen. In dit recept wordt het parelhoen, een bonte vogel uit Afrika die van oudsher bekend stond als 'hoen uit Numidië' of 'hoen uit Carthago', met kalfsnier bereid. Deze is stevig, wit van kleur en ligt in een mantel van vet. Het parelhoen moet mals en vlezig zijn, en het vel moet nog om de hoenderborsten heen liggen. Onze chef-kok raadt aan om een parelhoen dat los rond loopt of een jong parelhoen te nemen, als hun karkas maar zacht is. Volgens traditie laat men het dier twee dagen versterven voordat het bereid wordt, omdat het dan nog beter smaakt.

Snijd het vet van de nier, haal hem door de bloem en braad hem kort aan in hete olie. Daardoor wordt hij steviger voor de farce.

In plaats van spinazie kan men ook kleingesneden groene kool voor de farce gebruiken.

Het garnituur bestaat uit de uitstekend verteerbare knolrapen, waarvan oranjekleurig vruchtvlees bij het koken stevig blijft en goed past bij de wortels en de spekblokjes. Knolraap wordt vooral in Zwitserland en Duitsland gegeten. Hij kan worden vervangen door koolrabi.

Dit groentenmengsel lukt alleen als het zorgvuldig wordt bereid. Dat gebeurt in twee stappen die niet te lang mogen duren, zodat de groenten gelijkmatig worden gegaard. Het stevig blijven van de knolraap is erg belangrijk voor het garnituur.

1. Snijd het vet van de kalfsnier, en snijd de kalfsnier in repen van 1 cm breed. Bestrooi met peper en zout en braad kort aan in hete olie. Zet apart. Zet de gesnipperde sjalot aan in boter, voeg spinazie toe, zout en peper en ½ knoflookteen. Meng goed en haal uit de pan.

2. Snijd de borststukken open maar laat ze aan één kant vast zitten. Bewaar het vel, beklop het vlees om meer oppervlakte te krijgen. Leg er een paar gekookte spinaziebladeren op, 1 of 2 reepjes nier, weer een spinazieblad en vouw het borststuk dicht. Wikkel ze in het darmnet dat eerder in water is geweekt. Zet apart.

Étienne Krebs

gegarneerd met knolraap en wortel

3. Schil de knolrapen en de wortels, snijd ze in plakken van 3 à 4 mm en kook ze apart in water met wat zout. Laat ze stevig want ze worden nog een keer, in room, gekookt. Giet af. Zet gesnipperde sjalot en spekblokjes aan in boter, blus met het kalfsfond, kook in, en voeg de groenten en de room toe.

4. Laat de groenten nog ca. 10 minuten stoven op laag vuur zodat de smaken zich goed vermengen. Braad de borststukken in een pan en dan 7 minuten in een oven van 250 °C. Laat 5 minuten rusten, snijd in plakken en schik deze op de borden samen met de knolraap en de wortel.

Gebraden duif

Voorbereidingstijd: 45 minuten
Kooktijd: 45 minuten
Moeilijkheidsgraad: ★★

Voor 4 personen

2	jonge duiven van 500 g
100 g	foie gras
30 g	truffels
100 g	oesterzwammen
4	aardappels
1	eidooier
140 g	boter
200 ml	truffelnat
100 ml	gevogeltefond
250 g	bladerdeeg
	zout en versgemalen peper

Aan het eind van zijn korte leventje van 28 dagen weegt de jonge duif ca. 400 g, het ideale gewicht om te worden geconsumeerd. In bepaalde streken van Frankrijk is het een traditioneel Kerstgerecht, waarbij de duif 'á la goutte de sang' ('met de bloeddruppels er nog aan') wordt opgediend, nog rood van binnen dus, met een glas Bordeaux.

In de Bourgogne, en speciaal in Morvan, de meest uitgelezen streek voor de duivenhouderij, worden de jonge duiven evenals hun ouders gevoerd met maïs, tarwe en erwten. Volgens de beste duivenfokkers is het precies dit voedermengsel dat het vlees van de vogels zo mals en smakelijk maakt. Ondanks de stevige voeding heeft de jonge duif een breekbare snavel en gevoelige klauwtjes.

Het roze gekleurde vlees moet een kwartiertje in de pan worden gebraden voordat het in deeg wordt gewikkeld en opnieuw gebraden. Dat kwartiertje is absoluut noodzakelijk omdat de hitte dan gelijkmatig in het vlees kan trekken. Jonge duiven mogen niet te lang worden gebraden, vandaar twee maal een korte braadtijd.

In plaats van truffelsaus kunt u natuurlijk een andere saus klaarmaken. Gelijke delen dessertwijn, zoals madera en port, die worden ingekookt en dan met boter gemengd, zouden dit gerecht ook met een bijzonder aroma kunnen verfijnen. Als u deze saus een dag van tevoren bereidt, wint u daarmee behalve tijd ook smaak, omdat de ingrediënten zich beter met elkaar kunnen vermengen. Er bestaat ook een interessante variant op dit recept met stukjes lamsvlees die als rolletjes worden opgediend.

1. Schroei de duiven af en verwijder de ingewanden. Snijd de vleugeluiteinden en de nek bij de aanzet van het lichaam. Haal vleugels en bouten los. Verhit wat boter in een braadpan, leg de duiven erin en braad ze niet langer dan een kwartiertje aan alle kanten aan, waarbij u het vlees regelmatig met de hete boter begiet. Zet dan nog 8 minuten in een oven van 220 °C.

2. Houd de bouten van de duif warm. Leg de andere stukken op een schaal. Klop 1 eigeel los en bestrijk ze hiermee. Schil 4 aardappels, spoel ze af en hol ze uit met een appelboor. Kook ze gaar.

Jacques Lameloise

met truffelkruim

3. Hak de truffels tot kruimels, haal er de stukken duif doorheen en leg ze 1 minuut in een hete pan zonder vet. Vul de aardappels met een puree van foie gras en truffelkruimels. Rol het bladerdeeg uit, wikkel de stukken duif erin en zet 15 minuten in een oven van 200 °C.

4. Kook het truffelnat tot de helft in, voeg de gevogeltefond toe, kook weer in tot de helft en monteer met boter. Giet wat saus op de borden en schik hierop een poot en een vleugel, met daarnaast de gestoofde oesterzwammen en de gevulde aardappel.

Frankrijk

Bresse-kip met

Voorbereidingstijd: 45 minuten
Kooktijd: 25 minuten
Moeilijkheidsgraad: ★★

Voor 4 personen

1	Bresse-kip van 2 kg
50 g	hoorn des overvloeds (paddestoelen)
50 g	maïskorrels
12	kleine preien

100 g	boter
500 ml	uiennat
100 ml	gevogeltejus
	bieslook
	zout en peper naar smaak

Voor de siroop:

25 g	suiker
50 ml	water

Vlees van pluimvee werd lange tijd gezien als mager vlees, zodat het zelfs toegestaan was om het te consumeren in de vastentijd, terwijl het eten van rood vlees dan verboden was. Sinds de Renaissance is gevogelte een belangrijk onderdeel van de gastronomie geworden, dankzij een essentiële verandering in de smaakbeleving.

De poularde is een mesthoentje van 7 à 8 maanden dat nog geen eieren legt en dat extra voer krijgt om zeer delicaat vlees te verkrijgen. De kwaliteit van het gevogelte uit Bresse dient geroemd te worden. Ieder dier heeft 10 m² om te scharrelen, wordt gevoerd met maïs en melk, wordt jong geslacht en is gegarandeerd van topkwaliteit.

De met vlees en paddestoelen gevulde rollades kunnen van tevoren worden bereid, zodat het vlees de smaak van de 'hoorn des overvloeds' opneemt. Deze zwammen worden in andere talen 'doodstrompetten' genoemd, maar ze hebben ondanks deze lugubere naam een heerlijke smaak, die uistekend past bij gevogelte. Vanwege hun dikte moeten de kippenbouten eerst 10 minuten worden gestoomd voordat ze bij de vleugels gaan.

Maïs laat zich uitstekend combineren met gevogelte en is daarom het ideale garnituur. De ui is basisvoedsel, en zijn consistentie maakt hem erg geschikt als fond voor sauzen. Met behulp van uiensap en een stuk citroen kan een heldere karamel worden bereid.

In het jachtseizoen kunt u in plaats van Bresse-kip fazant nemen. U krijgt dan een wat hartiger smaak.

1. Ontbeen borstuk, vleugels en bouten van de kip. Sla de stukken plat met een vleesklopper. Kook de preitjes in water met wat zout. Stoof de maïs in boter en zet apart.

2. Hak het borstvlees en de paddestoelen fijn. Leg deze vulling op het vlees van de bouten en de vleugels, rol op en bind vast. Rol in wat huishoudfolie en zet koud weg.

gekaramelliseerd uiensap

3. Doe de uien in een sapcentrifuge. Kook het sap in tot de helft. Maak een suikerstroop van suiker en water. Voeg toe aan het uiensap en laat 15 minuten inkoken. Voeg boter en gevogeltejus toe en proef op peper en zout.

4. Stoom de rollades van de kippenbouten 10 minuten, en bak ze dan met de vleugelrollades in een pan met wat boter. Snijd de rollades in plakjes en schik op de borden met de maïs en stukjes prei. Giet er wat uiensaus over. Bestrooi met fijngeknipt bieslook.

Frankrijk 153

Eendenragoût

Voorbereidingstijd: 45 minuten
Kooktijd: 1 uur
Moeilijkheidsgraad: ★★

Voor 4 personen

1	scharreleend van 3 à 3½ kg
500 g	rode kool
50 g	gerookt spek
4	witte knolletjes
6	gedroogde pruimen
50 g	bloem
3 el	eendenvet of olie
400 ml	rode wijn
	rode wijnazijn
1 takje	tijm
	zout en peper naar smaak

Voor de fond:

1	ui
¼	selderijknol
2	tenen knoflook

Op 11 november wordt in Denemarken het 'feest van de eend' gevierd. Eend met appel of met rode kool en pruimen is de traditionele maaltijd voor het feest van 'Morten Gås-Aften'. Erwin Lauterbach raadt u aan om een gehele eend met de ingewanden te kopen, die bepalend zijn voor de smaak. Voor dit gerecht heeft u de borst en de bouten nodig, waarbij u eraan moet denken dat de laatste wat langer moeten worden gebraden.

Onze chef-kok raadt eveneens aan om voor de saus een mooie rode wijn te gebruiken. De groenten voor het garnituur zijn zorgvuldig uitgezocht en let u erop dat alles in evenwicht blijft.

De witte knolletjes nemen veel eendenvet op, waardoor het gerecht beter verteerbaar wordt. U moet de eendenfilets in stukken van 50 g snijden zodat ze makkelijker hun vet loslaten. Het vel kunt u wat extra geven, zodat het mooi knapperig wordt. Het spek tenslotte, geeft een licht accent van rooksmaak aan dit gerecht, zoals de Denen dat graag hebben.

U kunt de rode kool wiens licht zoete smaak goed bij dit gerecht past, van te voren met wat azijn bereiden. Het is traditie in Denemarken om met Kerst gekaramelliseerde aardappels als garnituur te serveren.

1. Snijd de filets en de bouten los. Ontbeen de bouten. Verwijder het vel van de filets en snijd ze in stukken van 50 cm. Houd het vel apart. Snijd het gerookte spek in blokjes. Schil de knollen en verdeel ze in zessen. Ontpit de pruimen en snijd ze in 2 of 3 stukken.

2. Bak het eendenvel knapperig in een pan. Houd het vet apart. Kook de knollen in wat water met zout en een eetlepel eendenvet. Voeg de pruimen toe en verhit langzaam tot het water verdampt is. Maak een fond van het eendenkarkas en de grof gesneden groenten.

met rode kool

3. Bak de plakken eendenfilet, de bouten en het gerookte spek in eendenvet met wat tijm. Schep het vet eraf en voeg de bloem toe. Draai de stukken vlees in de pan om en blus met rode wijn en eendenfond. Laat 15 minuten stoven met het deksel op de pan. Haal tenslotte het vlees uit de pan, giet het braadvocht door een zeef en kook het in. Leg het vlees in de saus.

4. Stoof de rode kool in een hete pan met wat eendenvet, breng op smaak met peper en zout en voeg wat wijnazijn toe. Leg de knolletjes met pruimen aan een kant van het bord, met de rode kool, en schik de stukken eendenvlees ernaast. Giet er wat saus over.

Denemarken 155

Kalfsborst met groente-brunoise

Voorbereidingstijd: 1 uur
Kooktijd: 1 uur 30 minuten
Moeilijkheidsgraad: ★★

Voor 4 personen

1½ kg	ontbeende kalfsborst
1	bouquet garni
1	ui bestoken met 1 kruidnagel
1	takje peterselie
	selderijblaadjes
	zout en peper naar smaak

Voor het groentegarnituur:

3	kookappels
1	gesnipperde ui
¼	selderijknol
200 ml	kalfsbouillon
1 tl	gemalen mosterdzaad
1 el	azijn
1 tl	mosterd
1 tl	kerrie
30 g	boter, bieslook

Voor de rode bieten-salade:

2	middelgrote rode bieten
1	teen knoflook
1	gesnipperde sjalot
75 ml	sesamolie of druivenpitolie
	sap van ½ citroen
	zout en witte peper

Hoewel de Denen gemiddeld de grootste vleeseters van Europa zijn, hebben ze niet zoveel jonge melkkalveren, die zich onderscheiden door hun zeer malse vlees. Hun kalveren zijn meestal ouder dan bijvoorbeeld de Franse, en hebben langere bereidingstijd nodig, wat de liefhebber van het Franse kalf ongeduldig zou kunnen maken.

De tendron is de borstspier die het meeste werk heeft gedaan, wat leid tot stevig en smakelijk vlees. De dunne vetlaag die hem omhult mag bij de bereiding niet worden verwijderd, want deze garandeert dat het vlees mals blijft. De duur en de wijze van de bereiding hebben natuurlijk invloed op het resultaat, maar ook het op smaak brengen met peper en zout, dat plaatsvindt dadelijk nadat het vlees uit de bouillon is genomen. Als u geen tendron kunt krijgen, neemt u gewoon een ander stuk uit de kalfsborst.

De keuze van het garnituur weerspiegelt de Deense traditie, waarin dikwijls aardappels met appel worden opgediend. Neemt u bintjes of nieuwe aardappeltjes en goudreinet (rode van Boskoop), waarvan het stevige vruchtvlees en de wat zure smaak uitstekend passen bij de met mosterdzaad gekruide saus.

Denemarken had al heel vroeg een belangrijke handel in kruiden met de West-Europese landen, waardoor de kerrie in Deense keuken werd opgenomen. Hij wordt daar traditioneel voor Kerstgerechten gebruikt.

1. Zet het kalfsborstvlees in een flinke pan onder water, kook het met de aangegeven ingrediënten en wat zout, en schuim van tijd tot tijd af.

2. Neem na 1½ uur het vlees uit de pan, bestrooi het met wat peper en zout, dek het af met een vel bakpapier en druk het samen. Giet de bouillon door een zeef en kook in tot de gewenste dikte is bereikt. Snijd de rode bieten in plakjes en marineer ze in wat olie, citroensap, knoflook, gesnipperde sjalot en peper.

… en rode-bietensalade

3. Snijd voor het groente-garnituur de ongeschilde aardappels en appel in blokjes van 5 mm, evenals de selderij. Stoof de gesnipperde ui met kerrie en mosterdzaadjes in wat boter. Blus met azijn en mosterd. Voeg de kalfsfond toe, kook in en haal door een zeef. Monteren met boter en de saus apart zetten.

4. Warm het vlees op in wat bouillon en snijd het in plakken. Bak de appel-, aardappel- en selderijblokjes op hoog vuur in wat boter, meng ze door de helft van de saus en breng op smaak met peper en zout. Schik de plakken vlees op de borden, leg er wat groente-garnituur en giet de rest van de saus er omheen. Geef de rode-bietensalade er apart bij.

Kippenborst met artisjokken,

Voorbereidingstijd: 30 minuten
Kooktijd: 15 minuten
Moeilijkheidsgraad: ★

Voor 4 personen

4	kippenborsten
4	artisjokken
2	venkelknollen
4	gedroogde tomaten (pot of zakje)

200 ml	olijfolie
20 ml	balsamico-azijn
4	takjes rozemarijn
	peterseliebladjes
	zout en peper naar smaak

De kunst van het tomaten drogen wordt in Italië van generatie op generatie doorgegeven. Eerst worden de gehalveerde tomaten in lange rijen in de zon gedroogd, dan worden ze met kruiden in olijfolie ingelegd, waardoor de kenmerkende, uitgesproken smaak ontstaat. Neem voor dit recept liefst zeer verse groenten: venkel, artisjokken. Kies voor de laatste de kleine paarse soort uit het Zuiden. Snijd de uiteinden eraf om de vezelige delen te verwijderen. Ze kunnen rauw of gekookt worden gegeten, met een meer of minder ingewikkelde bereiding.

De kippenborsten moeten afkomstig zijn van een vogel van zeer goede kwaliteit, liefst met garantiezegel. Daardoor weet u dat de dieren goed behandeld en goed gevoerd zijn, waardoor het vlees smakelijker en minder vet wordt.

Maak eerst de venkel klaar, omdat deze langer moet worden gekookt. Dan komen in deze volgorde de artisjokken, de tomaten en de kipfilets. Pas op dat de groente niet aanbakt. Na het koken op het fornuis wordt het garen in een voorverwarmde oven voortgezet.

Balsamico-azijn uit Modena is een voortreffelijk product, dat in oude vaten van diverse aromatische vloeistoffen rijpt, en waarvan de onvergelijkbare smaak uw gerecht tot verfijning brengt. Vanwege de hoge prijs en de uitgesproken smaak wordt deze azijn met mate gebruikt. Rozemarijn heeft een typisch zuidelijk en stevig smaakkarakter waarom het ook spaarzaam moet worden toegepast.

1. Snijd de venkel, artisjokken en gedroogde tomaten in stukjes en stoof ze in een gietijzeren stoofpan met olijfolie en rozemarijn. Laat niet kleuren.

2. Bestrooi de kippenborsten met peper en zout en voeg ze toe aan de groenten. Giet er wat water bij. Sluit de pan en zet 6 à 7 minuten in een voorverwarmde oven van 220 °C.

venkel en gedroogde tomaten

3. Haal de kippenborsten uit de pan, verwijder vel en botjes en snijd het borstvlees in dunne plakken.

4. Doe de peterselie bij de groenten in de pan en blus met balsamicoazijn. Schik het groentengarnituur in het midden van de borden en leg daarop de plakken kipfilet. Giet er wat olijfolie over en versier met een takje rozemarijn.

Frankrijk 159

Lamszadel met venkel, tomaat

Voorbereidingstijd: 1 uur
Kooktijd: 30 minuten
Moeilijkheidsgraad: ★★

Voor 4 personen

1	lamszadel van 1½ kg
3	venkelknollen
4	tomaten
1	courgette
½ bol	knoflook
50 g	zwarte olijven
150 g	boter
200 ml	olijfolie
200 ml	heldere gevogeltefond
	lamsbraadvocht
20 g	steranijs
	zout en peper naar smaak

Er bestaat eigenlijk geen enkel ander dier dat zo sterk met mythische en religieuze tradities is verbonden als het lam, wiens symboliek in het gehele Middellandse-Zeegebied is verbreid: het paaslam is de incarnatie van de zuiverheid, en het pasgeboren lam staat voor de onschuld.

Het vlees van het slechts met moedermelk grootgebrachte zuiglam wordt door fijnproevers zeer gewaardeerd. Het zadel van het lam, direct boven de poten is een bijzonder smakelijk en mals stuk vlees. Dat geldt ook voor wat oudere dieren, zoals bijvoorbeeld de pré-salé's, wier jodiumhoudende vlees een beetje naar de zee smaakt. Lamsvlees moet voorzichtig worden gebraden en het braden moet nauwkeurig worden gevolgd. Steranijs is ondanks zijn naam, die hij heeft gekregen vanwege zijn stevige anethol-smaak, en de vorm van de zaadjes, niet verwant met anijs. Steranijsthee is goed voor de spijsvertering. Anethol, dat zowel in venkel als in steranijs en dille voorkomt, is de dominante smaak van het garnituur bij dit gerecht.

Zorg ervoor dat de vulling van de venkelbladjes in evenwicht is, zodat ze niet omvallen. Juist uitgevoerd heeft het gerecht een fraai aanzien op de borden.

1. Verwijder de buitenste venkelbladeren en spoel ze schoon. Snijd van de binnenste bladeren 'bootjes'. Pocheer ze ca. 10 minuten in water met wat zout en 15 g steranijs.

2. Laat ¾ van de ongepelde knoflook, de buitenste venkelbladeren en de geschilde, van zaadjes ontdane, gevierendeelde tomaten 15 à 20 minuten zachtjes koken in de gevogeltefond. Braad het lamszadel 20 à 25 minuten in een oven van 230 °C. Laat bij kamertemperatuur rusten.

Dominique Le Stanc

en een saus van steranijs

3. Ontpit de olijven. Snijd de courgettes in blokjes evenals de olijven en de venkelharten. Stoof deze brunoise met de rest van de fijngehakte knoflook in olijfolie.

4. Giet de braadjus door een zeef en monteer met de boter. Verdeel de brunoise-vulling over de venkelbootjes en dek af met partjes tomaat. Leg ze met wat gevogeltefond dat eerst met boter is gemonteerd, op een schaal en warm op in de oven. Verdeel de lamsrug in parten. Schik de gevulde venkelbootjes op de borden, leg de plakken lam erop en giet er wat lamssaus bij.

Brussels lof, kalfszwezerik

Voorbereidingstijd: 1 uur
Kooktijd: 40 minuten
Moeilijkheidsgraad: ★★

Voor 4 personen

1	kalfsnier
2	kafszweriken
3	struiken Brussels lof
1	truffel
2 el	truffelnat
200 ml	room
1	ei

100 g	boter
	zout en peper naar smaak

Voor de gestoofde kalfszwezerik:

	bloem
	boter
½	ui
1	wortel
1	takje tijm
1	laurierblaadje
100 ml	rode port
200 ml	runderbouillon
200 ml	kalfsbraadvocht

Het kalf is niet alleen belangrijk vanwege de kwaliteit van het malse vlees met zijn rijkdom aan mineralen, zoals fosfor en ijzer, maar ook vanwege zijn orgaanvlees. Lever, zwezerik en nieren zijn wegens de fijne smaak zeer geliefd.

De zwezerik of thymus is een tijdelijk geschenk der natuur, want deze klier verdwijnt weer bij het volwassen worden van het dier. Hij bestaat voornamelijk uit een rond gedeelte, dat de 'noot' wordt genoemd. Het vlees is wit en reukloos. Er is wat tijd voor nodig om de zwezerik te ontdoen van restjes bloed en andere ongerechtigheden, als die nog aanwezig zijn. Daarom raadt onze chef-kok aan om hem al een dag van tevoren te blancheren. Let erop dat de niertjes nog hun omhulsel van vet hebben, want dan blijven ze langer vers en worden ze malser bij de bereiding. Dat geldt trouwens voor alle nieren, ongeacht de bereidingswijze.

Michel Libotte blijft trouw aan de producten van zijn vaderland, en zo gaf hij in dit gerecht de hoofdrol aan het Brussels lof. Door de inspanningen van de telers is het nu mogelijk om het gehele jaar door van deze groente te genieten. Er bestaan vroege en late soorten, maar deze doen in niets onder voor de witlof van het hoofdseizoen tussen september en februari.

U kunt dit voedzame gerecht het beste 's winters maken. Als u Brussels lof te bitter vindt, iets wat u overigens kunt vermijden door de onderkant te verwijderen, kunt u het vervangen door selderij.

1. Maak de zwezeriken goed schoon, spoel ze af, blancheer ze en verwijder dan het vlies. Bestrooi met peper en zout en wentel door de bloem.

2. Bak ze goudgeel in boter en voeg een mirepoix van ui en wortel, en de tijm en laurier toe. Laat een paar minuten bakken en blus met de port, runderbouillon en ¾ van het kalfsbraadvocht. Stoof nog 15 minuten in een oven van 180 °C. Snijd de struiken lof in de lengte doormidden, verwijder het ondereind en bak in boter.

en kalfsnier

3. Hak de truffel fijn, stoof in wat boter, blus met truffelnat en de rest van het kalfsbraadvocht. Voeg de gebakken witlof toe en laat alles stoven. Maak een sauce Hollandaise: klop 1 eidooier schuimig met wat lauw water en wat gesmolten boter. Verwijder een deel van het vet van de nier.

4. Bind de nier rondom vast en bestrooi met peper en zout. Bak goudgeel in boter en laat nog 15 minuten verder garen in een oven van 180 °C. Snijd nier en zwezerik in plakken. Kook het braadvocht van de zwezeriken in, voeg de helft van de room toe, monteer met boter en haal door een zeef. Voeg de rest van de geklopte room en 1 eetlepel sauce Hollandaise toe. Leg in het midden van het bord wat gebakken en gestoofd witlof, dresseer de plakjes nier en zwezerik er omheen. Begiet dit met saus en gratineer onder de grill.

Speenvarken in een honingjasje

Voorbereidingstijd: 1 uur
Kooktijd: 30 minuten
Moeilijkheidsgraad: ★★

Voor 4 personen

	Helft van speenvarkensrug van ca. 3 kg, met de nieren
1	banaan
½	citroen
2	appels (bijvoorbeeld Golden Delicious)
20 g	verse vossebessen
2	vellen brick-deeg
150 ml	speenvarkensbouillon (bereid met de botten)
100 ml	kalfsbraadvocht
200 ml	druivenpitolie
150 ml	olijfolie
20 g	honing
20 g	suiker
	boter
	zout en peper naar smaak

Voor de vulling:

1	speenvarkensnier
50 g	paneermeel
10 g	groene peper
10 g	peterselie

Voor de kruidensaus:

40 g	kruiden: kerrie, kaneel, kummel, koriander en gember
200 ml	bouillon

Het speenvarken heeft wit en opmerkelijk mals vlees. Een speenvarken tussen de 4 en 8 weken is precies goed voor dit recept. Laat u zich niet afschrikken door de schijnbaar gecompliceerde bereidingswijze. Al sinds de Middeleeuwen is men dol op speenvarken en worden de heerlijkste gerechten ervoor bedacht. Bijna alle delen zijn eetbaar. Het vlees, dat midden onder wat slap van consistentie is, bevat weinig calorieën. Zelfs het vel, in reepjes gesneden en goudbruin gebakken, levert een heerlijk gerecht op.

Soms is het niet zo gemakkelijk om de varkensrug te ontbenen. Pas op dat u het vlees niet met een splinter van het bot beschadigt, en ga dus voorzichtig te werk. Bestrijk het vel met olijfolie voordat u het speenvarken in de oven zet, zodat de hitte beter wordt verdeeld en het vlees gelijkmatig wordt gebraden.

Bovendien dient u het vlees regelmatig met zijn eigen braadvocht te begieten, omdat het vel dan knapperiger wordt. Laat het vlees vóór het opdienen even rusten zodat het malser wordt en al zijn smaken kan ontvouwen.

De vulling kan op drie manieren worden gekruid, met verse groene peper, die je niet zo vaak aantreft en bijzonder sterk is, met gedroogde groene peper, die vóór gebruik eerst in water moet worden geweekt, of met groene peper op zout, die u eerst onder koud water heeft afgespoeld.

Voor het vruchtengarnituur komen allereerst rijpe appels met veel smaak en bananen in aanmerking, maar u kunt ook een paar in repen gesneden ananasschijven nemen.

1. Leg de varkensrug met de buitenkant naar boven en snijd de ribben eruit. Ontbeen ieder ribstuk apart en verwijder de wervelkolom. Snijd de filets los en verwijder alle bloedvaatjes uit de nieren.

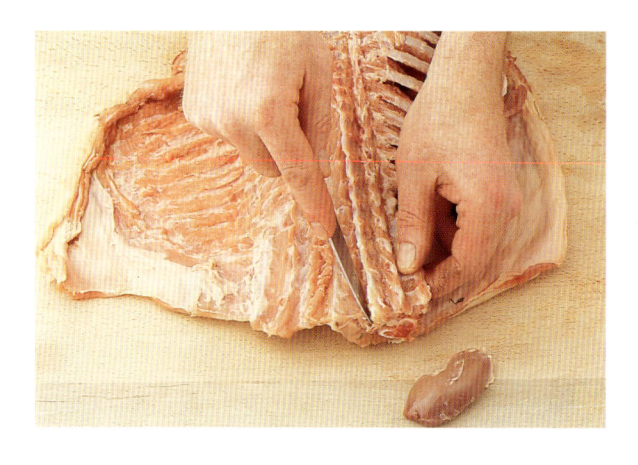

2. Snijd de banaan in repen van 4 cm. Marineer ze minstens 30 minuten in druivenpitolie met wat citroensap. Snijd ieder vel deeg in vieren en wikkel de reepjes banaan erin. Snijd de appels in blokjes, voeg suiker en citroen toe. Karamelliseer zachtjes in boter.

Michel Libotte

met kruidensaus

3. Vul de varkensrug met een mengsel van peper, paneermeel, fijngehakte peterselie, groene peper en fijngehakte niertjes. Vouw dicht en bind vast. Zet 45 minuten in de oven met boter en olijfolie. Verwijder daarna het touw en bestrijk met honing. Laat op het bovenste rooster in de oven licht karamelliseren.

4. Verwijder het vet uit de braadpan. Los de kruiden op in de bouillon en giet in de pan. Voeg varkens- en kalfsbraadvocht toe en kook in. Haal door een zeef en monteer met boter. Bak de bananen in geklaarde boter. Snijd het speenvarken in plakken van ½ cm dik, leg op ieder bord 2 of 3 plakken, 2 repen banaan, 2 eetlepels appel en 2 eetlepels vossebessen. Giet de saus erover.

Gerookt varkenshalsstuk

Voorbereidingstijd: 1 uur
Kooktijd: 2 uur 30 minuten
Moeilijkheidsgraad: ★★

Voor 4 personen

1½ kg		gerookt varkenshalsstuk
100 g		vet, gerookt spek
1		zwoerd
2 kg		tuinbonen
500 g		aardappels
1 el		tomatenpuree
2		preien
1		wortel
1		bouquet garni
3		tenen knoflook
40 g		bloem
50 g		boter
		peterselie
		tijm
		laurier
		bonenkruid
		zout en peper naar smaak

Dit gerecht is in Luxemburg zo algemeen, dat men het bijna als nationaal gerecht zou kunnen bestempelen. 'Judd at galardebonnen' wordt het hele jaar door gegeten en is een voorbeeld van de rustieke en rijke keuken waar Léa Linster, winnares van de 'Bocuse in Gold' 1989, een groot voorstander van is. Gezien de geringe omvang van het hertogdom is het niet verbazingwekkend dat er een groot gebrek aan graangewas heerste, zodat men gedwongen werd dit te vervangen door andere voedingsmiddelen, zoals aardappelen en tuinbonen.

Tuinbonen, ook roomse bonen genoemd, verschijnen aan het begin van het voorjaar op de Luxemburgse markten. Dat is het beste moment om ze te conserveren zodat men er de rest van het jaar ook van kan genieten. Eenmaal ontdaan van hun schil, die ze anders een bittere smaak geven, passen de malse en smakelijke tuinbonen zeer goed bij het bonenkruid. Bonenkruid kan eventueel worden vervangen door tijm. Van bonenkruid wordt gezegd dat het goed voor de spijsvertering is, en daarom wordt het vaak aangetroffen in gerechten met diverse soorten bonen of linzen.

Laat u niet ontmoedigen door de lange bereidingstijd van het halsstuk. Het is bekend dat varkensvlees over het algemeen lang in de oven moet blijven, en dat geldt in het bijzonder voor dit stuk vlees, dat zich boven de ruggengraat bevindt, en dat eerst gerookt en gezouten wordt.

Vroeger bereidde men dit gerecht speciaal op een dag die volgde op een feestmaal waarbij rijkelijk kip en kalfsvlees was opgediend. Varkensvlees gold dan als prettige 'boetedoening'. Tegenwoordig staat dit gerecht op de menukaart van talrijke restaurants in Luxemburg.

1. Doe het halsstuk met de wortel, 1 prei en het bouquet garni in een grote pan met water en kook ca. 2½ uur. Snijd het spek in blokjes en bak het in een pan. Schil de aardappels, snijd ze in vieren en kook ze in water met wat zout.

2. Dop de tuinbonen, doe ze 3 minuten in kokend water en verwijder de schillen. Maak voor de saus een mirepoix van 1 prei, 1 takje tijm, 1 laurierblaadje, het in stukjes gesneden zwoerd en de knoflook. Blus met het kookwater van het varkensvlees. Voeg tomatenpuree en bonenkruid toe, kook in, haal door een zeef en monteer met de boter.

met tuinbonen

3. Bak de bloem voorzichtig op zeer laag vuur tot hij lichtbruin wordt. Doe de saus erbij en roer goed door.

4. Snijd het varkensvlees in plakken en schik met de met peterselie bestrooide aardappel op de borden. Strooi de gebakken spekblokjes erover. Warm de tuinbonen op met wat boter. Doe er een schepje saus over. Rest van de saus in een saucière serveren.

Vetrok van de runderpens

Voorbereidingstijd: 1 uur
Kooktijd: 2 uur
Moeilijkheidsgraad: ★★

Voor 4 personen

1½ kg	gras-double (vetrok van de runderpens, met name de muts)
2	eieren
100 g	bloem
200 g	paneermeel
	boter
½	selderijknol
½	prei
2	kruidnagels

Voor de saus:

	rest van de pens
1	zwoerd
1	sjalot
2	tomaten
1	ui
1	wortel
200 g	aardappels
50 g	boter
4	cornichons
1 tl	tomatenpuree
500 ml	gevogeltefond
100 ml	madera
250 ml	droge witte wijn
	tijm
	laurier
	peterselie
	zout en peper naar smaak

Voor dit recept raadt Léa Linster aan om het bovenste deel van de pens te nemen, de muts of netmaag, het dikste gedeelte, dat u reeds geblancheerd kunt kopen. Hij wordt nog 2 uur gekookt en daarna, in stukjes gesneden en gepaneerd, met boter gebraden. Op zijn Letzeburgisch heet dit gerecht 'Kuddelfleck' en het wordt hier op traditionele wijze bereid.

U moet een stuk maag van goed kwaliteit kiezen, zodat het vlees mals blijft bij de bereiding. Tenslotte dient u de plakken precies recht af te snijden. Mocht uw stuk maag niet van tevoren zijn geblancheerd, dan zult u de kooktijd moeten verdubbelen.

De saus kunt u naar eigen smaak uitvoeren. Onze chef-kok gebruikt er witte wijn en madera voor omdat ze zo een donkere saus krijgt die heerlijk van smaak is en de liefst zeer kruimige aardappels geheel doordringt.

Dit zeer voedzame gerecht is aan te bevelen voor de winter, en dat is ook het jaargetijde waarin men het bereidde vóór de uitvinding van de koelkast. De temperatuur was dan beter geschikt om vlees te kunnen bewaren. Men slachtte het rund en at eerst de meest bederfelijke delen.

1. Bak voor de saus de afsnijdsels van de pens, het in stukken gesneden zwoerd, een mirepoix van wortel en ui, tijm en laurier in wat boter. Blus met witte wijn en madera en kook in. Voeg de gevogeltefond en de tomatenpuree toe en kook in tot de gewenste dikte is bereikt. Haal door een zeef en monteer met de boter.

2. Laat het stuk runderpens 2 uur koken met prei, selderij en kruidnagel. Laat afkoelen en snij in ruitjes. Wentel deze door bloem, eigeel en tenslotte paneermeel. Snijd de cornichons in blokjes, evenals de gepelde en van zaadjes ontdane tomaten.

Léa Linster

op Luxemburgse wijze

3. Bak de vleesruitjes op middelhoog vuur goudbruin in de boter.

4. Kook de aardappels in water met wat zout en maak er puree van. Doe de cornichon- en tomatenblokjes bij de saus, proef op peper en zout en houd warm. Leg op ieder bord twee stukjes rundermaag, wat aardappelpuree en een grote lepel saus. Versier met in boter gebakken peterselieblaadjes.

Lam in brooddeeg met

Voorbereidingstijd: 2 uur
Kooktijd: 1 uur 30 minuten
Moeilijkheidsgraad: ★★

Voor 4 personen

1	lamsrug van 1½ kg
500 g	brooddeeg
1	handvol hooi
	bloem
	boter

Voor de gegratineerde aardappelen:

800 g	aardappels
200 g	gedroogd eekhoorntjesbrood
2	tenen knoflook
500 ml	room

1	mespunt nootmuskaat
	zout en peper naar smaak

Voor het kruidenpoeder:

1	teen knoflook
10 g	jeneverbessen
20 g	gember
	gedroogde schil van 1 sinaasappel
	zout en peper naar smaak

Groenten: (afhankelijk van het seizoen):

10	wortels met loof
10	witte rapen met loof
200 g	erwten
100 g	haricots verts
300 g	tuinbonen
	boter

In de kookkunst is het noodzakelijk om naast het uitproberen van nieuwe ideeën, ook traditionele, eeuwenlang beproefde methoden aan te wenden. Zo raadt Régis Marcon ons volgens een regionale traditie aan om het eekhoorntjesbrood een hele nacht te weken in lauw water. Dan vindt u de volgende morgen op de bodem een flink hoopje aarde of zandkorrels, die zich uit de paddestoelen hebben losgemaakt. Bovendien verkrijgt u zo een smakelijk paddestoelennat.

Kies een mooi stuk lamsvlees uit, met een rijke vetlaag, wat de versheid garandeert. Neem zo mogelijk een heel jong lam, liefst een zuiglam, dat zo genoemd wordt om te onderstrepen hoe belangrijk de voeding met louter moedermelk is. Of neem een lam waarvan het vlees een speciale smaak heeft, zoals een pré-salé, met zijn uitgesproken jodium-aroma. Bind het lamsvlees goed op zodat het tijdens de bereiding zijn vorm blijft houden en braad het gelijkmatig aan, voordat u het in brooddeeg wikkelt. Als u het vlees rozerood houdt, blijft het mals en vol van smaak.

Bij het braden in brooddeeg wordt geurig hooi gebruikt. Het deegjasje houdt de smaken van het vlees vast en zorgt ervoor dat het vlees bijzonder mals wordt, zoals u zult zien na het openen van de korst.

Deze originele bereidingsmethode kan ook op andere soorten vlees worden toegepast, als u de smaak wilt versterken.

1. Laat het eekhoorntjesbrood 24 uur weken in lauw water. Braad de lamsrug een paar minuten aan zonder enig vet in de pan te gebruiken. Bestrooi met peper en zout en zet apart. Bewaar het braadvocht.

2. Spreid het brooddeeg uit met de hand en leg het hooi in het midden. Leg het aangebraden stuk lam erop en bekleed het geheel met het brooddeeg. Bestrooi met bloem en zet 45 minuten in een voorverwarmde oven van 230 °C.

eekhoorntjesbrood

3. Schil de aardappels, spoel ze schoon en snijd ze in plakken van 4 mm dikte. Kook het gezeefde weeknat van de paddestoelen tot de helft in, voeg 2 geplette knoflooktenen, room, zout, peper en nootmuskaat toe. Haal door een zeef. Leg in een ovenschotel lagen aardappel en paddestoelen, giet de saus erover en zet 1½ uur in een oven van 210 °C.

4. Snijd voor het kruidenpoeder de knoflook en de geschilde gember in dunne plakjes en meng met de jeneverbessen en de sinaasappelschil. Maal tot poeder. Voeg wat peper en zout toe. Stoof de groenten in boter en breng op smaak met peper en zout. Kook het braadvocht van het lam in en monteer met boter. Haal het lam uit de korst en snijd in plakken. Schik op de borden met de groenten en het kruidenpoeder, en bedruppel met saus. Geef de stoofschotel er los bij.

Op twee manieren gebraden

Voorbereidingstijd: 1 uur
Kooktijd: 1 uur
Moeilijkheidsgraad: ★

Voor 4 personen

4	eendenbouten
1 kg	eendenvet
50 g	gezouten spek
400 g	groene linzen (uit Puy)
8	tenen knoflook
	tijm
	laurier
2 tl	honing
20 g	suiker
30 g	boter
100 ml	wijnazijn
500 ml	gevogeltefond
20 g	steranijs
1	bouquet garni
	schil van 1 sinaasappel
	zout en peper naar smaak

Voor de brunoise:

50 g	wortels
50 g	selderij
50 g	uien

In dit gerecht is de bereiding van de linzen erg belangrijk. Als ze te kort worden gekookt blijven stevig maar hebben ze geen smaak, en als ze te lang worden gekookt houdt u een dikke, slecht verteerbare brij over. Daarom hebben we een nieuw idee nodig voor de toebereiding. Régis Marcon geeft de aanwijzingen hieronder.

Eeuwenlang golden linzen als armelui's-voedsel. Tegenwoordig weten we dat ze veel ijzer en koper bevatten, en leren we ze op waarde te schatten. De beroemde Puy-linzen, die zelfs een garantiezegel hebben, worden geteeld in het Franse Velay met zijn vruchtbare vulkaanbodem. Ze hebben een mooie, donkergroene, met wat blauw gemarmerde, kleur en vormen de ideale combinatie met de uitgesproken smaak van de eend.

De dubbele bereiding van de eend die hier plaatsvindt, vraagt wat geduld van u.

Neem liefst een Barbarie-scharreleend, waarvan de beste ook een garantiezegel hebben. Dan krijgt u de mooiste filets. Als u ze lange tijd braadt op laag vuur, wordt het vlees gelijkmatig roze, verliest het weinig vet en gewicht, en houdt het zijn fijne smaak.

U kunt desgewenst de eend door een duif vervangen en op dezelfde manier bereiden. Vooral in de herfst is dit gerecht erg populair. Het wordt heet opgediend en kan 2 à 3 dagen worden bewaard.

1. Kruid een dag van tevoren de eendenbouten met suiker, zout, peper, tijm en laurier. Zet koel weg. Verhit 900 g eendenvet tot het kookt, doe de bouten erin en laat 1 uur zacht braden op zeer laag vuur. Doe de linzen in koud water, breng aan de kook en blancheer. Maak een brunoise van wortel, ui en selderij.

2. Bak de brunoise 5 minuten in de rest van het eendenvet, voeg bouquet garni en linzen toe, en een drievoudige hoeveelheid water. Laat 30 minuten koken. Bewaar het kooknat met een paar linzen. Voeg de helft van het gevogeltefond toe. Breng op smaak met peper en zout, laat 10 minuten trekken op laag vuur, pureer en meng door het linzenmengsel.

eend met Puy-linzen

3. Karamelliseer 1 tl honing. Blus met de wijnazijn en roer tot een siroop ontstaat. Voeg 250 ml gevogeltefond toe en kook tot ¼ in. Voeg de sinaasappelschil toe. Haal van het vuur en monteer met de boter.

4. Blancheer de gepelde knoflook 3 maal 2 minuten. Karamelliseer 5 minuten met de rest van de honing en een klontje boter. Rol iedere teen knoflook in een dun plakje spek. Braad de lichtgezouten en gepeperde eendenborstfilets aan in een pan en en zet dan ca. 45 minuten in een voorverwarmde oven van 120 °C. Snijd ze in plakken. Doe op ieder bord, in het midden, het linzenmengsel, daarop een eendenbout en hierop de getrancheerde eendenborst-filets. Garneer met de knoflook in spek en giet er wat saus bij.

Frankrijk

Kalfsribstuk 'Margaridou'

Voorbereidingstijd: 8 uur
Kooktijd: 2 uur 30 minuten
Moeilijkheidsgraad: ★★★

Voor 4 personen

1	kalfsribstuk (5 ribben)
200 g	kalfsvlees voor de puree
1 kg	grote champignons
	gemengde aromatische kruiden
1	grote prei
2	wortels
100 g	gedroogde zwarte morieljes
12	hoedjes van eekhoorntjesbrood
	botten en vel van kalf
	kalfspoten
1 glas	witte wijn
2 kg	stevige aardappels
1	kalfsnier
	madera
14	hoedjes van eekhoorntjesbrood
	zwoerd
2	wortels, 2 witte knolletjes, 2 tomaten
	uien, knoflook, sjalotten
	room
150 g	rauwe eendenlever
	kardemom
1	kleine prei
50 g	morieljes
2	kalfszwezeriken
500 ml	gevogeltefond
150 g	boter
500 ml	paddestoelenjus
4	eiwitten
	wit paneermeel
	olijfolie
	zout en peper naar smaak

Voor zijn kalfsribstuk 'Margaridou' heeft Régis Marcon de 'Bocuse d'Or' 1995 uit handen van de meester zelf gekregen. Hiermee wordt de kunde en het talent van een bescheiden en zeer begaafde kok geëerd. Om tot deze kring van uitverkorenen te kunnen toetreden moest hij voor een zeer strenge jury 623 punten verzamelen!

Régis Marcon raadt aan om een kalfsribstuk van een Frans melkkalf uit de bergen van Velay te betrekken. Deze dieren groeien op in geblindeerde stallen en worden iedere morgen met eieren gevoederd. De door hem bedachte bereidingswijze bewaart alle nuances van het uiterst malse vlees, dat vol van smaak is. Ook gaat niet teveel water en vet verloren. Controleer de temperatuur binnen in het vlees met een thermometer.

Het rijke garnituur verdient aparte aandacht. Het kalfsvlees in een jasje van eekhoorntjesbrood wordt gevuld met een puree van kalfsvlees en paddestoelen en gegarneerd met een met kardemom geglaceerde eendenlever. Het geheel wordt nog eens versierd met de beroemde vleesspies uit Le Puy, waaraan afwisselend morieljes en kalfszwezerik in een jasje van gefrituurd eiwit en champignonsap zijn gestoken. Als u dit alles serveert met aardappels (liefst Stella's) die zijn gevuld met roze gebraden nieren, dan zult u het ermee eens zijn dat een edeler gerecht nauwelijks bestaat.

Régis Marcon draagt dit gerecht op aan een getalenteerde kokkin, 'Margaridou', en wil tegelijkertijd het gebruik van ingrediënten uit zijn eigen streek bevorderen met dit recept.

1. Verwijder zenen en vet van het kalfsribstuk, maak de ribben zelf vrij en prik gaatjes in het vlees. Vul en bestrijk met een deel van de puree van kalfsvlees, fijngesneden champignons en kruiden. Versier met schijfjes prei, wortel en morieljes. Bestrijk weer met puree en plakjes eekhoorntjesbrood. Zet 15 minuten in een oven van 150 °C, daarna 2 uur in een oven van 100 °C (het binnenste van het vlees moet 62 °C zijn). Bedruip steeds met braadvocht.

2. Bak botten, vel en afsnijdsel van kalf. Voeg de kalfspoten en 1 glas witte wijn toe. Maak er een fond van. Snijd de aardappels tot licht bollende, kogelvormige onderkanten van paddestoelen, hol ze uit en maak kleine balletjes. Bak ze in de oven met de fond en stukjes zwoerd, en vul ze met de rosé gebraden blokjes nier in een met boter gemonteerde maderasaus. Zet de hoedjes van in boter geglaceerd eekhoorntjesbrood erop.

Bocuse d'Or 1995

3. Snijd de wortels en rapen in druppelvorm en zet deze in vormen van 4 cm doorsnede. Leg op de bodem wat farce van blokjes tomaat, ui, knoflook, sjalot en room, en daarop een plak gebakken, met kardemomsap geglaceerde eendenlever. Dek af met wat prei-julienne en een paar morieljes.

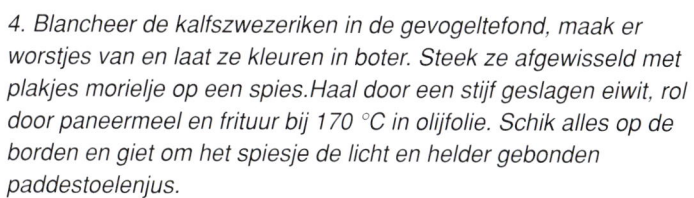

4. Blancheer de kalfszwezeriken in de gevogeltefond, maak er worstjes van en laat ze kleuren in boter. Steek ze afgewisseld met plakjes morielje op een spies. Haal door een stijf geslagen eiwit, rol door paneermeel en frituur bij 170 °C in olijfolie. Schik alles op de borden en giet om het spiesje de licht en helder gebonden paddestoelenjus.

Frankrijk

Gebraden lamsschouder

Voorbereidingstijd: 30 minuten
Kooktijd: 16 minuten
Moeilijkheidsgraad: ★★

Voor 4 personen

1	lamsschouder van 1½ kg
40	wortels met het loof
4	grote aardappels
300 g	gladde peterselie
30 g	koriander
30 g	basilicum
30 g	kervel
70 g	boter
300 ml	lamsfond
2 el	honing (de Savoy)
	olijfolie
	zout en peper naar smaak

Aardappelroosjes zijn een familietraditie in de Savoy, waar ze vaak op zondag als hapje worden gegeten waar de kinderen om vechten. In de 19de eeuw, zo'n 100 jaar nadat ze naar Europa waren gekomen, waren in varkensvet gebakken aardappels een luxe-bijgerecht bij een feestmaaltijd. Men at zelfs de schil erg graag. Deze aardappelroosjes geven uw gerecht niet alleen een savoois tintje, maar zijn ook een originele versiering.

Het lam geldt als symbool van de zuiverheid en is al eeuwenlang verbonden met een hele reeks mystieke tradities. In de drie grote monotheïstische godsdiensten (Jodendom, Christendom en Islam) hoort het op verschillende manieren bij de grote feesten. Een jong lam uit Pauillac is ontegenzeggelijk het best geschikt voor dit gerecht. Het groeit op in het hart van de wijngaarden van de Médoc en overtreft qua smaak de meeste van zijn soortgenoten. Zijn vlees moet glanzend en stevig zijn, een fraaie kleur hebben en toch mals aanvoelen. De schouder is een zeer mals stuk met weinig vet. Hij laat zich makkelijk bereiden, en is voordeliger dan de bout of het ribstuk. Denk erom het vlees na het braden even te laten rusten alvorens het aan te snijden.

De dosering van de aromatische kruiden is van groot belang voor het smaakevenwicht in dit gerecht. Gebruik het liefst verse kruiden, die veel rijker van smaak zijn, en voeg nog wat cayennepeper toe als u een zuidelijk accent aan uw gerecht wilt geven.

1. Leg de lamsschouder op de snijplank en snij het overtollige vet weg. Verwijder de steeltjes van de kruiden, spoel ze schoon en doe ze 5 minuten in kokend water met wat zout. Giet goed af, pureer de kruiden en haal door een zeef. Schil de wortels, laat er 2 cm loof aan zitten, kook ze 5 à 6 minuten in water met wat zout en laat ze schrikken onder koud water.

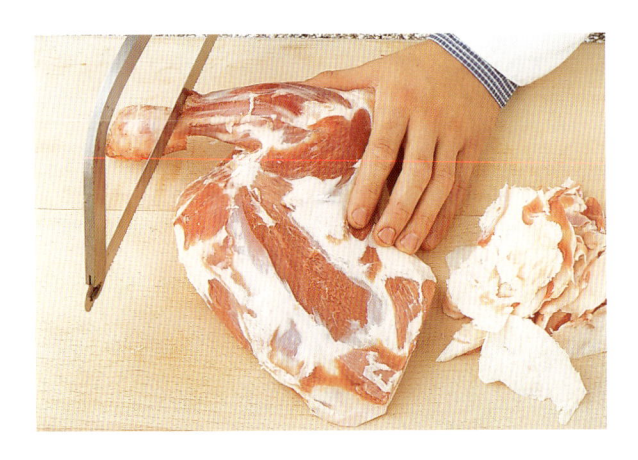

2. Kook de lamsfond in, monteer met de boter en voeg de kruidenpuree toe, proef op peper en zout en houd warm. Verwarm een bakblik met wat olijfolie en leg hierin het met peper en zout bestrooide stuk lam. Zet 16 minuten in een oven van 200 °C, maar draai de schouder na 8 minuten om. Laat rusten op een met aluminiumfolie bedekt rooster.

met aardappelroosjes

3. Doe 2 el honing in een pan, laat goudbruin worden, voeg wortels en boter toe, breng op smaak met peper en zout. Leg de wortels aan een kant van een serveerschaal en de lamsschouder in het midden. Giet er wat kruidensaus over en serveer de rest in een juskom.

4. Voordat u stap 3 uitvoert, schilt u de grote aardappels. Snijd ze (met behulp van een keukenapparaat) tot een lange dunne slinger. Vorm hier door op te rollen roosjes van. Frituur ze in olie van 170 °C. Haal ze uit de olie als ze gekleurd zijn en droog ze met keukenpapier. Strooi er zout over. Schik alles op de serveerschaal.

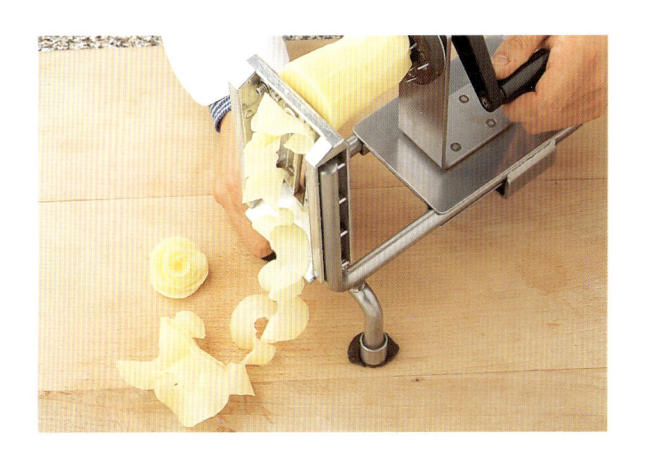

Frankrijk **177**

Parmentier van ossenstaart

Voorbereidingstijd: 30 minuten
Kooktijd: 20 minuten
Moeilijkheidsgraad: ✶

Voor 4 personen

2	ossenstaarten
500 g	aardappels (Charlotte)
150 g	truffel
	aromatische kruiden
70 g	boter
100 ml	volle melk
	truffelnat
	fijn zout
	gemalen peper
	grof zeezout (Guérande)

Volgens onze chef-kok zelf was dit gerecht dat hij 'Parmentier de Raymonde' noemt, een lievelingsrecept van zijn moeder. Hij geeft het aan ons door, met zijn traditionele bereidingswijze.

Neem een vastkokende aardappel, liefst de Charlotte, waar Guy Martin erg dol op is, omdat hij sappig, mals en vol van smaak is. Hij is middelgroot, gelijkmatig rond van vorm, heeft een goudgele schil en helder, geel vruchtvlees. Bij het bakken houdt hij zich goed, en daarna ook, want hij wordt niet donker.

Ossenstaart wordt vaak gezien als een minderwaardig stuk vlees, maar kan toch van edele herkomst zijn. Probeer een staart van een os uit Aubrac of Limousin te krijgen die 5 of 6 jaar oud is, en slechts met gras is gevoerd. Het vlees ziet er glanzend rood uit en de staart levert u na het ontbenen een voldoende hoeveelheid. U kunt de smaak nog versterken door aan het kookwater een stevige bouillon toe te voegen.

Mocht u zien dat het vlees bij het koken draderig wordt, dat duwt u het na het afgieten stevig samen. Dan wordt de parmentier ook steviger. De andere ingrediënten worden pas kort voor het opdienen gemengd.

De plakjes truffel zijn zeer decoratief, maar als u geen hele truffels kunt krijgen, kunt u ook fijngehakte truffel gebruiken, of truffelnat om de puree mee te verfijnen.

1. Kook de ossenstaart een dag van tevoren als voor een klassieke stoofpot, bewaar 50 ml van het kooknat en kook dit langzaam tot de helft in. Haal na het koken het vlees van de botten.

2. Kook op de dag van de bereiding de aardappelen en maak er puree van. Voeg 80 g boter, melk, de helft van het truffelnat en een derde van de fijngehakte truffel toe. Proef op peper en zout en houd au bain-marie warm. Let erop dat de puree niet te vloeibaar wordt.

Guy Martin

en truffel

3. Snijd een derde van de truffels in plakjes en hak de rest fijn. Doe het ingekookte kooknat, de rest van het truffelnat en de fijngehakte truffel met 20 g boter in een pan. Breng op smaak met peper en zout en houd warm. Verhit de ossenstaart met 2 of 3 lepels kookvocht.

4. Leg in de borden een ringvorm van 7 cm doorsnede en 3 cm hoog. Vorm hierin laagjes van afwisselend ossenstaart en aardappelpuree. Sluit af met de truffelplakjes. Verwijder de ring, giet 2 el van de hete saus over de parmentier en bestrooi met wat korrels grof zout.

Gebraden jonge geit

Voorbereidingstijd: 1 uur
Kooktijd: 50 minuten
Moeilijkheidsgraad: ★★

Voor 4 personen

1	jonge geit van ca. 3 kg
1	bosje bosuien
24	kleine aardappels
2	tenen knoflook
	olijfolie
	zout en peper naar smaak

Om te arroseren:

50 ml	vinho verde
200 ml	water

Voor de paprikacrème:

2	tenen knoflook
1 tl	paprikapoeder
100 ml	brandy (of cognac)
100 ml	olijfolie
1	laurierblad
	peterselie

Voor het spinaziegarnituur:

500 g	spinazie
3	tenen knoflook
1 tl	bloem
50 ml	olijfolie
	azijn

In Portugal treft men in de slagerijen van het vlakke land vaak lammeren aan, terwijl in het bergachtige noorden meer jonge geitjes worden verkocht. In de dorpen van de streek São Jao Porto wordt de Portugese witte wijn vinho verde bij het geitengebraad gedronken. De belangrijkste bereidingswijze stamt echter uit de universiteitsstad Coimbra, waar men voor de beroemde 'chanfana de cabro' voornamelijk de bouten gebruikt. Mocht de smaak van het geitje voor u te uitgesproken zijn, dan kunt u het door zuiglam vervangen.

Braad het vlees heel langzaam bij middelmatige hitte. Blijf in de buurt van de oven en vergeet vooral niet om ieder kwartier 'het gerecht verkouden te maken'. Hiermee wordt in Noord-Portugal verwezen naar de luchtstroom die ontstaat als men de ovendeur opent om het gebraad te arroseren (begieten met braadvocht e.d.), zodat het niet uitdroogt.

Zo kunt u uw gasten het vlees naar Portugese gewoonte goed doorbakken serveren, met een knapperig, goudbruin vel en een zeer bijzondere smaak, die afkomstig is van het paprika-brandy-mengsel waarmee het vel is bestreken vóór het braden. Dit hartige, traditionele gerecht is heerlijk op een lange zomeravond.

Er bestaat een variatie op dit gerecht, waarbij men net als bij een lamsragoût, een garnituur van gemengde groenten serveert in plaats van spinazie met knoflook, zoals onze chef-kok hier voorschrijft.

1. Verwijder zenen en vet van het geitje, snijd het in vieren en maak bouten, ribstuk, zadel en schouder los.

2. Hak de knoflook fijn en meng met paprikapoeder, brandy en olijfolie. Voeg peterselie en laurier toe en roer tot een crème. Schil de aardappelen en maak de uien schoon. Zet ze in een ovenschaal en voeg fijngehakt knoflook, olijfolie, zout en peper toe. Bak 20 minuten in de hete oven.

op Portugese wijze

3. Bestrijk de stukken geit met de paprikacrème. Zet ca. 1 uur koel weg. Braad het vlees bij 160 °C 45 minuten in de oven. Arroseer ieder kwartier met een mengsel van vinho verde en water. Haal het vlees uit de braadslee, blus het braadvocht met wat water en giet de jus door een zeef.

4. Kook de spinazie in kokend water met wat zout, laat schrikken, giet af en hak fijn. Laat kort voor het opdienen de knoflook kleuren in de olijfolie en voeg de spinazie toe. Bestrooi met wat bloem, roer om, voeg wat azijn toe, roer weer om en serveer heet op de borden. Schik er 1 plak van ieder stuk geitenvlees bij en het uien-aardappelgarnituur. Giet er wat jus over.

Gebakken bloedworst en kwar-

Voorbereidingstijd: 1 uur
Kooktijd: ½ uur
Moeilijkheidsgraad: ★★

Voor 4 personen

- 4 kwartels
- 4 kwartelhartjes
- 50 g kwartellever
- 4 dunne plakken eendenlever
- 1 bloedworst van 150 g
- 2 eidooiers
- 50 g bloem
- 50 g paneermeel
- 1 sjalot, peterselie
- borragiebloemen
- 1 takje majoraan
- 100 g boter, 100 ml gevogeltefond
- 2 tl balsamico-azijn

Voor het selderijgarnituur:

- 400 g bladselderij
- 1 tl gesnipperde sjalot
- 20 g gerookt spek
- 20 ml Noilly-Prat
- 200 ml volle room (48%)
- 50 g boter
- ½ tl bloem
- zout en witte peper

Voor de aardappelpuree:

- 400 g aardappels
- 60 ml melk
- 20 g boter
- 80 ml volle room (48%)

Het is geen geheim dat de Duitsers van huis uit gek zijn op alle soorten worst. Dieter Müller maakt zijn eigen heerlijke bloedworst met truffel, op basis van kalfskop en kalfszwezerik, waar wat cacao aan is toegevoegd, en die met een smakelijke aardappelpuree wordt opgediend.

U dient kruimige aardappelen te gebruiken, zodat de puree een goede consistentie krijgt. Bintje, bijvoorbeeld, of Urgenta. Doe voldoende room en boter bij de puree, dan wordt hij mooi luchtig en past hij voortreffelijk bij de andere ingrediënten van dit gerecht. Hoe klein de kwartel ook is, hij brengt allerlei heerlijks met zich mee, en onze chef-kok nodigt u uit om dat allemaal te ontdekken: boutjes, hart en lever.

Het garnituur moet natuurlijk typisch Duits zijn. Dieter Müller maakt er een op basis van een enkele groente. U kunt naar believen prei, spinazie, selderij of raapsteel nemen, welke laatste een beetje aan kool doet denken. Zo maakt u een kleurig en zeer geraffineerd gerecht, dat met balsamico-azijn wordt verfijnd. Een paar druppels zijn genoeg om weer een heel nieuw accent aan te brengen. Omdat echte balsamico zeer prijzig is (maar ook zeer sterk), wordt deze azijn met mate gebruikt. Neem niet te kleine porties kwartel en bloedworst, uw gasten zullen u dankbaar zijn voor uw gulheid.

1. Paneer de plakken bloedworst met bloem, ei en paneermeel. Schil de aardappels, spoel ze schoon, kook ze gaar, en pureer ze. Roer er boter doorheen, volle room en warme melk, tot de puree luchtig is. Breng op smaak met peper en zout. Kook voor de saus de gevogeltefond in met de balsamico-azijn, tot er een siroop ontstaat.

2. Was de selderij goed, snijd alleen de zachtste blaadjes fijn, blancheer ze en laat ze schrikken in ijswater. Laat de gesnipperde sjalot en 1 tl gerookt spek kleuren in de boter. Strooi er ½ tl bloem overheen, voeg Noilly-Prat en volle room toe, en laat 4 à 5 minuten koken tot de gewenste dikte is bereikt. Monteer met de boter. Voeg de selderij toe en verhit nog een keer.

telpootjes met balsamicosaus

3. Snijd de boutjes van de kwartels los, haal de lever eruit en snijd deze in blokjes. Bak ze met gesnipperde sjalot en peterselie in wat boter. Bind met wat gevogeltefond, laat 2 à 3 minuten koken en breng op smaak met peper en zout. Bak de boutjes in geklaarde boter en grill ze daarna met de leverblokjes op het bovenste rooster van de oven. Bestrooi de plakken eendenlever met peper en zout en bak ze.

4. Bak de gepaneerde plakken bloedworst in geklaarde boter, en laat de kwartelhartjes even meebakken. Deponeer op de borden 1 el aardappelpuree en 1 el selderijgarnituur. Leg er 1 plak bloedworst en 1 plak eendenlever op en schik aan de andere kant 1 kwartelboutje en 1 kwartelhartje. Giet de saus erover en versier met majoraan en bernagiebloemen.

Crêpinette van ree

Voorbereidingstijd: 2 uur
Kooktijd: 30 minuten
Moeilijkheidsgraad: ★★

Voor 4 personen

Voor de farce:
- 100 g reeënvlees, 30 g ganzenlever spek, morieljes, shiitake, cantharellen (elk 20 g)
- 40 ml room, 10 ml port, tijm, rozemarijn zout en peper naar smaak

Voor de rode kool:
- 1 rode kool
- 2 appels (Golden Delicious)
- 2 sjalotten, 1 rode peper
- 20 g boter, 2 kruidnagelen
- 500 ml rode wijn, 4 jeneverbessen
- suiker, zout
- witte peperkorrels

Voor de kruidkoeksaus:
- 50 g kruidkoek, 500 ml reeënfond
- 250 ml rode wijn, 40 ml port
- 6 jeneverbessen, tijm

Voor de crêpinettes:
- 4 reemedaillons van 100 g
- 1 varkensdarmnet
- arachide-olie, zout en peper naar smaak

Voor de spinazie-'spätzle':
- 100 g verse, jonge spinazie
- 160 g bloem, 3 eieren
- 1 el water, zout

In Duitsland noemt men onze kruidkoek "Lebkuchen" en chef-kok Dieter Müller maakt van deze lekkernij een saus met port en wijn.

Om de saus te laten lukken dient u een kruidkoek te nemen die weinig zoet is. Als u van port houdt, kunt u de eigenschappen van diverse soorten uitproberen. 'Ruby' is de jongste port en aan zijn kleur te herkennen. De oudste gebottelde port wordt 'Vintage' genoemd, en heeft een zeer fijn bouquet. Onze chef-kok prefereert 'Tawny', ook met een mooi bouquet en een amberkleur. In dit recept speelt de ree de hoofdrol. Hij is in het jachtseizoen op alle menukaarten te vinden.

Vlees van een jonge ree wordt vers, dus niet afgehangen of gemarineerd, bereid. Neemt u een reerug, waaruit u de filets en de medaillons snijdt. Voor de smakelijke vulling neemt u afsnijdsels die u toevoegt aan de paddestoelen en de andere ingrediënten van de farce. Deze wordt samen met de medaillons in het darmnet opgerold tot een 'crêpinette'. U kunt de ree ook vervangen door haas of jonge duif.

'Spätzle' zijn Duitse deegwaren, en ze bestaan er in vele kleuren. In dit gerecht worden ze groen gekleurd met spinazie.

1. Bak de fijn gesneden paddestoelen met blokjes ganzenlever. Doe blokjes reeënvlees en spek met peper en zout in de keukenmachine en pureer. Voeg paddestoelen, ganzenlever, port, jeneverbessen, rozemarijn, tijm en geslagen room toe. Braad de reemedaillons aan beide kanten flink aan en zet direct koud weg. Leg op ieder stuk darmnet een koude medaillon, bestrijk rondom met ½ cm farce en rol op.

2. Meng voor de saus reeënfond, port, rode wijn, tijm, jeneverbessen en de fijngehakte kruidkoek. Kook tot de helft in. Haal door een zeef. Zet weer op het vuur en kook in tot een siroop. Blancheer de grote bladeren van de rode kool. Zet ze apart voor de rollade. Bak kort vóór het opdienen de crêpinettes in de arachide-olie. Buitenkant gaar, binnenkant 'saignant'.

met kruidkoeksaus

3. Snijd het hart van de kool in reepjes. Schil de appels, snijd ze in plakjes en meng met de kruidnagelen, rode peper, jeneverbessen, wijn en kool. Laat 48 uur marineren. Laat de gesnipperde sjalot kleuren in een braadpan met boter, voeg de gemarineerde kool, 1 el suiker en zout naar smaak toe en zet met het deksel op de pan 25 à 30 minuten in de oven. Rol het koolmengsel in de grote koolbaderen en bindt vast.

4. Kook de spinazie in water met wat zout, laat schrikken en knijp goed uit. Pureer in een keukenmachine, voeg bloem, eieren en 1 el water toe. Kneed met de handen in een diepe kom. Kook slierten van het deeg in ruim kokend water met wat zout. Laat schrikken en verhit weer met wat boter in een pan. Schik plakken crêpinette met rode kool en spätzle op de borden. Giet er kruidkoeksaus over. Versier met partjes appel.

Jonge geit gebraden

Voorbereidingstijd: 45 minuten
Kooktijd: 45 minuten
Moeilijkheidsgraad: ★★

Voor 4 personen

1	rug van een jonge geit
1	aubergine
1	tomaat
250 g	eekhoorntjesbrood
300 g	wilde paddestoelen (naar het seizoen)
3	grote aardappelen
400 ml	lamsfond
	olijfolie
	knoflook
	basilicum
	zout, geplette peperkorrels

Voor de knoflookpuree:

100 g	knoflook
250 ml	melk
1 snufje	zout

Voor het kruidenmengsel:

50 g	fijngehakte champignons
30 g	paneermeel
4	ansjovisfilets
	fijngehakte verse kruiden: bieslook, salie, basilicum, tijm, rozemarijn, dragon, bonenkruid, peterselie

Zowel aan de Franse als aan de Spaanse kant van de Pyreneeën is geitenvlees zeer geliefd. Als men dit vlees vult met truffel en met kruiden braadt, komt de buitengewone malsheid goed naar voren, vooral als het dier slechts met melk is grootgebracht. Dat is trouwens het grote geheim bij het kiezen van het geitenvlees: het moet afkomstig zijn van een dier dat noch te vet, noch te groot is, omdat een wat oudere geit direct een zeer uitgesproken smaak krijgt. Als u een geitje uit de Provence neemt, dat terecht een garantiezegel heeft, zullen u onaangename verrassingen bespaard blijven. Voor dit recept is de rug het beste geschikt.

Voor het kruiden-knoflookmengsel dient de knoflook met aandacht te worden behandeld. Hij moet meerdere malen worden geblancheerd, om alle bitterheid te verwijderen, voordat hij bij het paneermeel gaat. Daarna dient u een evenwichtig kruidenmengsel samen te stellen, wat niet zo gemakkelijk is.

Salie is bijvoorbeeld veel sterker van smaak dan dragon en basilicum, waarvan de aroma's goed samengaan. Als u dan ook nog bieslook en peterselie moet toevoegen heeft u echt 'Fingerspitzengefühl' nodig...

Jean-Louis Neichel heeft in 18de-eeuwse kookboeken aanwijzingen gevonden dat men vroeger zuiglammeren in plaats van geitjes vulde met ansjovis. U hoeft u trouwens door niets te laten weerhouden dat idee na te volgen en het geitje te vervangen door een zuiglam.

De aardappelkoekjes doen onze chef-kok herinneren aan zijn tijd met Alain Chapel, toen hij daarvan hoofdgerechten met truffel maakte. Sindsdien houdt hij zich voornamelijk bezig met de mediterrane keuken, hetgeen verklaart waarom hij de aardappelkoekjes met aubergine en tijm bereidt.

1. Blancheer de in plakjes gesneden knoflook vier maal in kokend water. Kook ze daarna 30 minuten in melk met wat zout. Giet af en pureer. Voeg de ingrediënten van het kruidenmengsel toe met wat olijfolie, zout en geplette peperkorrels. Laat afkoelen. Snijd de filets uit de geitenrug.

2. Snijd het eekhoorntjesbrood in kleine reepjes. Rasp de aardappels tot julienne en druk ze droog in een keukendoek. Meng met de reepjes paddestoelen. Snijd de aubergines in blokjes van 1 cm, bak ze met de ongepelde knoflook, en houd warm.

in een kruidenjasje

3. Doe wat olijfolie in een pan met anti-aanbaklaag en bak daarin tot koekjes gevormde aardappel-paddestoelenreepjes aan beide kanten. Pel de tomaten, snijd ze in blokjes en stoof ze in een pan met olijfolie, basilicum, zout en peper. Kook de lamsfond in en gaar hierin de wilde paddestoelen.

4. Bak de met peper en zout bestrooide geitenfilets snel aan. Bestrijk ze tot een dikte van ½ cm met het kruidenmengsel. Grill ze 5 à 6 minuten op het bovenste rooster van een oven, afhankelijk van de dikte van de filets en de gewenste gaarheid. Leg het vlees in zijn eigen braadvocht op de borden, samen met de aubergines, tomaat, aardappelkoekjes, en de wilde paddestoelen.

Hoentje op Catalaanse wijze,

Voorbereidingstijd: 1 uur 15 minuten
Kooktijd: 1 uur 10 minuten
Moeilijkheidsgraad: ★★

Voor 4 personen

1	hoentje (uit Prat) van 2½ kg
8	zeekomkommers
4	garnalenkoppen
8	grote garnalen
2	zeeëgels
1	hanenkam
½ el	gegrilde paprika, in blokjes
100 ml	witte wijn (uit Panedes)
250 ml	kippenbouillon (zonder zout)
50 ml	volle room
	olijfolie
1	tomaat

Groenten en kruiden voor het stoven:

1	tomaat
1	ui
1	prei
	bladselderij
1	teen knoflook
	laurier
	tijm
8	draadjes saffraan

Voorstel voor garnituur:

120 g	verse lintpasta

Dit nieuwe idee voor een driehoeksverhouding combineert een vogel, een schaaldier en een zeer ongewone zeevrucht. Dat laatste betreft de zeekomkommer, die wel wat op een groente lijkt. Officieel is de Holothurioideum een stekelhuidige met een bijna cilindrische vorm, die op grote diepte leeft. Hij komt in alle zeeën voor, maar wordt eigenlijk alleen in Azië en in het gebied van de Stille Oceaan gegeten. In China worden gerookte zeekomkommers als 'trepang' verkocht. Zeekomkommers dient u zeer snel met wat knoflook aan te braden, om te verhinderen dat ze hun water kwijtraken.

Gevogelte uit Catalonië kan niet genoeg geprezen worden. In Prat, niet ver van Barcelona, worden vlezige scharrelhoenderen gefokt, die bij een proeverij werden bekroond met een prijs. De hanenkam verleent aan uw gerecht een individueel tintje, vanwege zijn kleur en consistentie.

De grote garnalen of gamba's worden op Catalaanse wijze opgediend, wat wil zeggen dat de staartpantser is verwijderd maar de kop wordt mee geserveerd. Dat bespaart uw gasten eventuele moeilijkheden bij het pellen.

De bereidingswijze van de afzonderlijk ingrediënten is verschillend en moet zorgvuldig gebeuren: een uur stoven voor het hoentje, terwijl de garnalen in 3 minuten worden gestoomd. De sterke jodiumsmaak van de zeeëgels, tenslotte, geeft aan het hoentje een vleugje smaak van de zee.

1. Snijd het hoentje in 8 à 10 stukken. Snijd de kam in stukken. Bak de groenten en de kruiden in een stoofpan die groot genoeg is voor alle stukken hoen. Haal de groenten uit de pan en zet apart.

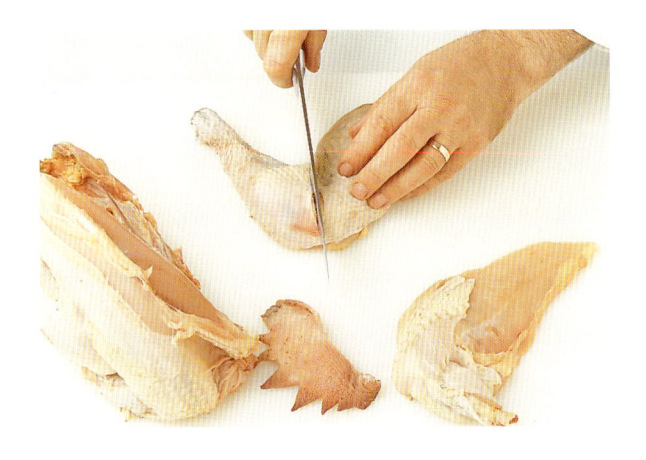

2. Braad de stukken hoen aan in de olijfolie, voeg dan de groenten weer toe, en de hanenkam.

met zeekomkommers en garnalen

3. Blus met de witte wijn en kook in tot de helft. Voeg de bouillon, de tomaten en de garnalenkoppen toe. Laat ca. 1 uur stoven op zacht vuur.

4. Braad 5 minuten voor het opdienen de zeekomkommers aan, en houd het braadvocht apart. Bak hierin de zeekomkommers met de garnalen (gepeld, maar met kop), het zeeëgelvlees en de paprika. Kook voor de saus het braadvocht in, haal door een zeef, voeg zout, witte peper en volle room toe. Schik stukken hoen, garnalen, zeekomkommers en zeeëgelvlees op de borden. Garneer met de paprika en verse lintpasta. Giet er wat saus over.

Bresse-kip met

Voorbereidingstijd: 45 minuten
Kooktijd: 15 minuten
Moeilijkheidsgraad: ★★

Voor 4 personen

1	Bresse-kip van 1½ kg
400 g	morieljes
120 g	groene aspergepunten
2	sjalotten
50 g	boter
250 ml	gevogeltefond
500 ml	room
1	glas droge witte wijn
	bloem
	dragon
	zeezout (uit Guérande)
	vers gemalen peper

De oude Romeinen beschikten over heilige kippen die speciaal voer te eten kregen en van belang waren voor de voorspellingen van de augurs. Een mooi kippetje kan alleen maar goeds brengen, en u wilt het dus vast wel als teken dat het u goed gaat, op tafel brengen.

Er zijn tegenwoordig veel boerderijen op het land tussen de Saône en de Jura waar de populaire Bresse-kip wordt gefokt. Hij is te herkennen aan het aluminium ringetje aan de poot of aan het etiket 'volaille de Bresse' waardoor zijn herkomst uit het Bresse-gebied wordt gegarandeerd. Een Bresse-kip moet altijd op een speciale manier worden bereid, waarvoor ook de juiste pan is vereist, bijvoorbeeld een van gietijzer, die de warmte regelmatig verdeelt - eigenlijk bestaat er niets geschikters om dit gerecht in te bereiden.

Als u geen Bresse-kip kunt krijgen, neem dan een andere scharrelkip die met graan is gevoerd. Gebruik echte room, die tegen verhitting kan.

Daarnaast heeft u verse morieljes nodig, het liefst de kleine zwarte uit de bergen. Helaas zijn ze zelfs in het hoofdseizoen zeer zeldzaam, en daarom zult u waarschijnlijk moeten terugvallen op gevriesdroogde of gedroogde morieljes. Deze moeten zo'n 24 uur worden geweekt, zodat ze hun volume en zachtheid weer terugkrijgen. Haal het weekwater door een fijne zeef en bewaar het. Het is vanwege zijn morieljesmaak de beste basis voor een paddestoelenfond.

1. Schroei de kip, verwijder ingewanden, ontbeen en snijd hem in 4 stukken. Braad aan in het vet dat zich onder de spiermaag bevindt en laat dan even kleuren in de hete oven. Haal de kip uit de pan en bewaar het overtollige vet, blus met de wijn, voeg gevogeltefond toe, kook in en voeg room toe. Kook de asperges 'al dente' in water met wat zout. Doe ze in een ovenschaal met boter, breng op smaak met peper en zout en houd warm in de oven.

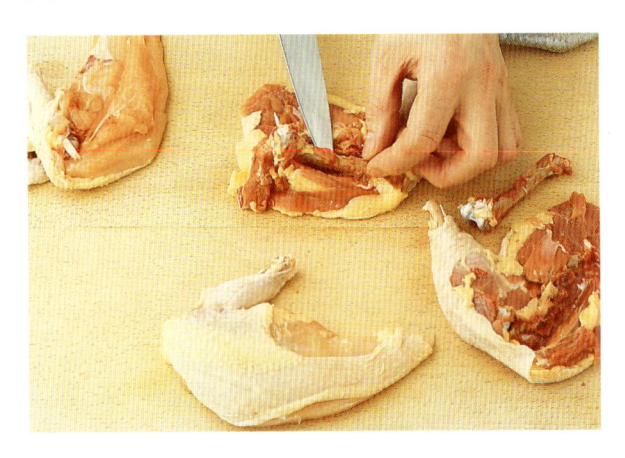

2. Bestrooi de stukken kip met peper, zout en bloem, en bak ze in een gietijzeren pan in het bewaarde vet met het vel naar onderen 10 minuten bij 180 °C. Haal de beide vleugels uit de pan en houd ze warm. Bak de bouten nog 10 minuten.

Pierre Orsi

morieljes en asperges

3. Maak de morieljes heel zorgvuldig schoon met een borsteltje, spoel ze kort af en laat uitlekken. Doe het braadvocht van de kip, gesnipperde sjalot en morieljes in een pan, laat even stoven, voeg zout en peper toe en bedek onder de roomsaus. Laat op laag vuur 5 minuten stoven.

4. Doe de morieljes in de pan met de stukken kip. Laat even stoven op zeer laag vuur. Leg op voorverwarmde borden stukken kip met daarnaast warme aspergepunten en de morieljes. Giet de saus erover.

Kippen- en kikkerboutjes

Voorbereidingstijd: 30 minuten
Kooktijd: 20 minuten
Moeilijkheidsgraad: ★★

Voor 4 personen

4	kippenbouten
10 paar	kikkerbilletjes
12	tenen knoflook, ongepeld
3	sjalotten
3 blokjes	gevogeltebouillon
2 glazen	witte port
200 g	boter
1 bosje	bieslook
	zout en peper naar smaak
200 g	grof zout

De bruine kikvors of landkikvors leeft in koele, vochtige plaatsen, en soms zelfs in wijngaarden. Fijnproevers verkiezen hem boven de groene kikvors of boomkikvors die te herkennen is aan de drie donkere strepen op zijn rug. Hij leeft in bomen en kan zich met behulp van zuignapjes aan zijn poten aan bladeren vastklampen. Bovendien valt hij op door een verbazingwekkend luid gekwaak, veel luider dan men op grond van zijn omvang zou verwachten. Van de kikvors worden alleen de pootjes of boutjes gegeten, de zogenaamde 'kikkerbilletjes'. Ze zijn heel zacht van smaak. Neemt u middelgrote exemplaren, die wat sappiger zijn en meer smaak hebben. Bak ze niet te lang, anders valt het vlees uit elkaar. Het valt dan niet meer fraai op de borden te schikken en verliest bovendien zijn fijne smaak.

Verse kikkerbilletjes zijn bij ons moeilijk te krijgen. Dat probleem heeft een Franse kok niet, vandaar dit recept. U kunt altijd uw toevlucht nemen tot ingevroren exemplaren.

Houd bij het garen van de ongepelde knoflooktenen in de oven nauwkeurig de temperatuuraanwijzing aan en controleer zelf wanneer de knoflook net gaar is, zodat de knoflookgeur bewaard blijft. In weerwil van de gangbare mening is het heel goed mogelijk knoflook op deze manier te eten. Hij is zo bovendien goed verteerbaar, want u drukt het zachte vruchtvlees zo uit het velletje terwijl de lastig verteerbare kiem achterblijft.

De hanen- of kippenboutjes kunt u zo nodig door eendenborst of een 'Ossobuco' van kalkoen vervangen.

1. Verdeel iedere kippenbout in tweeën, zodat er voor iedere eter een boven- en een onderstuk is. Bestrooi ze met zout en peper en braad ze aan in een stoofpan. Voeg de gesnipperde sjalot toe.

2. Verwijder het vet uit de pan en blus met witte port. Voeg 100 ml water en 3 blokjes gevogeltebouillon toe. Laat 12 minuten koken.

Georges Paineau

met gebakken knoflook

3. Leg een laagje grof zout in een vuurvaste schaal. Leg daarop de ongepelde knoflooktenen en zet ze in een oven van 180 °C. Controleer de mate van gaarheid en haal ze uit de oven als ze net gaar zijn. Houd warm. Bestrooi de kikkerbilletjes met peper en zout en braad ze in een pan. Strooi er fijngeknipt bieslook over.

4. Laat de stukken kip uitlekken en houd ze warm. Kook de saus in en monteer met de boter. Haal door een zeef en proef op peper en zout. Leg de stukken kip in het midden van de borden en leg er een krans van afwisselend kikkerbilletjes en gebakken knoflook omheen.

Frankrijk

Crêpinette van parelhoen

Voorbereidingstijd: 2 uur
Kooktijd: 15 minuten
Moeilijkheidsgraad: ★★

Voor 4 personen

- 1 scharrelparelhoen
- 4 kleine, witte rapen (met het loof)
- 1 sjalot
- 1 darmnet
- 2 plakken witbrood, geweekt in melk
- 2 eieren
- 150 g boter
- 1 el olijfolie
- zout en peper naar smaak

Voor de brunoise:
- 3 wortels
- 1 venkelknol
- 3 stengels bleekselderij

Voor de bruine fond:
- karkas van het parelhoen
- mirepoix van wortel, ui en selderij
- zout en peper naar smaak

Het parelhoen heet in het Spaans 'pintada', de 'geverfde', omdat hij een mooi gekleurde vederdos heeft. Zijn fijne, donkerrode vlees is voor vele bereidingswijzen geschikt. Men kan hem van veraf herkennen aan zijn buitengewoon luide gekrijs.

Meestal weegt een parelhoen niet meer dan 1 kg, en dat is genoeg voor 4 personen. Op Franse boerderijen wordt gevogelte van de allerbeste kwaliteit gefokt. De dieren kunnen volgens voorschrift vrij rondlopen, zodat u er met uw ogen dicht een uit kunt kiezen. Eerst dient u het parelhoen te ontbenen, waarna u het vlees van de bouten heel fijn snijdt, want daarmee wordt de vulling gemaakt.

Onze chef-kok wil nog wijzen op de kwaliteit van de voorjaarsgroenten uit zijn geboortestreek rond Nantes. Hij beveelt vooral de witte rapen aan, die in dit recept mèt hun loof worden gebruikt. Zoals bij veel voorjaarsgroenten hoeven de rapen alleen maar te worden afgeborsteld. Ze zijn goed verteerbaar en hebben een fijne smaak.

Vergeet niet om het darmnet lang genoeg te weken voordat u het gebruikt, zodat alle ongerechtigheden zijn verdwenen. Daarna kunt u het gevulde parelhoen erin wikkelen en de crêpinettes bakken in de pan, waarbij ze dikwijls moeten worden gekeerd.

1. Ontbeen het parelhoen. Hak voor de vulling het vlees van de bouten en het in melk geweekte brood fijn. Snijd een brunoise van wortel, venkel en 1 stengel selderij. Stoof de brunoise in boter met de gesnipperde sjalot, voeg zout en peper naar smaak toe. Meng de eieren erdoor.

2. Maak een bruine fond van het parelhoenkarkas, 1 wortel, 1 selderijstengel en 1 klein gesneden ui. Haal het door een zeef en kook in. Breng op smaak met peper en zout. Snijd uit de 2 parelhoenfilets 32 kleine plakken. Sla ze voorzichtig plat.

met groenten uit Nantes

3. Bedek ieder plakje met 1 tl vulling, met behulp van een garneerspuit, en rol de plakjes in stukjes darmnet zodat er 32 pakketjes ontstaan.

4. Snijd uit de rest van de stengels bleekselderij 32 staafjes. Kook ze in water met wat zout en zet apart. Stoom de witte rapen. Bak de 32 crêpinettes in wat olie en boter, keer regelmatig. Giet wat saus op de borden, leg een witte raap in het midden en giet er wat gesmolten boter over zodat hij mooi glanst. Schik hier omheen afwisselend crêpinettes en staafjes selderij.

Frankrijk 195

Korhoen met savooie-

Voorbereidingstijd: 1 uur 10 minuten
Kooktijd: 45 minuten
Moeilijkheidsgraad: ★★

Voor 4 personen

2	korhoenders
4	plakken spek om te barderen
120 g	mirepoix van selderij, wortel, sjalot, champignons
40 ml	druivenpitolie
100 ml	rode wijn
20 ml	port
300 ml	wild- of gevogeltefond
30 g	boter
3	jeneverbessen, geplet
5	peperkorrels, geplet
1	salieblaadje
1	takje tijm
¼	laurierblad
1 tl	groene peperkorrels
	zout en peper naar smaak

Voor de groente:

800 g	savooiekool
100 g	spekblokjes
1	sjalot
1	citroen
100 ml	groentenfond
200 ml	volle room (48%)
1 snufje	nootmuskaat
	scheutje citroensap
	boter

Voor de gekaramelliseerde appel:

4	zure appels
2 el	suiker
100 ml	Riesling
100 ml	Gewürztraminer
20	saffraandraadjes

Het korhoen wordt vooral in Schotland en Engeland heel graag gegeten. De opening van het jachtseizoen op 12 augustus, 'the glorious 12th', wordt overal in het Koninkrijk gevierd met talloze folkloristische festiviteiten. Bij ons zijn de verschillende soorten woudhoenders en sneeuwhoenders ondanks het enthousiasme van de Engelsen niet erg bekend, zodat ze in recepten dikwijls door eend of parelhoen moeten worden vervangen.

Het echte korhoen wordt niet eerst afgehangen, maar wordt naar Engels en vooral Schots gebruik van tevoren met melk afgespoeld. Het hoen leeft in de afgelegen, woeste gedeelten van Engeland en Schotland en voedt zich vooral met heidegrassen. Zijn fijne wildsmaak doet enigszins denken aan fazant of jonge patrijs. Laat het vlees niet te lang garen (ca. 18 minuten). Het moet wel doorbakken, maar van binnen nog rosé zijn. Laat het na het braden even rusten, dan wordt het nog malser.

Neem voor het groentengarnituur een knapperige savooiekool, die u na het blancheren in koud water laat schrikken. Zo verliest de kool zijn lichte zwavelsmaak die sommige fijnproevers hem verwijten. Neem een voldoende groot exemplaar, want hij slinkt bij het koken tot de helft.

Leg eerst het bedje van kool op de borden en snijd het korhoen pas bij het serveren aan. Dien zeer heet op met wat saus.

1. Snijd de savooiekool in dunne reepjes. Blancheer ze in water met wat zout, laat schrikken. Zet de sjalotten en de spekblokjes aan in boter. Voeg de kool toe, breng op smaak met peper en zout, nootmuskaat en een scheutje citroensap. Giet de groentenfond erbij en laat koken met het deksel op de pan tot de kool zacht is. Voeg tenslotte de room toe.

2. Maak het korhoen gereed voor de bereiding, bestrooi het van binnen en van buiten met peper en zout. Bedek de borst met de plakken spek en bind ze vast. Verhit de druivenpitolie in een braadpan. Bak de mirepoix en de kruiden kort. Leg het korhoen met de poten naar onderen op de groenten.

kool en gekaramelliseerde appel

3. Zet de pan in de oven op 200 °C en draai de vogel na 8 minuten om. Giet wijn en port erover en doe deksel op de pan. Laat nog 15 minuten stoven, maar het vlees moet roze blijven. Draai korhoen 5 minuten voor einde van de stooftijd om. Haal de vogel uit de pan en laat rusten. Voeg wildfond toe, breng flink aan de kook, zeven en monteer met de boter. Voeg de gewassen groene peper toe.

4. Schil de appels, steek de klokhuizen eruit en verdeel in vieren. Gebruik een kleine, lage pan voor het karamelliseren. Meng de suiker met de Riesling, Gewürztraminer en saffraandraadjes. Laat koken tot de suiker is opgelost. Pocheer de appels in de wijn. Warm de kool op. Leg een bedje op ieder bord en daarop plakjes korhoen. Schik de partjes appel erbij en giet wat saus op het bord.

Salade van reerugfilet

Voorbereidingstijd: 45 minuten
Kooktijd: 50 minuten
Moeilijkheidsgraad: ★★

Voor 4 personen

800 g	reerugfilet
2	koolrabi's
50 g	boter
20 ml	balsamico-azijn
20 ml	hazelnootolie
75 g	gemengde salade of veldsla (naar seizoen)
1	bosje tijm
	peterselie
1	handjevol hazelnoten
	zout en versgemalen peper

Om de truffel te pocheren:

1	truffel (ca. 50 g)
50 ml	rode wijn
50 ml	kippenbouillon

Voor het wildfond:

100 g	wortel
100 g	bladselderij
2	sjalotten
20 g	champignons
6	jeneverbessen, fijngehakt
6	zwarte peperkorrels
1/2	laurierblad
100 ml	stevige rode wijn
200 ml	madera
200 ml	cognac
100 ml	wildfond

Dikwijls wordt in de keuken weinig onderscheid gemaakt tussen het hert en de ree, ook al zijn het in de vrije natuur twee geheel verschillende soorten. De ree geldt over het algemeen als de meest sierlijke van alle woudbewoners. De dieren tussen de 10 en 12 maanden zijn het smakelijkst en worden veel gegeten in het jachtseizoen dat loopt van september tot december.

Onze chef-kok, die in de buurt van het Zwarte Woud woont, geniet het voorrecht van de Zwitsers om ook in de zomer op ree te mogen jagen. Zijn ervaring heeft hem geleerd dat de reerugfilet het beste geschikt is voor dit gerecht waarin truffel met koolrabi wordt gecombineerd. U kunt het vlees van de jonge ree, dat een mooie donkerrode kleur heeft, een à twee dagen marineren in olijfolie met geplette jeneverbessen. Het wordt daardoor nog malser, en krijgt een peperachtig smaakaccent.

Daarna moet het magere vlees met een vlijmscherp mes in dunne plakken worden gesneden.

Het garnituur van truffel en koolrabi heeft een uitgesproken smaak die voortreffelijk samengaat met de smaak van het wild. Neemt u een verse en stevige truffel, die u eventueel kunt schillen zonder hem schoon te spoelen. Koolrabi is ook in Oost-Europa erg populair en kan een groene of paarse schil hebben. Eventueel kunt u hem vervangen door witte rapen.

Als u dit recept buiten het jachtseizoen wilt bereiden, raadt onze chef-kok u aan om gevogelte te gebruiken, bijvoorbeeld duif of parelhoen, die beide zeer geschikt zijn.

1. Ontbeen de reerug en verwijder vet en zenen. Zet koel weg. Hak de botjes fijn.

2. Bak de botjes in een stoofpan en voeg de kleingesneden groenten en paddestoelen toe. Flambeer met de cognac, blus met wijn en madera, en voeg de kruiden en het wildfond toe zodat alles onder staat. Laat op zeer laag vuur 45 minuten trekken. Giet door een zeef en ontvet zorgvuldig.

met truffel en koolrabi

3. Bestrooi de filets met zout en verse peper en braad ze 5 minuten aan in een stoofpan met de boter. Laat het vlees rozerood ('saignant'). Houd warm. Pocheer de truffel in bouillon met rode wijn. Snijd in dunne reepjes. Schil de koolrabi's en kook ze in water met wat zout 'al dente', snijd ze in reepjes.

4. Doe voor de vinaigrette het pocheernat van de truffel in de stoofpan waarin de filets zijn aangebraden. Kook tot de helft in en voeg hazelnootolie en azijn toe. Doe koolrabi en truffel in een slakom. Hak de hazelnoten grof. Bak ze in boter en voeg de vinaigrette toe. Giet de vinaigrette over de gemengde sla. Snijd de reefilets in plakjes en schik op de borden met koolrabi en truffel. Giet wat wilfond over het vlees. Versier met peterselie en tijm. Geef er de salade los bij.

Konijnenrug met linzen

Voorbereidingstijd: 1 uur
Kooktijd: 1 uur
Moeilijkheidsgraad: ★★

Voor 4 personen

2	konijnenruggen
250 g	Puy-linzen
3	grote wortels
1	prei, alleen het wit
2	sjalotten
1	bouquet garni
90 g	boter
2 el	room

gladde peterselie
zout, vers gemalen peper

Voor de saus:

350 g	karkassen
1	ui
½	wortel
1	teen knoflook
1 el	tomatenpuree
300 ml	witte wijn
300 ml	water
	olijfolie

Als men eenmaal dit heerlijke gerecht van konijn met linzen heeft geproefd, zal men zeker een eventueel vooroordeel over konijnen laten varen. Er wordt vaak gezegd dat konijn droog is, maar het 'lapin de France' is juist heel sappig, zeker als het op niet te hoog vuur met veel boter wordt gebraden, en dikwijls gekeerd.

U dient niet alleen veel aandacht te besteden aan de bereiding van het konijn, maar ook aan die van de saus. Om te kunnen slagen moet hij sterk worden ingekookt. De saus moet een stevige smaak hebben, en als hij te flauw is dient hij met kruiden op smaak te worden gebracht.

De groene linze uit Puy is een van de beste linzensoorten en ook hier kan men van een vooroordeel afraken. Deze linzen worden geteeld in het vulkanische gebied van de Franse Velay, zorgvuldig gesorteerd, zodat zij hun kwaliteitszegel waard zijn, en rijk aan ijzer en vitaminen zijn. De voortreffelijke kwaliteit zal u eventuele nare herinneringen verbonden aan linzen uit een kantinekeuken doen vergeten. Meestal worden daarvoor linzensoorten met een dikke schil en een laffe, melige smaak gebruikt, die slechts hun naam gemeen hebben met de linzen uit Puy. In ons recept dient u de linzen niet 'al dente' te koken, maar ze heel snel meer dan gaar te laten worden zodat de schillen opengaan en ze heel zacht worden. Zo bieden de linzen een fraai contrast met de andere groenten, wortel en prei, die juist knapperig moeten blijven.

1. Snijd het wit van de prei in reepjes van 1 cm breed, kook ze in water met wat zout, laat ze schrikken en giet af. Schil de wortels, snijd er één in blokjes en de andere tot balletjes. Kook ze in water met wat zout. Snipper de sjalotten.

2. Verwijder vet en zenen van de konijnenruggen en snijd de filets in blokjes. Snijd voor de saus de karkassen en de voorkant van het konijn in stukjes. Bak in de olie, snijd ui en wortel klein en voeg toe, evenals de knoflook. Bak onder voortdurend roeren, schep het vet eraf en zet weer op het vuur. Voeg de tomatenpuree toe en blus met water en witte wijn.

en wortels

3. Laat alles op laag vuur 30 minuten trekken. Fruit de gesnipperde sjalot aan, en voeg dan de blokjes wortel, gekookte linzen, 2 el room, 2 el konijnensaus en 30 g boter toe. Laat op zacht vuur stoven tot de massa gebonden is. Proef op peper en zout.

4. Bestrooi de stukjes konijn met peper en zout en bak ze onder voortdurend roeren in de boter zodat ze niet donker kleuren. Laat op zacht vuur 6 minuten stoven. Bak de wortelbolletjes en de preireepjes in boter. Verhit de rest van de konijnensaus 1 minuut op hoog vuur, klop er met een garde 40 g boter door. Proef op peper en zout. Schik alles op de borden, giet er wat saus over. Versier met peterselie.

Kalfshaas met

Voorbereidingstijd: 1 uur
Kooktijd: 1 uur
Moeilijkheidsgraad: ★★

Voor 4 personen

400 g	kalfshaas uit het middenstuk
4	mergpijpen
1 l	gevogeltebouillon

Voor de vinaigrette:

1	bosje	waterkers
3		sjalotten
4		cornichons
1	el	kappertjes
2		ansjovisfilets in olie
2		takjes peterselie
2		takjes dragon
1		takje basilicum
4	el	walnootolie
2	el	wijnazijn

Voor het garnituur:

4	artisjokbodems
4	wortels
2	struiken broccoli
4	takjes peterselie
	natriumbicarbonaat
	boter
	waterkers
	grof zout en versgemalen peper

Let bij het kopen van mooi kalfsvlees op een garantiezegel. Roland Pierroz koos voor dit recept een kalf dat slechts met melk is grootgebracht. Hij neemt het meest malse stuk van de haas, het middenstuk, dat 'saignant', nog rozerood van binnen, dient te worden geserveerd. Soms is het moeilijk om hier aan te komen, maar u kunt ook een ontbeend kalfsribstuk nemen.

Hierbij past een Italiaanse vinaigrette het best, die normaliter bij een pot-au-feu wordt gegeven. Er zitten cornichons en kappertjes in, die een licht zuur accent geven. De ansjovisfilets vormen een mooi contrast met het malse vlees, en de notenolie verbindt op het bord de schijnbaar zo uiteenlopende ingrediënten met elkaar.

Notenolie past erg goed bij waterkers, die zonodig door spinazie kan worden vervangen. Waterkers heeft veel water nodig, en is rijk aan ijzer en calcium. Bewaar het niet te lang, want het wordt gauw slap als het niet meer zijn dagelijkse portie water krijgt. Ook andere soorten groenten die in een pot-au-feu gaan kunnen voor dit recept worden gebruikt, zoals gepocheerde prei, bloemkool of witte rapen.

1. Verwijder vet en zenen van de kalfshaas en bind hem op met keukengaren. Snijd de artisjokbodems in een fraaie vorm, snijd de wortels in olijfvorm. Stoom ze apart. Blancheer de broccoli in kokend water met wat zout en een mespuntje natriumbicarbonaat. Laat schrikken en zet apart. Blancheer de sterrekers 5 minuten in kokend water met wat zout, laat schrikken en druk het water er goed uit.

2. Pureer de waterkers in een keukenmachine of met de mixer en haal door een zeef. Pel de sjalotten en snijd ze in grote stukken. Pureer samen met de peterselie, basilicum, dragon, kappertjes, cornichons en ansjovis in een keukenmachine of met de mixer. Roer de walnootolie, azijn, zout en peper erdoor. Voeg de waterkerspuree toe zodat het mengsel een mooie groene kleur krijgt.

kruidenvinaigrette

3. Doe de gevoeltebouillon in een stoofpan en breng aan de kook. Laat de schuin afgesneden mergpijpen 5 minuten trekken in kokend water. Leg de kalfshaas in de bouillon en pocheer 10 à 12 minuten, zonder dat het water kookt, zodat het vlees goed mals en rozerood van binnen blijft.

4. Vul de artisjokbodems met wortelolijfjes en broccoliroosjes en verwarm boven stoom. Breng op smaak met peper en zout. Snijd de kalfshaas in plakken van 2 cm dik. Schik het vlees met een mergpijp in het midden van de borden en leg er een gevulde artisjokbodem naast. Bestrooi het vlees met grof zout en giet wat kruidenvinaigrette ernaast.

Zwitserland 203

Gebraden eend

Voorbereidingstijd: 1 uur
Kooktijd: 20 minuten
Moeilijkheidsgraad: ★★

Voor 4 personen

2	eenden
2	appels (goudrenetten)
200 g	peultjes
1	kleine knolselderij
	olijfolie
	zout en grof zeezout
	witte peper

Voor de saus:

300 ml	eendenfond
1 el	sherry-azijn
½ el	notenolie
1 el	honing
60 g	boter
2	kardemomzaadjes
2	foelieschilletjes
1 snufje	nootmuskaat
1 snufje	kerrie

Eenden, die al in de Oudheid zeer geliefd waren, treft men tegenwoordig in grote hoeveelheden aan, als wilde eenden in de vrije natuur, of als tamme eenden op de boerderij of fokkerij, waar ze met graan worden gevoerd. Alleen al in Frankrijk zijn er diverse soorten, zoals de Barbarie-eend, de vette Mulard-eend, de Nantes-eend en de Duclair-eend, die voornamelijk in Normandië wordt gefokt. Het vette vlees is vooral in de winter een delicatesse.

Voor dit recept heeft u vlezige exemplaren nodig die stevige filets opleveren. Braad ze eerst met het vel naar onderen, zodat ze een mooie kleur krijgen en het vet eruit kan lopen. Zo worden de eenden knapperig en zien ze er ook fraai uit. U kunt de eenden in hun geheel of in plakken gesneden serveren.

De gebroerders Pourcel voeren een moderne, stevige keuken, die zich bewust is van haar wortels. Hun restaurant behoort tot de beste in Montpellier. Vroeger was deze stad de overslagplaats voor kruiden in het gehele Middellandse-Zeegebied. Vandaar misschien het geraffineerde kruidenmengsel in dit recept.

Het is niet algemeen bekend dat foelie niets anders is dan het schilletje om de muskaatnoot. Hoewel ze dus tot dezelfde plant horen hebben ze ieder hun eigen smaak. Kerrie en kardemom maken het kruidenmengsel dat zijn karakteristieke smaak aan dit gerecht geeft, nog verfijnder.

1. Schil de appels, verwijder het klokhuis en snijd ze in dobbelstenen. Stoof ze in wat water met 15 g boter, zodat er een compote ontstaat. Houd warm. Maak de selderijknol schoon, snijd in dunne reepjes en frituur deze in hete olie net als chips. Bestrooi met peper en zout en zet apart.

2. Ontbeen de eenden maar houd de borsten intact. Verwijder lelijke peulen, kook de rest met veel water en wat zout en laat schrikken. Stoof ze in wat boter. Verwarm de selderij-chips in de oven.

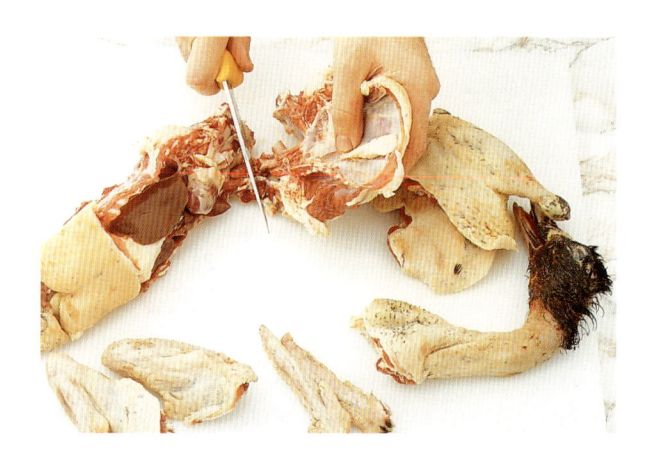

met kruidensaus

3. Braad de eendenborsten aan beide zijden aan in een stoofpan, laat het vel mooi kleuren en knapperig worden. Zet nog 10 minuten in de oven.

4. Verwijder het vet uit de pan. Zet weer op het vuur en voeg honing toe. Laat even karamelliseren en blus met de azijn. Kook bijna helemaal in. Voeg eendenfond, notenolie en kruiden toe. Kook in en monteer met de rest van de boter. Breng op smaak met peper en zout. Schik eerst het garnituur op de borden, dan de stukken eend. Giet er wat saus over.

Frankrijk

Gegrilde parelhoenvleugel

Voorbereidingstijd: 2 uur
Kooktijd: ½ uur
Moeilijkheidsgraad: ★★★

Voor 4 personen

2	jonge parelhoenders
1	eiwit
	dragon
	gladde peterselie
	knoflook
	boter

Voor de saus

120 g	boter
30 g	suikerklontjes
	citroenenschillen
100 ml	citroensap

100 ml	witte wijn
200 ml	gevogeltefond
100 ml	donker kalfsfond
	bieslook
	knoflook

Om de saus af te maken:

40 g	gesneden citroen
15 g	citroenschil, in zout ingelegd
20 g	gedroogde tomaten
7 g	dragon
7 g	groene peper

Voor de 'panisses':

250 g	kikkererwtenmeel
1 el	olijfolie
1 l	water met zout
	boter

Het parelhoen heeft rood vlees en een blauwachtige vederdos, vandaar zijn naam in het Spaans, 'pintada': 'de geverfde'.

Neem voor dit recept jonge scharrelparelhoenders, die meestal zeer goed van kwaliteit zijn. Ze hebben gladde poten, een slap karkas en donker vlees. Het vel is geelachtig, waardoor ze zich duidelijk onderscheiden van kippen. De uitgesproken smaak van het jonge parelhoen is erg geliefd, maar het vlees kan wel bij het braden uitdrogen. Onze chef-kok vermijdt dit risico door een bereiding in twee etappes. Eerst wordt het hoen gestoomd, en dan gegrilld. Zo blijft het vlees heerlijk mals, zeker als men de borst vóór het stomen in folie heeft gepakt. De saus van gekonfijte citroenen kan nogal wat tijd in beslag nemen.

Stéphane Raimbault gebruikt alleen maar citroenen uit Menton, die hij 3 à 4 weken inlegt.

Aan de 'panisses' kunt u zien dat het hier een typisch Provençaals gerecht betreft. Deze koekjes van maïs- of kikkererwtenmeel lijken op de 'panizze' uit Corsica, en worden zoet of hartig gegeten. Bak ze kort voor het opdienen in een mengsel van olijfolie en boter.

Dit parelhoenrecept kunt u rustig gebruiken voor andere soorten gevogelte. Dat doet onze chef-kok ook, maar het gerecht zelf staat altijd op de kaart van zijn restaurant.

1. Breng 500 ml water aan de kook met wat olie en zout. Roer het kikkererwtenmeel door de andere 500 ml water. Giet het mengsel in het kokende water en laat 10 minuten koken onder voortdurend roeren. Giet in een terrine, laat afkoelen en snijd in driehoekjes van 1 ½ cm dik. Bak vóór het opdienen in olijfolie en boter.

2. Schroei de parelhoenders af en verwijder de ingewanden. Haal de poten met de bouten los en zet apart. Snijd het borstvlees los en maak buidels van de 4 vleugels. Verwijder zenen uit de kleine filets, doop ze in het eiwit en haal ze door een mengsel van fijngehakte dragon en peterselie. Vul hiermee de vleugels, wikkel ze in folie en stoom ze. Grilleer ze daarna.

met citroen

3. Wrijf de suikerklontjes tegen de citroenschillen. Hak de karkassen klein, bak ze in boter, voeg geplette knoflook, fijngeknipt bieslook, suikerklontjes en citroensap toe. Doe de witte wijn en het gevogeltefond erbij, kook tot ¼ in en voeg het donkere fond toe. Haal door een zeef. Maak de saus af met de aangegeven ingrediënten, voeg boter toe en roer slechts heel even.

4. Schik de in drieën gesneden parelhoenvleugels op de borden. Leg de gebakken 'panisses' ernaast. Giet er wat saus omheen.

Aardappel-uienstoofschotel

Voorbereidingstijd: 1 uur 30 minuten
Kooktijd: 1 uur
Moeilijkheidsgraad: ★★

Voor 4 personen

1	varkenshaas van 600 g
40 g	gerookt spek
100 g	donker varkensbraadvocht
	tomaten
40 g	ingelegde citroenschillen, gehakt
	knoflook
	salie
	gladde peterselie
	olijfolie
	peper en zout naar smaak

Voor het garnituur:

6	artisjokken
500 g	aardappels
1	citroen
2 el	tomatenpuree
150 g	bosuitjes
50 g	boter
250 g	helder gevogeltefond
	olijfolie
	knoflook
1	bouquet garni
	saffraan
	peterselie
	peper en zout naar smaak

Dit recept lijkt wel een familiereünie, want varkensvlees, aardappels, artisjok en salie komen in veel recepten bij elkaar.

Varkensvlees blijft omstreden. Neem zo mogelijk vlees van een scharrelvarken, en wel het puntje van de haas. Deze wordt uit de bovenkant van de filet gesneden en is mals en mager. Het vlees moet helder roze zijn, en het vet sneeuwwit. U kunt ook een kalfshaasje nemen.
Het gebraad krijgt een volle smaak als het met gevogeltefond word begoten, dat van tevoren met kruiden op smaak is gebracht. Aan de hier genoemde kruiden (knoflook, bouquet garni en saffraan) kunt u nog kruiden naar eigen keuze toevoegen.

De combinatie van vlees, aardappels, tomaten en artisjokken is verrukkelijk. De kwaliteit van het vlees, dat in dunne plakken wordt gesneden, is wel essentieel. We noemen verder nog de stevige smaak van salie uit de Provence, die zo goed bij het witte vlees past.

In dit recept maakt u weer eens kennis met de Provençaalse poivrade-artisjok, die zo anders is dan zijn Bretonse collega. Hij kan heel simpel rauw, met wat zout bestrooid, worden gegeten, of met een pepersaus ('poivrade'), waar hij zijn naam aan dankt. In de Provence gebruikt men de artisjok ook als een soort barometer. Men hangt hem aan een deurpost en kan door het openen en sluiten van de bladeren zien of respectievelijk de zon zal schijnen of het gaat regenen.

1. Hak de uien fijn, stoof ze in wat boter. Meng ze met de kleingesneden aardappelen en doe alles in een met knoflook ingewreven soufflé-vorm. De laag aardappel met uien moet 1½ cm dik zijn. Bedek met gevogeltefond getrokken met knoflook, bouquet garni en saffraan. Zet au bain-marie in een oven van 200 °C tot de aardappels gaar zijn. Bestrooi de taart met peterselie.

2. Trek de artisjokbodems los en kook ze in water met zout en citroensap. Snijd ze in plakken en bak deze in olijfolie en boter. Bind met tomatenpuree.

Stéphane Raimbault

met varkenshaas en artisjok

3. Verwijder vet en zenen van het varkenshaasje en bind het op. Bestrooi met peper en zout, en braad met buikspek, knoflook, peterselie en een paar gepelde, van zaadjes ontdane, in blokjes gesneden tomaten. Als het vlees gaar is nog 10 minuten warm houden. Blus met varkensbraadvocht, haal door een zeef en voeg de gehakte citroenschillen, fijngehakte salie en wat olijfolie toe.

4. Leg in het midden van de borden een ringvorm, doe hierin een laagje artisjok, dan plakjes varkenshaas in rozetvorm en leg er tenslotte een stuk aardappel-uientaart op dat u op maat hebt uitgesneden met een vorm. Giet wat saus rondom.

Gemarineerde eend met

Voorbereidingstijd: 35 minuten
Kooktijd: 3 ½ uur
Moeilijkheidsgraad: ★★

Voor 4 personen

4		eendenbouten
		eendenvet
125 ml		bouillon

Voor de marinade:

4 el		verse gember
2		tenen knoflook
2 el		witte peperkorrels
1 tl		steranijs
8 el		grof zeezout

Voor de versiering:

½		komkommer
1 bosje		bieslook

Voor de saus:

250 ml		eendenbouillon
2 tl		gember
4		steranijs-zaadjes
2		sjalotten
2 tl		honing
2 tl		hoisin-saus
1 mesp.		rode peper
		sojasaus, naar believen

In Azië is Paul Rankin in contact gekomen met de verse kruiden en andere geraffineerde zaken die men gebruikt bij de bereiding van eend. De speciale koks die in China het braden voor hun rekening nemen, en die in hoog aanzien staan, hebben Paul Rankin kennis laten maken met het braden met hout. Ze gebruiken kostare houtsoorten als pruim, abrikoos en wijnstok. De hitte in de houtoven is zo groot dat het vlees onder voortdurend keren zeer snel wordt gebraden.

Voor deze bereidingswijze heeft u een bijzonder vette scharreleend nodig. Bij het braden in de oven moet u erop letten wanneer het vlees begint los te laten van de botten, want dan is het tijd om de eend uit de oven te halen. De bouten moeten bij het braden geheel bedekt zijn met eendenvet. Als het eigen vet niet toereikend is, kunt u extra vet kopen of arachide-olie gebruiken.

Tot slot wordt de eend nog gegrild, zodat het vel mooi knapperig wordt. Als u geen grill heeft kunt u hetzelfde effect bereiken door de bouten 5 minuten in een pan met dikke bodem, met het vel naar beneden, in een oven van 220 °C te zetten. Daarna snijd u de bouten bij de gewrichten door om ze mooi op de borden te schikken.

De keuze van de Chinese kruiden is gebaseerd op de jarenlange ervaring van onze chef-kok. Steranijs en gember zijn de basis van dit exotische kruidenmengsel. Als u het te scherp vindt, kunt u wat sojasaus toevoegen. Voordeel van de saus is dat hij geen vet bevat.

Het voor de versiering gebruikte bieslook is een keukenkruid dat in China al eeuwen vóór onze jaartelling werd aangeplant.

1. Marineer de eendenbouten 24 uur in de aangegeven ingrediënten die goed door elkaar zijn geroerd. Snijd het eendenvet in grote stukken, doe ze in een pan, voeg 125 ml bouillon toe en laat 2 uur op zeer laag vuur staan tot het vet helder is. Haal door een zeef en zet apart voor de bereiding van de eendenbouten.

2. Schil de komkommer en snijd er met een aardappelschilmesje linten van. Hak het bieslook fijn. Stoof voor de saus de sjalotten en de gember in wat eendenvet, laat ze kleuren en voeg de rest van de ingrediënten toe. Laat op zeer laag vuur koken tot de saus gaat binden. Voeg naar believen sojasaus toe als de saus te scherp is.

Paul Rankin

Chinese kruiden

3. Spoel de eendenbouten goed schoon. Doe ze in de pan met eendenvet en stoof ze ca. 1½ uur op laag vuur. Laat ze afkoelen in het vet. Grilleer de eendenbouten kort vóór het opdienen met het vel naar boven zodat het mooi knapperig wordt.

4. Schik de komkommerlinten op de warme borden. Leg de gestoofde eendenbouten erop, bestrooi met bieslook en giet er wat saus omheen.

Groot-Brittannië 211

Irish Stew

Voorbereidingstijd: 20 minuten
Kooktijd: 1 uur 30 minuten
Moeilijkheidsgraad: ✶

Voor 4 personen

1 ½ kg	schouder of halsstuk van lam
225 g	aardappels
225 g	wortels
225 g	prei
225 g	bosuien
2	takjes tijm
1 bosje	verse peterselie
250 ml	volle room
1 tl	boter
	peper en zout naar smaak

Voor deze traditionele Ierse schapenragoût neemt men tegenwoordig lamsvlees. Het was vroeger armeluis-eten, dat in één grote pan werd bereid, en dat afhankelijk van de smaak en de financiële mogelijkheden van de huisvrouw, werd gecombineerd met diverse soorten groenten.

Het beste vlees komt van lammeren die ouder dan vijf maanden zijn en al een uitgesproken smaak hebben. De schouder of het halsstuk, die direct met de botten zijn verbonden zijn bijzonder sterk van smaak en kunnen een langzame verhitting van het vlees dat in water ligt dat gaat koken, goed doorstaan.

Aardappels gedijen goed op de Ierse bodem. Ze werden in de 16de eeuw voor het eerst aangeplant, met behulp van zaden die waren buitgemaakt bij de plundering van Spaanse schepen. In Ierland is de aardappel basisvoedsel geworden, die in grote hoeveelheden wordt gegeten en ook in de Irish Stew een grote rol speelt. Paul Rankin raadt aan om de Roseval-aardappel te nemen, die ook na lang koken zijn vorm behoudt.

Prei werd eens door de Franse schrijver Anatole France als 'de asperge van de armen' betiteld. Niettemin is prei een belangrijk ingrediënt geworden in de keuken van belangrijke koks. In dit éénpansgerecht geeft hij een fijne, licht zure smaak aan het geheel. De prei is overigens ook het embleem van de naburige Engelse streek Wales, wat de lijfwacht van de prins van Wales de bijnaam 'prei-mannen' heeft opgeleverd.

Deze stevige Ierse éénpansmaaltijd is uitermate geschikt voor koude winteravonden. Eventueel kunt u het lamsvlees vervangen door kalfsvlees of konijn.

1. Snijd het lamsvlees los en in blokjes. Gooi de dunne vetlaag om het vlees weg en leg het vlees in een grote pan met water en wat zout. Breng aan de kook, schuim af om vet en schuim van de oppervlakte te verwijderen, en laat 30 minuten koken.

2. Schil de aardappelen en snijd ze in grote stukken. Doe de helft in de pan bij het vlees en laat nog 30 minuten koken. Roer goed door zodat de aardappelen uit elkaar vallen.

Paul Rankin

3. Voeg de rest van de stukken aardappel en de groenten toe en laat nog 30 minuten koken op laag vuur, totdat het vlees en de groenten goed gaar zijn.

4. Verhit de boter en de room en voeg het mengsel samen met de fijngehakte peterselie en tijm toe aan de ragoût. Verhit nog even en dien op.

Groot-Brittannië 213

Géline-hoen met

Voorbereidingstijd: 45 minuten
Kooktijd: 45 minuten
Moeilijkheidsgraad: ★

Voor 4 personen

1	Géline-hoen van ca. 1,8 kg
1	plak spek om te barderen
200 g	oesterzwammen
1	sjalot
1	wortel
1	prei
½	stengel selderij
20 g	boter
400 ml	crème fraîche
200 ml	witte wijn
	peper en zout naar smaak

Het Géline-hoen met zijn zwarte poten is een kruising tussen het zwarte Touraine-hoen en het Langshan-hoen, een eveneens zwart hoenderras dat oorspronkelijk uit China stamt. Het wordt vooral in de Touraine gefokt, waar het al sinds de Middeleeuwen zeer geliefd is. Nergens anders dan in het vaderland van Rabelais kan men dit oude hoenderras beter leren kennen, want in werk van de Franse meester eten de goedaardige reuzen tijdens hun banketten buitensporige hoeveelheden van deze vogel.

Het Géline-hoen kan bij 220 à 240 °C in de oven worden gebraden. Bescherm de vogel echter tegen te grootte hitte door het met een plak spek te omwikkelen, wat bovendien nog meer smaak aan het vlees geeft. Laat het vlees even rusten na het braden, waardoor het nog malser wordt en nog beter smaakt.

Oesterzwammen zijn altijd een mooi garnituur, want tegenwoordig zijn ze het hele jaar door te krijgen. Door onderzoek is men te weten gekomen dat deze vlezige paddestoelen in ieder jaargetijde kunnen worden geteeld. Ze groeien het beste op hout, bijvoorbeeld op verrotte boomstronken, of op speciaal geprepareerde balen stro. Koopt u kleine exemplaren, die minder water bevatten. Hun uitgesproken smaak accentueert de smaak van het hoen.

Bij de saus mogen geen ingrediënten verloren gaan. Haal alles goed door een zeef. Gebruik crème fraîche, die wat dikker is dan room en beter bij de ingrediënten van de saus past. Eventueel kunt u het Géline-hoen vervangen door een parelhoen.

1. Maak een brunoise van wortel, prei en selderij. Stoof de oesterzwammen in wat boter, voeg peper en zout naar smaak toe. Meng met de gesnipperde sjalot.

2. Prepareer het hoen om het te kunnen braden. Bestrooi met peper en zout en wikkel het spek er omheen. Bind het op. Braad 40 minuten in een voorverwarmde oven van 220 °C, laat het dan 15 minuten afgedekt rusten. Bewaar het braadvocht.

oesterzwammen

3. Laat de brunoise kleuren in het braadvocht van het hoen. Schep het vet eraf en blus met witte wijn. Kook in tot er bijna geen vloeistof meer over is, voeg de crème fraîche toe en kook weer in.

4. Haal de saus door een zeef en proef op peper en zout. Neem het hoen uit de braadpan, snijd het in stukken en leg deze in het midden van de borden. Giet de saus erover, en schik de oesterzwammen er omheen.

Frankrijk

Gestoofde kalfszwezerik

Voorbereidingstijd: 45 minuten
Kooktijd: 20 minuten
Moeilijkheidsgraad: ✶✶

Voor 4 personen

4	kalfszwezeriken van 150 g
12	verbenablaadjes (ijzerhard, ijzerkruid)
100 ml	verbenathee
1 kg	groene asperges
2 el	demi-glace van kalf
	boter
	peper en zout naar smaak

De kalfszwezerik moet sneeuwwit van kleur zijn, zonder restjes vlies. Zitter er nog bloedresten aan dan dient u de zwezerik zo lang mogelijk in koud water te laten weken. Zet daarna enige tijd koud weg. Doe dit alles het liefst een dag van tevoren. Zo wordt de zwezerik mooi schoon en mals.

In de tussentijd kunt u het verbena-aftreksel maken. U dient hiervoor niet het gewone ijzerkruid te gebruiken (Verbena officinalis), die bijna geen geur heeft, maar de sterk geurende soort op basis waarvan ook de beroemde likeur uit Puy wordt gemaakt. Met verbena wordt de koppeling gemaakt tussen de kalfszwezerik en de groene asperges, waarvan de smaken worden geaccentueerd, zonder te overheersen. Zoals gewoonlijk is het een kwestie van doseren.

Behandel de asperges zorgvuldig. Ze moeten uiterst vers en knapperig zijn. Pocheer ze slechts een paar minuten in water, zodat ze beetgaar zijn, en bak ze dan voorzichtig in boter. Als er geen mooi asperges beschikbaar zijn, kunt u cantharellen nemen, die even worden gestoofd.

Een glace is een sterk ingekookt vleesfond, dat na het afkoelen kan worden gesneden. Hij wordt gebruikt voor sauzen waarvan de smaak moet worden versterkt. Door het geconcentreerde aroma is de glace daarvoor uitstekend geschikt. Een demi-glace is niets anders dan een wat minder ver ingekookt fond, dat nog stroperig blijft.

1. Blancheer de schone kalfszwezeriken en laat ze schrikken. Verwijder het buitenste vlies. Bak de zwezeriken in een stoofpan met boter en voeg peper en zout naar smaak toe.

2. Voeg de verbena-thee toe. Zet met het deksel op de pan 10 minuten in een matig hete oven.

met verbena-boter

3. Kook de aspergepunten in water met wat zout beetgaar, giet af en stoof in boter met de verbena-blaadjes.

4. Bak de zwezeriken nog een keer in boter, voeg de demi-glace aan het braadvocht toe en kook in. Monteer met boter. Proef op peper en zout. Leg de aspergepunten aan één kant van de borden, de zwezerik eronder. Giet de saus over het vlees.

Frankrijk

Stevige runderhaasjes met

Voorbereidingstijd: 30 minuten
Kooktijd: 10 minuten
Moeilijkheidsgraad: ★★

Voor 4 personen

4	rundermedaillons van de haas van 170 g, vierkant gesneden
4	plakken merg, 3 cm dik, 6 cm doorsnede
4	mergpijpen zonder bot
50 g	boter
50 ml	olie
	piment

Voor de saus:

750 ml	rode wijn
1	wortel
1	ui
4	sjalotten
50 g	bloem
80 g	boter
1	laurierblaadje
1	takje tijm
	peper

Voor de aardappelkoekjes:

200 g	aardappels
100 g	geklaarde boter
	zout

Voor de aardappelpuree:

200 g	aardappels
70 ml	room
50 g	boter
30 ml	melk
10 g	truffel
50 g	boter voor de saus
	peper en zout naar smaak

Er is waarschijnlijk bijna niemand die weerstand kan bieden aan een stuk vlees van het Charolais-rund, dat geldt als een van de allerbeste rundersoorten. Onze chef-kok, die uit de Ardèche komt, vormt geen uitzondering op deze regel, en heeft ook een toepasselijk recept bedacht, waarin ook nog rundermerg voorkomt.

Het Charolais-rund is bekend om zijn grote omvang. Zijn haas kan wel 4 kg wegen, zodat hier mooie, dikke, vierkante medaillons uit kunnen worden gesneden. In plaats van de haas kunt u ook biefstuk of entrecôte nemen. In ieder geval moeten de stukken vlees dik genoeg zijn om ze goed te kunnen opbinden als vet en zenen zijn verwijderd. Droog ze eerst af met een doek, bestrooi ze met zout en peper en bak ze in een pan, eerst op hoog vuur dan op lager vuur. Het vlees moet gelijkmatig aan alle kanten worden gebakken, en steeds met het eigen braadvet worden begoten.

Piment wordt gemaakt van gedroogde, roodbruine bessen uit Jamaïca. De smaak ervan geeft een heel speciaal accent aan het gerecht. Gebruik voor de saus een wijn die rijk aan tannine is, bijvoorbeeld een Mendeuse uit de Savoye. Er moet voor gewaakt worden dat in dit feest der smaken de zachte smaak van het rundermerg ten onder gaat. De kunst is dus om in dit recept de afwisselende smaken tot hun recht te laten komen.

1. Zet de gesnipperde ui en sjalot en de fijngehakte wortel aan in boter. Voeg tijm, laurier en peper toe, doe de bloem erbij, laat 2 minuten koken en giet de rode wijn erbij. Laat verder koken en reduceer tot 200 ml.

2. Schil alle aardappels en spoel ze schoon. Maak van 200 g aardappels en de aangegeven ingrediënten puree, en voeg tenslotte de klein gesneden truffel toe. Snijd de andere aardappels rauw in gelijkvormige plakjes.

Michel Rochedy

piment en merg

3. Schik de plakjes in rozetvorm in een pan met anti-aanbaklaag en kook ze in de geklaarde boter. Kruid de rundermedaillons met zout en piment en bak ze in boter en olie.

4. Pocheer in een braadpan met kokend water de mergpijpen, en bak de plakken merg in wat boter. Leg de medaillons op de mergpijpen en schik het overige garnituur er omheen. Giet tenslotte de saus erover. Versier met tijmbloemen en laurierblaadjes.

Gebraden eendenborst

Voorbereidingstijd: 30 minuten
Kooktijd: 1 uur 30 minuten
Moeilijkheidsgraad: ★★

Voor 4 personen

4	eendenborsten van 250 g
2 g	kerriepoeder
2 g	4-kruidenmengsel
2 g	steranijspoeder
50 g	honing
50 g	boter
4 tl	sherry-azijn
200 ml	eendenfond of donker kalfsfond
	peper en zout naar smaak

Voor de gekonfijte vijgen:

4	vijgen
20 g	boter
20 g	honing
	peper en zout naar smaak

Voor de gratin Savoyard:

400 g	aardappels
50 g	eekhoorntjesbrood
50 g	cantharellen
2	tenen knoflook
200 ml	melk
200 ml	room
20 ml	arachide-olie
50 g	boter
50 g	beaufort-kaas

Voor de versiering:
salie
bieslook
grof zout

Toen Michel Rochedy in 1963 in de Savoye kwam, trof hij veel overeenkomsten aan met zijn geboortestreek de Ardèche. In beide bergachtige gebieden is de aarde erg droog, maar hebben er zich ondanks de onvruchtbare bodem culinaire ontwikkelingen voorgedaan die overeenkomsten vertonen.

De kwaliteit van de aardappels is van het hoogste belang voor dit recept. Neem het liefst een Belle de Fontenay, hoewel die in deze streek vrij zeldzaam is, omdat hij nauwelijks is aangeplant. Deze aardappel is erg geliefd vanwege zijn licht zoete smaak als hij gebakken wordt, en ook wanneer hij op andere manieren wordt bereid, en zelfs wanneer er puree van wordt gemaakt. Maar u kunt natuurlijk ook een andere aardappelsoort nemen, zoals de Roseval of de Ratte de Savoie. Ze dienen wel goed samen te gaan met de diverse paddestoelen. Michel Rochedy vindt dat de tere, malse canthareel iets 'vrouwelijks' heeft, terwijl het eekhoorntjesbrood een 'mannelijk-stevigs' toevoegt aan het gerecht. Als u alleen oesterzwammen of champignons kunt krijgen, bereidt u deze op dezelfde manier. Bak ze even in hete arachide-olie, laat ze uitlekken en dep ze droog.

De aardappelgratin krijgt door de beaufort-kaas zijn typisch Savooise karakter. Het is een kaas die bijna zonder gaten is, en de beste soort heeft het garantiezegel 'Haute Montagne'.

Tot slot de raad om magere eendenborsten uit te zoeken. De oosterse kruiden worden traditioneel in de Savoye veelvuldig gebruikt.

1. Schil de aardappels voor de gratin, spoel ze schoon en snijd ze in plakken. Maak de paddestoelen schoon en bak ze in arachide-olie. Verhit de melk met de room en de uitgeperste knoflook. Voeg de aardappelschijfjes toe en laat 30 minuten koken. Doe in een ovenschaal met de beaufort en de paddestoelen. Zet 30 minuten in een oven van 160 °C. Gratineer daarna met bovenop geraspte beaufort.

2. Halveer de vijgen, bak ze in boter, voeg peper en zout naar smaak toe. Voeg als de vijgen mooi gekleurd zijn de honing toe en laat even konfijten.

met gekonfijte vijgen

3. Laat de 50 g honing op hoog vuur karamelliseren in een braadpan. Blus met de sherry-azijn. Voeg kerrie, steranijs en 4-kruidenmengsel toe. Laat 1 minuut koken en voeg dan de fond toe. Kook in en proef op peper en zout. Monteer met de boter.

4. Braad de eendenborsten in een braadpan zonder boter, 10 minuten met de kant van het vel naar beneden, 5 minuten aan de andere kant. Snijd een eendenborst in tweeën en schik op het bord met de gratin. Leg op het stuk gratin een vijg. Giet er wat saus naast. Versier met blaadjes salie en bieslook. Strooi grof zout over het vlees.

Kalfskop en pens

Voorbereidingstijd:	½ uur	
Kooktijd:	2 uur	
Moeilijkheidsgraad:	★★	

Voor 4 personen

½	kalfskop
1	ui
1	kruidnagel
1	wortel
1	prei
1	stengel selderij
100 ml	witte wijnazijn
200 ml	witte wijn
3	takjes peterselie
1	takje tijm
1	laurierblaadje
	peper en zout naar smaak

Voor de tortellini uit de Savoye:

80 g	pastadeeg voor ravioli
80 g	gekookte pens
¼ bosje	wilde selderij of
1 el	fijngehakte bladselderij
¼ bosje	hysop
40 g	beaufort-kaas
	peper en zout naar smaak

Voor het garnituur en de saus:

2	wortels
1	prei
2	sjalotten
1	ei
40 g	kappertjes
100 g	boter
20 ml	sherry-azijn
40 ml	truffelnat
8 g	truffel
	peper en zout naar smaak

Voor de versiering:

½ bosje	bieslook
¼ bosje	kervel
12	kervelstengels

Michel Rochedy heeft zijn aanleg voor koken van zijn moeder geërfd, en bij haar heeft hij ook de beste cordon bleu van zijn leven gegeten. Hier bereidt hij een kalfskop zoals hij die eens bij Monsieur Pic in Valence heeft gegeten. Deze kalfskop heeft een licht zure smaak, die ontstaat door het langdurige koken op de manier van vroeger. Volgens onze chef-kok vindt men de beste kalveren in zijn geboortestreek de Ardèche. Het betreft hier melkkalveren, die door hun moeder zijn grootgebracht en alleen met melk zijn gevoerd. De kop is sappig en vol van smaak, en u kunt met een grote naald controleren of het vlees gaar is. U hoeft de pens niet zelf te blancheren en te koken. Overtuig u er wel van dat u bij aankoop zowel stevige als gelatine-achtige delen krijgt, die een fraai contrast vormen. Het Savooise karakter wordt door de krachtige beaufort-kaas aangebracht.

Men zegt dat tortellini zijn ontstaan uit de heftige liefde van een pastafabrikant voor een van zijn personeelsleden. Toen hij het jonge meisje eens door een sleutelgat begluurde, kreeg hij alleen haar navel te zien, wat hij zo opwindend vond, dat hij er een pastavorm van maakte. Dit traditionele maar originele gerecht wordt verder op smaak gebracht door twee kruiden uit de bergen, wilde selderij en hysop. Deze kunt u eventueel vervangen door selderijblaadjes en gladde peterselie.

1. Maak een bergje van het pastameel, vorm er een kuiltje in en breek hierin de eieren. Kneed net zo lang tot eieren en meel geheel met elkaar zijn vermengd. Het deeg moet zacht, maar niet kleverig zijn. Verpak het in folie en laat het 1 uur rusten.

2. Zet de kalfskop een nacht tee weken in water en snijd hem daarna in stukjes van 4 cm. Blancheer deze, laat ze schrikken. Doe ze met de groenten, kruiden en andere ingrediënten in een pan en laat 2 uur op laag vuur koken. Leg een theedoek over de pan zodat het vlees niet donker kleurt.

uit de Savoye

3. Schil de wortels en de prei voor het garnituur. Snijd ze in reepjes. Snipper de sjalot, kook het ei hard. Hak eiwit en eigeel apart fijn. Snijd van de truffel 4 mooie plakjes af, en hak de rest fijn. Rol het deeg uit, snijd er rondjes uit en maak de tortellini gevuld met gekookte pens, beaufort, fijngehakte selderij en hysop waaraan peper en zout naar smaak is toegevoegd. Pocheer de tortellini in water met wat zout.

4. Verhit het kookwater van de kalfskop met het truffelnat en de sherry-azijn en roer er vlokjes boter door tot de saus gebonden is. Schik stukjes kalfskop en tortellini op de borden, giet de saus erover en bestrooi met de reepjes prei en wortel, gehakte truffel, eiwit en eigeel. Versier met plakjes truffel, bieslook en kervel.

Konijnenrug

Voorbereidingstijd: 15 minuten
Kooktijd: 20 minuten
Moeilijkheidsgraad: ★

Voor 4 personen

4	hele konijnenruggen van jong konijn, met de nieren
500 g	rabarber
20 g	voorjaarsuitjes
150 g	boter
100 ml	konijnenfond
	sherry-azijn
	olijfolie
	poedersuiker
	peper en zout naar smaak

Tamme konijnen leveren tegenwoordig mals vlees dat vol van smaak is, vooral als u de rug van een jong konijn neemt. Het konijn moet zo'n 1½ kg wegen, want een tè jong konijn heeft misschien te weinig smaak, ook al is zijn vlees wit en stevig.

Joël Roy heeft er een gewoonte van gemaakt alleen maar verse ingrediënten voor zijn recepten te gebruiken. Vandaar bijvoorbeeld de voorjaarsuitjes, die in Zuid-Frankrijk rauw worden gegeten.

De rabarbercompôte brengt liefhebbers van zoet misschien in verwarring. Het is juist dat deze plant met zijn decoratieve bladeren meestal voor zoete spijzen wordt gebruikt, maar ook in de geneeskunde werd hij al toegepast vanwege zijn adstringerende, opwekkende en ook laxerende werking. Bovendien is Joël Roy van mening dat rabarber uitstekend past bij witvis (snoek, tarbot) past. De stengels moeten stevig en knapperig zijn en niet te vezelig. Dan krijgt u een mooie gladde compote met een geraffineerde smaak.

Het verdient aanbeveling om dit gerecht in het voorjaar te maken, als de rabarber nog jong is. U kunt hem trouwens in grote stukken gesneden in de vriezer bewaren.

1. Ontbeen de konijnenruggen en zet de 4 filets, 2 grote en 2 kleine weg. Bewaar de nieren. Maak van de botten een fond.

2. Schil de rabarber en snijd hem in stukjes. Pel de uitjes en kook ze 5 minuten in een mengsel van boter, zout en wat water.

met rabarber

3. Stoof de rabarber met een flink stuk boter, wat poedersuiker en zout in een pan, tot hij zacht is. Pureer met een vork.

4. Bestrooi de konijnenfilets met peper en zout, en bak ze 5 minuten in olie en boter. Doe de niertjes erbij. Roer boter door de konijnenfond en voeg wat sherry-azijn toe aan de saus. Schik alles op de borden en giet er wat saus bij.

Frankrijk

Jonge patrijs 'en escabèche'

Voorbereidingstijd: 30 minuten
Kooktijd: 50 minuten
Moeilijkheidsgraad: ★★★

Voor 4 personen

4	jonge patrijzen
300 g	knolletjes uit de Cerdagne
8	sjalotten
1	varkensdarmnet
25 g	boter
100 ml	olijfolie
	peterselie

Voor de boter met orgaanvlees:

	orgaanvlees van patrijs (hart en lever)
1	sjalot, fijngehakt
	boter
	kerrie
	peper en zout naar smaak

Voor de 'escabèche'-marinade:

250 ml	witte wijn
1 l	olijfolie
500 ml	sherry-azijn
250 ml	water
10 g	zout
5 g	peperkorrels

Voor de saus:

	karkassen van patrijs, fijngehakt
75 g	prei
25 g	peterselie
1	ui
100 g	knolletjes uit de Cerdagne
1 l	water of gevogeltefond
250 ml	witte wijn
	olijfolie
	peper en zout naar smaak

Zodra het jachtseizoen is begonnen, is de patrijs, en met name de rode patrijs, een begeerde lekkernij voor de Spanjaarden. Tot 11 november mag hier op jonge patrijzen worden gejaagd, daarna gelden ze als gewone patrijzen. Men onderscheidt de grijze patrijs van het Noorden, en de rode patrijs in het Zuiden van Spanje.

In weerwil van zijn Catalaanse afkomst heeft onze chef-kok een voorkeur voor het Schotse korhoen, dat een uitgesproken wildsmaak heeft. Dit recept is geïnspireerd op een zeer oude bereidingswijze, waarbij van een 'escabèche'-marinade gebruik wordt gemaakt. Het patrijzenvlees krijgt ook een bijzondere smaak door een nieuw element, de knolletjes uit de Cerdagne.

Deze wintergroente kenmerkt zich door stevig vruchtvlees en moet worden gekocht als hij hard, vers en zonder vlekken is. De Cerdagne is een zeer landelijke, nog weinig bekende streek aan de Frans-Spaanse grens, omgeven door bergen. Er wordt een rijk scala aan groenten en vlees voortgebracht.

Santi Santamaria is eigenlijk geen vriend van het darmnet, en gebruikt het alleen is het allernoodzakelijkste geval. Het bevat zeer veel vet dat zich bij het vet van de andere ingrediënten voegt, waardoor het geheel te vet wordt. Overigens bevat alleen al de boter met orgaanvlees genoeg calorieën voor het hele gerecht. Maar vanwege zijn uitgesproken en heerlijke smaak zal niemand hier bezwaar tegen hebben.

1. Pluk de patrijzen, snijd de bouten los, ontbeen ze en houd de borststukken apart. Leg hart en lever een dag van tevoren in water. Laat ze uitlekken, maak ze goed schoon en bak ze met de gesnipperde sjalot gaar. Druk door een zeef, meng de boter erdoor. Breng op smaak met kerrie, zout en peper.

2. Laat de patrijzenbouten 40 minuten koken met de ingrediënten van de marinade, de 8 ongepelde sjalotten en de 300 g rapen. Laat goed uitlekken. Bewaar de marinade. Stoof de rapen verder gaar en houd ze warm. Hak voor de saus de karkassen fijn en bak ze in olijfolie met ui, peterselie, prei en rapen. Blus met water of gevogeltefond, voeg peper en zout naar smaak toe en laat op zeer laag vuur trekken.

met knolletjes uit de Cerdagne

3. Bestrooi de binnenkant van de borststukken met peper en zout, bestrijk met de orgaanvlees-boter, maar bewaar wat van de boter voor de saus. Haal de saus door een zeef, kook in tot de helft en bind met de rest van de orgaanvlees-boter. Haal dan weer door een zeef.

4. Klap de borststukken dicht en wikkel ze in het darmnet. Bestrijk met boter en zet 7 minuten in een oven van 190 °C. Bestrooi de gemarineerde bouten met peper en zout en bak ze goudgeel. Verwijder het darmnet en schik de stukken patrijs in het midden van de borden. Leg de sjalotten uit de marinade en de gebakken knolletjes erbij. Giet de saus erover en versier met peterselie.

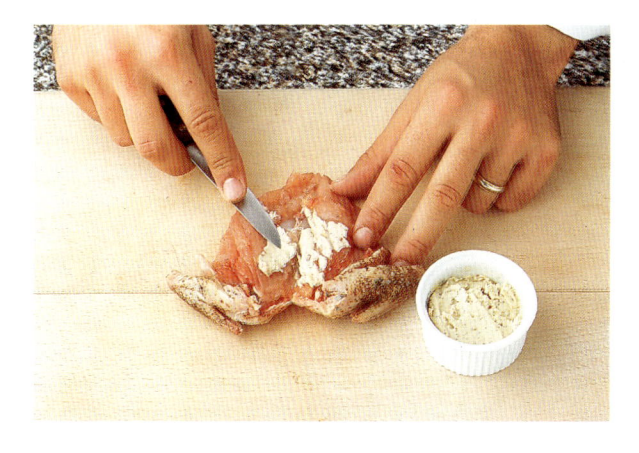

Worstje van varkensvlees, kalfs-

Voorbereidingstijd: 1 uur
Kooktijd: 2 uur
Moeilijkheidsgraad: ★★

Voor 4 personen

200 g	witte bonen (uit Ganxet)
1	groene kool
25 g	boter
	truffelnat
	olijfolie
	peper en zout naar smaak

Voor de worstjes:

1 kg	kalfszwezerik
750 g	pancetta (gerookt varkensbuikspek)
100 g	eendenlever
10 g	truffel
	darm

De varkensworst komt uit de traditionele Catalaanse keuken. Santi Santamaria brengt een verfijning aan door de klassieke bloedworst tevens te vullen met malse kalfszwezerik, heerlijke eendenlever en truffel.

Eigenlijk dient u voor dit gerecht de kleine, witte bonen uit Ganxet te gebruiken, die een volle smaak hebben. Laat ze net als alle andere peulvruchten een dag van tevoren weken in water. Mochten er na het eten nog bonen over zijn, dan kunt u daarvan een mooie gebonden soep bereiden.

De kalfszwezerik moet uiterst vers en helder van kleur zijn. Er mogen geen restjes bloed of zenen in voorkomen. Kook hem niet te lang, zodat hij sappig en vol van smaak blijft. De worstjes dient u tijdens het pocheren in te prikken, zodat ze hitte zich gelijkmatig kan verdelen.

Zoals u ziet worden in dit recept heel eenvoudige ingrediënten als varkensspek, kool en bonen gecombineerd met edeler ingrediënten als kalfszwezerik en eendenlever. Een goede gelegenheid voor u om uw kookkunst op de proef te stellen, door van deze combinatie een succes proberen te maken. Door te variëren kunt u uw werk ook wat versimpelen. Vervang bijvoorbeeld de truffel door kruiden naar eigen keuze. Truffels zijn soms moeilijk te vinden en ook bijzonder duur.

1. Blancheer de kalfszwezerik, laat hem schrikken, en maak hem schoon. Snijd hem in stukken, doe hetzelfde met het spek. Snijd de eendelever klein en hak de truffels fijn. Meng de farce goed.

2. Kook de van tevoren geweekte bonen 2 uur op laag vuur in ruim water. Het water mag niet van de kook raken. Giet niet af. Maak van de farce met behulp van een worstmolen worstjes van 15 cm lang. Zet koel weg.

zwezerik en truffel met witte bonen

3. Spoel de losse koolbladeren schoon, blancheer ze, laat ze schrikken en snijd ze in reepjes. Stoof ze in een pan met olijfolie.

4. Pocheer de worstjes 8 à 10 minuten in een deel van het kookwater van de bonen. Kook de rest van het kookwater in met het truffelnat, haal door een zeef en monteer met de boter. Leg een worstje in een diep bord, schik de kool en de bonen ernaast en giet de saus erover.

Eend met

Voorbereidingstijd: 20 minuten
Kooktijd: 10 minuten
Moeilijkheidsgraad: ★

Voor 4 personen

2	eendenborsten
400 g	pompoen
150 g	boter
	sap van ½ citroen
½ glas	cognac
½ glas	rode wijn
1 tl	balsamico-azijn
3 tl	groentenbouillon
	sjalot
	rozemarijn
	peper en zout naar smaak

Balsamico-azijn komt oorspronkelijk uit Modena, in de Italiaanse regio Emilia. Het is een essentieel onderdeel van dit recept. De echte balsamico-azijn is bijzonder duur, omdat hij meerdere jaren moet rijpen. Most van witte druiven die speciaal daarvoor worden geselecteerd, moet eerst op natuurlijke wijze fermenteren voordat hij lange tijd wordt opgeslagen in kleine vaten, die uit diverse houtsoorten zijn gemaakt.

Als de azijn voor de verkoop gereed is, heeft hij een bruine kleur, een intensieve geur en een evenwichtige zoet-zure smaak. In Modena en omgeving wordt ieder jaar een 'Palio degli aceti' georganiseerd, een wedstrijd waarin de beste azijn-soorten worden getest en de beste balsamico-azijnproducent wordt verkozen.

Neem voor dit recept een jonge wijfjeseend of een wilde eend. Deze hebben het meest malse vlees. De eendenborsten worden 10 minuten gebraden in een pan, zodat ze sappig en mooi roze van binnen blijven.

Het bereiden van de saus is niet zo makkelijk. De verschillende stappen (toevoegen van cognac en wijn, van de balsamico-azijn, en het inkoken) moeten zorgvuldig en met veel aandacht worden uitgevoerd. Neem ook voldoende tijd voor de voorbereiding.

U kunt ook andere gevogeltesoorten op deze manier bereiden, zoals vogels met rood vlees (vooral duiven), of met wit vlees (kwartels of parelhoenders). De smaak zal natuurlijk steeds wel iets verschillen.

1. Verhit in een stoofpan de gehele sjalot met boter en bouillon. Snijd de pompoen in plakjes en bak deze in dit mengsel.

2. Snijd het vet van de eendenborsten op regelmatige afstanden horizontaal en verticaal in. Verhit in een pan boter met wat rozemarijn. Braad de eendenborsten aan allen kanten aan en laat ze roze van binnen.

Nadia Santini

balsamico-azijn

3. Blus met cognac (niet flamberen). Voeg citroensap, rode wijn, nog wat rozemarijn, zout en peper toe en kook in.

4. Voeg de balsamico-azijn toe en kook tot ¾ in. Neem het vlees uit de pan. Haal de saus door een zeef en proef op peper en zout. Dien op met de schijfjes pompoen. Giet de saus erbij.

Italië 231

Varkenspootjes

Voorbereidingstijd: 30 minuten
Kooktijd: 2 uur
Moeilijkheidsgraad: *

Voor 4 personen

8	varkenspootjes
1	wortel
2	uien
1	stengel selderij
1	kleine groene kool
2	tenen knoflook
50 g	boter
100 ml	droge witte wijn
1 el	gezeefde tomaten
1 l	vlees- of groentenbouillon
50 ml	olijfolie, koudgeperst
	nootmuskaat
	kaneel
	kruidnagels
	peper en zout naar smaak

Voor het prepareren van de varkenspootjes:

1	wortel
1	ui
1	stengel selderij
	peterselie
	peper en zout naar smaak

Dit boerengerecht werd vroeger met polenta opgediend aan de landarbeiders, na een lange dag werken op het veld. Ook in grote gezinnen was het populair en omdat varkensvlees zeer voedzaam is, speelde het een belangrijke rol in het leven op het platteland.

Ook tegenwoordig wordt varkensvlees, ondanks de moeilijkheden in de bio-industrie, nog veel gegeten. Er zijn talloze traditionele en moderne recepten.

Nadia Santini raadt aan om varkenspootjes van gemiddelde grootte te nemen, omdat die de meeste smaak hebben. Eerst worden ze in koud water afgespoeld, dan gekookt met selderij en ui. Men laat ze vervolgens schrikken onder koud water zodat het vlees stevig wordt. Tot slot wordt het vlees zorgvuldig losgehaald van de botten.

Het garnituur van groene kool en selderij wordt middels een saus met elkaar gecombineerd. De kool moet niet te groot zijn. Eerst wordt hij afgespoeld in water met azijn en dan blad voor blad onder stromend water schoongemaakt. De bedoeling is om alle kwaliteiten van dit 'geneesmiddel van de armen' tot zijn recht te laten komen.

Nadia Santini wijst er nog op dat u voor dit recept ook kalfspootjes of ossenstaart kunt gebruiken, het gerecht bevat dan alleen wat meer gelatine. Zij beveelt een garnituur van polenta of verse pasta aan (penne of rigatoni).

1. Doe de goed schoongemaakte varkenspootjes in een grote pan met wortel, ui, selderij, peterselie, peper en zout. Voeg zoveel water toe dat de pootjes onderstaan. Laat 1 uur op laag vuur trekken.

2. Snijd wortel, uien en selderij klein en laat kleuren in een grote stoofpan ('casserole', 'cassoëula') met boter en olie.

in de 'cassoëula'

3. Voeg knoflook, witte wijn, groene koolbladeren en gezeefde tomaten toe, en breng aan de kook.

4. Leg het ontbeende varkensvlees op de koolbladeren, voeg bouillon, olijfolie en kruiden toe, en laat koken tot alles gaar is. Schik op de borden met wat stoofvocht.

Eend

Voorbereidingstijd: 45 minuten
Kooktijd: 1½ uur
Moeilijkheidsgraad: ★★

Voor 4 personen

2	eenden
300 g	rijst

Voor de knoflookboter:

100 g	boter
4	tenen knoflook

Voor de marinade:

1	ui
1	sinaasappel
1	citroen
500 ml	witte wijn
1 bosje	peterselie
6	zwarte peperkorrels
	zout

Voor de bereiding van de eend:

1	prei
1	stengel selderij
1	chorizo (Spaanse worst)
100 g	buikspek
5	zwarte peperkorrels
	zout

Dit traditionele, zeer populaire gerecht is typerend voor de keuken van Portugal. De verschillende soorten eenden hebben altijd de fantasie van Portugese koks geprikkeld, zodat er honderden recepten voor eend zijn ontstaan.

Maria Santos Gomes wil niet dat het eendenvlees droog wordt, en heeft daarom besloten dat de eend na de helft van de kooktijd wordt ontbeend en dan tussen lagen rijst wordt gelegd. U zult zeer tevreden zijn over het resultaat, want door deze manier van bereiding vermengen de verschillende ingrediënten zich beter. De eend is daardoor ook nog minder vet, heeft meer smaak en wordt voorzichtig gegaard. Kies in verband met de fijne eendensmaak een niet opdringerige garnituur: chorizo en buikspek die niet te vet mogen zijn en niet te scherp van smaak. Dat laatste geldt speciaal voor de chorizo, waarvan zeer pikante soorten bestaan. De rooksmaak, die overigens door hitte van de oven wordt versterkt, geeft nog een aparte smaaknuance aan het gerecht.

Neemt u liefst langkorrelige rijst voor dit recept, die precies 'al dente' moet worden gekookt. Neem witte, en geen wilde bruine langkorrelige rijst, die de laatste tijd zo populair is. Bereid de rijst naar believe als een pilaf of als Creoolse rijst, maar laat hem in ieder geval beetgaar.

1. Schroei de eenden af, verwijder de ingewanden en bind ze op. Marineer ze ca. 3 uur in witte wijn en water, met schijfjes citroen en sinaasappel en de andere ingrediënten. Doe ze in een grote pan met chorizo, buikspek, prei, selderij, peperkorrels en zout. Bedek met water en laat 1½ trekken op laag vuur.

2. Pureer de knoflooktenen met de boter en bestrijk de eenden met dit mengsel. Braad ze in de oven in 30 minuten goudgeel. Kook intussen de rijst beetgaar in het kooknat van de eenden.

met rijst

3. Haal de halfgare eenden uit de oven, laat ze afkoelen en ontbeen ze. Snijd het borstvlees in dunne repen.

4. Leg in en vuurvaste schaal een laag rijst, daarop een laagje eendenvlees, dan weer rijst, enzovoorts, tot alles op is. Leg tot slot plakken chorizo en plakken buikspek er bovenop. Zet nog 10 minuten in de oven en dien heet op.

Samenspel van kip en

Voorbereidingstijd: 30 minuten
Kooktijd: 30 minuten
Moeilijkheidsgraad: ★★

Voor 4 personen

2	kippenborsten
16	rivierkreeftjes
150 g	pistachenoten (uit Aegina)
100 g	rijst
1	ei
200 ml	crème fraîche
1	ui
100 g	boter
100 ml	ouzo
100 ml	witte wijn
1	bouquet garni
	peper en zout naar smaak

Het eiland Aegina, dat tegenover de haven van Athene ligt, was van de 8ste tot de 5de v. Chr. een belangrijk handelscentrum, en is nog steeds beroemd om zijn pistachenoten. Veel Griekse zoete spijzen, koeken, vullingen en soepen worden gegarneerd met pistachenoten. Ze zijn zeer voedzaam, maar kwetsbaar als ze verhit worden, en moeten dus voorzichtig worden behandeld. Ze maken dit gerecht knapperig en kleurig en voegen een delicate smaak toe.

In ons recept kunt u de pistachenoten bij de kreeftenfond doen. Maar let erop dat het fond niet meer kookt. Voeg de noten daarom pas op het laatst toe en laat nog even trekken voordat u het fond door een zeef giet. Overigens bestrooit men de gerechten gewoontegetrouw met fijngehakte pistachenoten, of het nu vis, zoals bijvoorbeeld tandbaars, of vlees betreft.

Neem voor dit recept een kip met mals vlees en braad dat niet te lang, anders kan het taai worden. Bereid de vulling een dag van tevoren, zodat u alle rust heeft voor het recept zelf. Zet de gevulde kippenborsten koel weg en braad ze pas kort vóór het opdienen.

De typisch Griekse ouzo-saus wordt vanwege zijn verfrissende werking zeer gewaardeerd. In plaats van ouzo kunt u ook anijszaadjes gebruiken om de saus mee op smaak te brengen. In plaats van kip kunt u ook konijn nemen, en als het echt niet anders kan kunt u de pistachenoten vervangen door amandelen.

1. Snijd de kippenborsten open, druk ze voorzichtig plat, bewaar de afsnijdsels voor de vulling. Bestrooi met peper en zout. Marineer 10 minuten in ouzo. Hak de pistachenoten fijn. Zet een deel ervan apart.

2. Pureer de afsnijdsels met ei, 100 ml crème fraîche en zout en peper. Verdeel de puree over de kippenborsten. Maak de rivierkreeftjes schoon. Bereid een fumet van de koppen, de karkassen, en de gesnipperde ui.

Nikolaos Sarantos

rivierkreeft met pistachesaus

3. Leg op iedere kippenborst 2 kreeftenstaarten en bestrooi met fijngehakte pistachenoten. Wikkel in huishoudfolie en pocheer 15 à 20 minuten. Kook ondertussen de rijst met het klein gesneden bouquet garni en houd warm.

4. Doe de rest van de pistachenoten bij de fumet. Kook in, voeg de rest van de crème fraîche toe en kook nogmaals in. Giet de ouzo van de marinade erbij en haal door een zeef. Bak de overige kreeftenstaarten in boter en blus met de witte wijn. Schik plakken gevulde kippenborst op de borden en giet er de saus overheen. Serveer er een torentje rijst naast.

Griekenland

Varkenshaas met graviera

Voorbereidingstijd: 45 minuten
Kooktijd: 40 minuten
Moeilijkheidsgraad: ★★

Voor 4 personen

800 g	varkenshaas
200 g	graviera-kaas
100 g	walnoten
80 g	rozijnen
30	sjalotjes
8	aardappels
100 ml	muskaatwijn van Samos
50 ml	olijfolie
	peper en zout naar smaak

Voor de saus:

1 kg	varkensbotten
100 g	wortels
100 g	prei
100 g	bleekselderij
100 g	uien
1 tl	tomatenpuree
150 ml	rode wijn
200 ml	muskaatwijn van Samos
100 ml	olijfolie
1	bouquet garni
	kervelblaadjes
	kaneel
	peper en zout naar smaak

Het eiland Samos hoort tot de Sporaden, een groep eilanden dicht bij Klein-Azië. De muskaatwijn van Samos wordt al eeuwenlang in heel Europa graag gedronken. Hij komt ook in dit staaltje van Griekse kookkunst voor. Onze chef-kok combineert hem met varkenshaas.

Omdat de muskaatwijn pas kort voor het opdienen bij de saus gaat, kan het zoete van de wijn het zure van de andere ingrediënten in evenwicht brengen, met name dat van de stevige tomaten, waarvan de smaak goed bewaard blijft, ook al gaat de saus door een zeef. Laat wat vet aan de varkenshaas zitten. Als u het vlees braadt ontstaat er zo een klein korstje dat in de oven nog steviger wordt en voortreffelijk smaakt.

De combinatie van Samos-wijn en varkenshaas wordt versterkt door de graviera, een harde kaas met een fruitige smaak, die gewoonlijk wordt gegeten met olijven en rozijnen uit Smyrna of Corinthe. Hij wordt gemaakt uit een mengsel van schapen- en koemelk. Zijn structuur lijkt op die van Parmezaanse kaas en hij is gemakkelijk te herkennen aan zijn korst. Voor dit recept laat men hem smelten in wijn en wordt hij met gedroogde vruchten gemengd. Zo wordt hij een uitgelezen garnituur met een verrassende, nieuwe smaak. Pas echter op bij het braden van het vlees dat de kaas er niet uitloopt. Bind u daarom het vlees goed dicht.

1. Smelt de kaas in de muskaatwijn met een deel van de rozijnen en walnoten. Maak er een rol van, zet deze een nacht koud weg en snijd hem in plakjes. Snijd de varkenshaas in de lengte open, strooi er peper, zout over. Giet er wat muskaatwijn bij, strooi er wat fijngehakte walnoten en rozijnen overheen en leg er een plak graviera op.

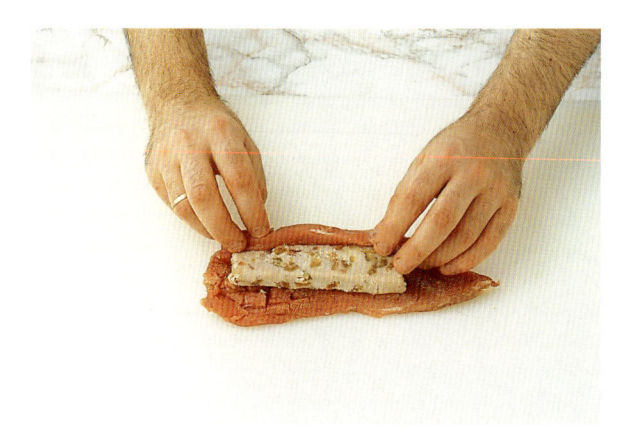

2. Bind het vlees goed dicht en bak het op hoog vuur in een pan met olijfolie aan alle kanten aan. Blus met muskaatwijn en zet nog 15 minuten in een oven van 200 °C. Bak voor de saus de botten met de kleingesneden groenten, de tomatenpuree, en het bouquet garni, blus met rode wijn, voeg wat water toe, en het bouquet garni, en kook in. Haal door een zeef, voeg de muskaatwijn toe en laat nog 5 à 6 minuten koken.

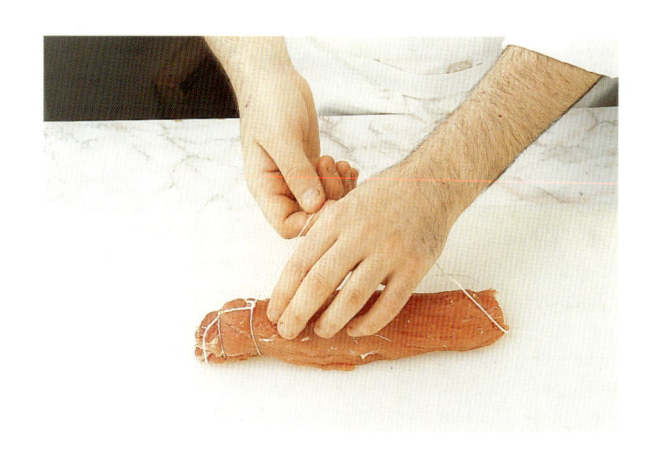

en muskaatwijnsaus

3. Fruit de sjalotjes in hun geheel in olie, voeg wat saus toe en wat kaneel, en laat 20 minuten inkoken op laag vuur. Kook de aardappels in water met wat zout. Bak ze tenslotte in olijfolie en voeg wat saus toe.

4. Snijd het vlees in plakken. Schik op een bord met de gestoofde sjalotjes en giet er wat saus bij. Versier met de kervelblaadjes.

Jonge geit met een kleurige

Voorbereidingstijd: 3 uur
Kooktijd: 1 uur 30 minuten
Moeilijkheidsgraad: ★★

Voor 4 personen

1	geitje (bouten, ribstuk, zadel)
120 g	lever, nieren, ½ hart
8	tenen knoflook
300 g	mirepoix van groenten
100 ml	olijfolie
375 ml	droge witte wijn
300 ml	gevogeltefond
	bonenkruid, rozemarijn
3	blaadjes salie, 1 laurierblaadje

Voor de polenta:

200 g	maïsmeel
300 ml	heldere gevogeltefond
10 ml	olijfolie
50 g	parmezaanse kaas
1	klein blaadje tijm
	laurier, nootmuskaat
	peper en zout naar smaak

Voor de gemengde bonen:

100 g	gedroogde witte bonen
50 g	borlotti-bonen, 200 g haricots verts
100 g	tuinbonen
2	tomaten, ½ prei, 1 wortel
2	stengels bleekselderij
2	sjalotten, 4 tenen knoflook
4	blaadjes salie, 2 laurierblaadjes
	bonenkruid, gladde peterselie
20 ml	olijfolie, peper en zout naar smaak

Voor de vulling:

40 g	vlees van jonge geit
20 g	vlees van mesthoentje
1/2	eiwit
	peper en zout naar smaak
30 ml	volle room
3	blaadjes basilicum
	knoflook, rozemarijn

Geitenvlees komt meestal van de bok, omdat vrouwtjesgeiten voor de melkproductie nodig zijn. Vlees van een jong geitje is even mals en smakelijk als dat van een lam. En het maakt niet uit welk deel men gebruikt. Ook al wordt hier de voorkeur gegeven aan de rug en de bouten, u kunt net zo goed schouder of hals nemen. Het orgaanvlees wordt op een takje rozemarijn gespiest en wordt zeer mals en knapperig.

U dient de delicate smaak en de buitengewone malsheid van het vlees niet te verliezen bij de bereiding. Daarom beveelt onze chef-kok aan om het vlees langzaam te laten garen zodat het geen geweld aangedaan wordt, hetgeen het beste gaat met diverse soorten groenten, die de smaak nog verder verfijnen. Het mengsel van groenten- en kookvocht dat daarbij ontstaat kunt u aan het eind van de kooktijd op smaak brengen met een voorzichtige dosis witte wijn, zodat de saus een zuurtje in de smaak krijgt.

Polenta wordt gemaakt uit maïsmeel, dat eerst wordt gestoomd. Het bonenmengsel wordt 24 uur geweekt in koud water en kan dan worden gekookt zonder dat de bonen hun vorm verliezen. Zo ziet de schotel er ook veel aantrekkelijker uit. Om dit bouquet van smaken samen te binden voegt u wat olijfolie toe, en u zult tenslotte juichend enthousiast over het geitengebraad zijn.

1. Ontbeen de bouten en de rug. Leg in het ribstuk de ribben bloot. Bestrooi met peper en zout. Maak een farce van de aangegeven ingrediënten en de fijngehakte kruiden. Haal door een zeef. Kook de bonen apart gaar.

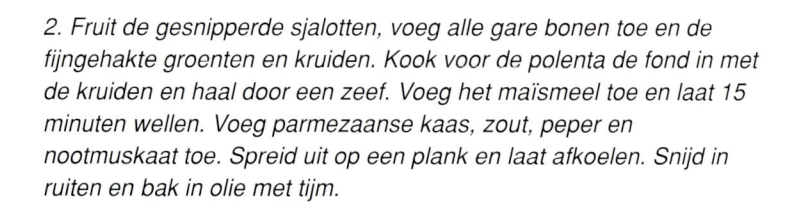

2. Fruit de gesnipperde sjalotten, voeg alle gare bonen toe en de fijngehakte groenten en kruiden. Kook voor de polenta de fond in met de kruiden en haal door een zeef. Voeg het maïsmeel toe en laat 15 minuten wellen. Voeg parmezaanse kaas, zout, peper en nootmuskaat toe. Spreid uit op een plank en laat afkoelen. Snijd in ruiten en bak in olie met tijm.

bonenschotel en polenta

3. Bedek het ribstuk en de rug met basilicumblaadjes en bestrijk met de vulling. Rol op, bind vast en braad in de olijfolie. Voeg knoflook en mirepoix van groenten toe en laat met het deksel op de pan 40 minuten garen. Neem het vlees uit de pan, ontvet, blus met witte wijn en voeg de gevogeltefond toe. Kook in, haal door een zeef en voeg de olijfolie toe. Roer om en proef op peper en zout.

4. Snijd het orgaanvlees (lever, hart en nieren) in stukjes, bestrooi met peper en zout en bak op hoog vuur in olijfolie. Spiets op een takje rozemarijn en houd warm. Schik op de warme borden polenta, bonenschotel, rozemarijnspies en stukken vlees. Giet er de saus omheen.

Reerug met

Voorbereidingstijd:	3 uur
Kooktijd:	1 uur 30 minuten
Moeilijkheidsgraad:	★★★

Voor 4 personen

1 kg	reerug, 50 g boter
½	appel (goudrenet), 10 veenbessen

Voor de zwarte pepersaus:

	botten van de ree en wat reeënbloed
250 g	mirepoix van groenten
50 ml	gevogeltefond
500 ml	Crozes Hermitages (rode wijn)
20 g	boter, 50 ml olijfolie
	rozemarijn, tijm, zwarte peper, zout

Voor de witte pepersaus:

10 g	witte peper, geplet
50 ml	heldere gevogeltefond
	witte wijn, 20 ml Noilly-Prat
80 ml	crème fraîche
40 ml	volle room
1	laurierblaadje, 1 teen knoflook
2	uien, 20 g boter
1	takje tijm, zout

Voor de selderijpuree:

1	knolselderij, 4 stengels bleekselderij
100 ml	room, bieslook
50 g	boter, zout

Voor de aardappelknoedels:

400 g	aardappels
2	eidooiers, zout, nootmuskaat
40 g	zetmeel, 40 g paneermeel bieslook
50 g	boter, 2 g maïzena

Veel Duitsers richten rond het ree een hele cultus op, of ze nu zelf op jacht gaan of niet. Er bestaan dan ook talloze bereidingswijzen voor dit exquise vlees. Fritz Schilling is geen liefhebber van de jacht, maar hij is dol op de ree, die in het Zwarte Woud in groten getale voorkomt. Bij het uitzoeken van wild dient men zich van de herkomst te vergewissen. Want er is exportvlees in de handel dat onder twijfelachtige hygiënische omstandigheden is vervoerd. Probeer dus precies uit te vissen waar het reeënvlees vandaan komt.

Braad de reerug met de uiterste omzichtigheid, want dit mooie rode vlees mag slecht op kort op laag vuur worden gebakken - een teveel aan hitte en een te lange braadtijd kunnen het vlees veel kwaad doen. Omdat peper zeer goed past bij ree, heeft Fritz Schilling twee pepersauzen gecreëerd, een met zwarte en een met witte peper. De basis van de sauzen is voor beide verschillend: reeënbloed en rode wijn voor de zwarte saus, en witte wijn voor de witte saus, zal zeker de eetlust van uw gasten opwekken.

Bij het kiezen van het soort vlees zijn er verschillende mogelijkheden. In plaats van de rug kunt u ook het ribstuk nemen, of de schouder of de bouten. U kunt ook hert, wild zwijn of zelfs haas op deze manier bereiden.

1. Ontbeen de reerug. Snijd er medaillons van. Hak voor de zwarte saus de botten fijn, bak ze in olijfolie met de mirepoix van groenten, blus met wijn, kook in, voeg gevogeltefond en kruiden toe, breng aan de kook, zeven en binden met wat reeënbloed. Monteer met boter en proef op peper en zout. Fruit voor witte saus uien met witte peper, voeg witte wijn, gevogeltefond, Noilly-Prat en kruiden toe en breng aan de kook. Voeg crème fraîche en room toe, omroeren en zeven.

2. Maak voor de selderijpuree de selderijstengels schoon, snijd ze in stukken van 3 cm en blancheer in water met wat zout. Pureer de selderijknol. Vul de stukjes selderij met deze puree en bind steeds 2 stukjes samen met een bieslookstengel. Verhit kort vóór het opdienen in wat boter. Braad de reemedaillons 3 minuten aan in boter, op laag vuur.

twee pepersauzen

3. Kook voor de knoedels de aardappels in de schil, schil en druk ze door een zeef. Roer er eigeel, zetmeel en maïzena door, breng op smaak met nootmuskaat en zout, vorm er knoedels van en kook deze in water met wat zout. Giet af. Bak het paneermeel even in wat boter, haal de knoedels er door heen.

4. Pocheer de appel, versier stukjes appel met de veenbessen. Giet wat witte pepersaus op de borden, giet er wat zwarte pepersaus omheen, leg in het midden 2 reemedaillons en schik er een stukje versierde appel, een gevuld stukje selderij en 3 knoedels omheen.

Duitsland

Stoofpot van geglaceerd

Voorbereidingstijd: 30 minuten
Kooktijd: 1 uur 45 minuten
Moeilijkheidsgraad: ★★★

Voor 4 personen

500 g	klapstuk
1	kleine schenkel
250 g	varkensnek
500 g	varkensbuik (zonder bot)
½	varkenswang
75 g	acaciahoning
100 g	uien

250 g	aardappels
100 g	wortels
100 g	pareluitjes
350 ml	rode wijn
200 ml	sherry-azijn
500 ml	arachide-olie
300 ml	kalfsfond
5 g	oregano, gemalen tijm, bonenkruid, salie, gemalen koriander, geraspte nootmuskaat
½	bosje bieslook

Vroeger werd het slachten van varkens geassocieerd met feestvieren en feestmaaltijden. Vooral Kerstmis en Pasen boden de gelegenheid om ruimschoots te genieten van die stukken van het varken, die men niet goed kon bewaren, en die dan werden gegeten in de vorm van pasteitjes, bloedworst en andere soorten worst. Deze traditie is nog niet helemaal verdwenen, en slagers die de kunst verstaan om alles van het varken te gebruiken, worden in ere gehouden.

U krijgt hier het recept van een zeer voedzaam gerecht, dat speciaal geschikt is voor lange winteravonden, en waarin een aantal bederfelijke delen van het varken zijn verwerkt.

Of het vlees vers en van goede kwaliteit is kunt u zien aan de stevigheid. Een mooie roze kleur geeft aan dat het om een jong dier gaat. Een dier van gemiddelde grootte heeft wat meer vet. Houd u strikt vast aan de braadtijden van de verschillende delen en doet u ze één voor één in de stoofpan. Eerst de nek, dan 10 minuten later de andere stukken. Controleer of het vlees gaar is met een puntig voorwerp: er mag nog slechts een klein beetje weerstand te bespeuren zijn. Vergeet niet het vlees even te laten rusten voordat u het aansnijdt. Geef een passend garnituur bij dit landelijke gerecht, zoals gebakken aardappelen.

1. Verwijder wat vet van alle delen varkensvlees en bak het vlees flink aan in arachide-olie. Neem het vlees uit de pan, verwijder het vet en stoof de klein gesneden groenten in de pan met de kruiden.

2. Voeg de honing toe en laat 2 minuten koken. Blus met de sherry-azijn. Doe het vlees terug in de pan en voeg kalfsfond, rode wijn en wat water toe. Breng aan de kook en zet 1 uur en 45 minuten zonder deksel in een oven van 300 °C.

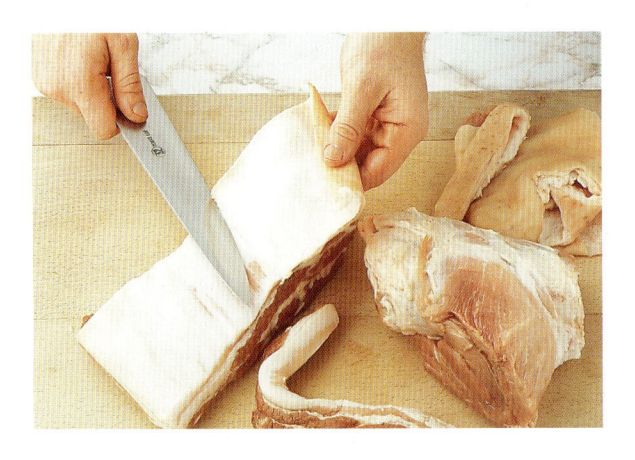

Jean & Jean-Yves Schillinger

varkensvlees

3. Neem de stukken vlees uit de pan en kook de fond in tot de gewenste dikte. Proef op peper en zout. Snijd het vlees als het afgekoeld is in plakken van gelijke grootte.

4. Laat de pareluitjes kleuren, snijd de aardappelen in schijfjes en bak ze. Schik alles op de borden en giet er wat saus over. Bestrooi met fijngeknipt bieslook.

Duivenborst in bladerdeeg

Voorbereidingstijd: 45 minuten
Kooktijd: 20 minuten
Moeilijkheidsgraad: ★★★

Voor 4 personen

2	jonge duiven
50 g	kippenborstvlees
50 g	eendenlever
160 g	paddestoelen
½	Chinese kool
50 g	boter
250 g	bladerdeeg
1	eidooier
	peper en zout naar smaak

Voor de poivrade-saus:

30 g	wortel, fijngesneden
80 g	uien, gesnipperd
30 g	prei, fijngesneden
20 g	aalbessengelei
1	laurierblad
1	takje tijm
500 ml	rode wijn
400 ml	donker kalfsfond
100 ml	azijn
8	peperkorrels, geplet
	olijfolie
	boter

Voor de bereiding van duiven kan men in een kookboek onder de rubriek 'gevogelte' of onder de rubriek 'wild' kijken. Het hangt ervan af of het om tamme of wilde duif gaat. Duif werd in de Middeleeuwen veel gegeten, en het is bekend dat hij tot de lievelingsgerechten van Lodewijk XIV hoorde. Het klassieke duivengerecht is 'duif met erwten' dat in de gastronomie een begrip is en waarop Jean Schilling varieert met een wat uitgebreidere receptuur. Hierbij worden de duivenbouten eerst ontbeend, en dan gevuld met een farce van kippenvlees.

Kies de duiven op grond van de grootte van de borstkas en hun gewicht - ze moeten tussen de 400 en 450 g per stuk wegen. Dan bent u er zeker van dat u een vlezig exemplaar heeft. Controleer de malsheid door er met een vinger licht op te drukken. Dezelfde criteria gelden ook voor andere leden van de familie, zoals de houtduif en de tortelduif.

Neem paddestoelen van het seizoen garnituur. U kunt kiezen tussen morieljes, eekhoorntjesbrood of champignons. Snijd ze in plakjes en stoof ze. Kool in zijn verschillende soorten is een van de oudste groenten van Europa en gaat goed samen met duif. Kool bevat veel kalium, calcium en ijzer en wordt hier als volgt bereid: eerst met wat uien aangezet in boter en dan langzaam gestoofd in boter met het deksel op de pan.

De poivrade-saus kan soms wat te kruidig uitvallen, hetgeen wordt rechtgezet door op het laatst wat aalbessengelei toe te voegen.

1. Pluk de duiven, schroei ze af en verwijder de ingewanden. Bewaar het orgaanvlees voor de spiezen. Braad de duiven 10 minuten in een op 210 °C voorverwarmde oven, laat even rusten. Ontbeen de bouten. Snijd ui, wortel en prei klein en zet apart.

2. Snijd de eendenlever en het kippenvlees klein. Meng goed en vul hiermee de duivenbouten en breng ze in de gewenste vorm. Snijd de Chinese kool in reepjes en de paddestoelen in plakjes. Bak ze samen in boter.

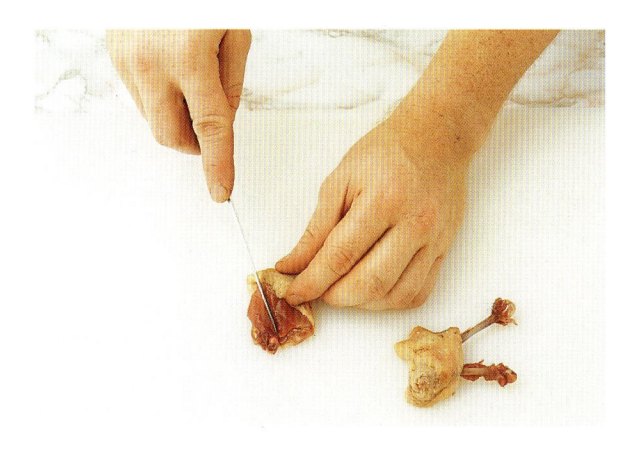

met poivrade-saus

3. Rol het bladerdeeg uit en steek er met ringvormen 4 x 3 cirkels van verschillende grootte uit. Leg op de middelgrote cirkel een gevulde duivenbout, vouw de grootste er overheen en maak er een fraai vorm van. Versier met de kleinste cirkel. Bestrijk alles met eigeel en zet 10 minuten in een oven van 180 °C.

4. Bak voor de saus de kleingesneden groenten met laurier en tijm in olijfolie. Voeg de rode wijn toe, en kalfsfond en azijn. Kook in tot $^2/_3$. Voeg 8 geplette peperkorrels toe en laat 10 minuten trekken. Haal door een zeef. Voeg tot slot wat aalbessengelei toe. Monteer met boter en proef op peper en zout. Bak het orgaanvlees in de boter en steek het op spiezen.

Kroon van speenvarken

Voorbereidingstijd: 1 uur
Kooktijd: 50 minuten
Moeilijkheidsgraad: ★★★

Voor 4 personen

2		ribstukken van speenvarken
500 g		geroosterd brood zonder korst
1		ui, verse rozemarijn,
1	bosje	peterselie
100 g		honing

Voor de groentenmirepoix:

1	wortel
1	ui
1	stengel bleekselderij

Voor de aardappelpuree:

500 g	aardappelen
2	appels, donker bier
100 g	boter

500 ml melk
1 teen knoflook
peper en zout naar smaak

Voor de saus:

500 g	speenvarkensbotten
100 g	groentenmirepoix
30 g	tomatenpuree
1 l	kalfsbraadvocht
1 l	gevogeltefond
200 ml	witte wijn, 50 g boter
	peper en zout naar smaak

Voor het garnituur:
dwergmaïs, asperges, wortels, knolletjes, kerstomaten, peultjes, haricots verts, broccoli, bloemkool, grote aardappelen

Het is bekend dat de Engelsen van een Kroon houden, ook al is hij gemaakt van lamsvlees, kalfsvlees of zelfs speenvarken. Onze chef-kok beveelt in dit geval een speenvarkentje van 8 à 10 kg aan. Een groter exemplaar zou te vet kunnen uitvallen. Gewoonlijk zijn de gasten al onder de indruk van de aanblik en de ceremonie van het aansnijden als een ober dat met het vereiste decorum uitvoert.

Voor de bereiding van de kroon dienen alle botten van het ribstuk zorgvuldig te worden schoongemaakt. Bij het braden in de oven zijn ze met aluminiumfolie afgedekt zodat ze niet donker kleuren. Het vlees wordt zonder vet in stukken gesneden, goed samengebonden en eventueel met honing bestreken, zodat het mooi knapperig wordt. Bij het vullen heeft u de vrije hand, maar met alleen geroosterd brood, kruiden en uien kunt u al wonderen verrichten. De aardappelpuree met donker bier verleent nog een licht zure nuance aan het geheel.

De kroon, die op zich al indrukwekkend is, is omgeven door veelkleurige groenten waarvan de diverse smaken goed harmoniëren. Schik ze pas op het laatst op de borden, zodat ze niet koud worden.

In Engeland is het de gewoonte om iedere vleessoort op te dienen met zijn eigen garnituur, zoals mintsaus bij lamsvlees of tomaten-knoflookpuree bij speenvarken. U kunt veel succes oogsten door u altijd aan zulke regels te houden.

1. Maak alle groenten voor de garnituur schoon en kook ze gaar in water met wat zout. Doe alles in een pan. Halveer 4 aardappels en snijd ze in plakjes. Blancheer ze en bak ze in boter. Maak de aardappelpuree met de aangegeven ingrediënten.

2. Leg de uiteinden van de ribben van de ribstukken bloot, zodat er geen vlees meer aanzit. Vorm er een 4 kronen van en bind vast. Bestrooi met zout en peper, bestrijk met honing en braad in een voorverwarmde hete oven aan.

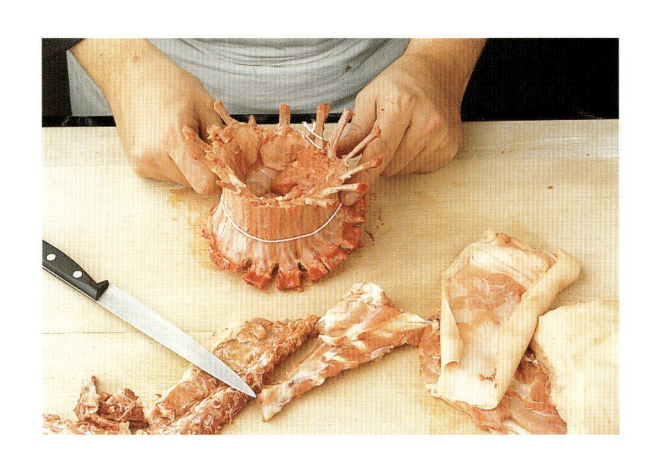

Rudolf Sodamin & Jonathan Wicks

met voorjaarsgroenten

3. Zet fijngehakte ui, rozemarijn en peterselie aan in boter. Voeg het geroosterde brood toe en bak zonder te laten kleuren. Bak voor de saus de botten in een stoofpan, giet het vet af en voeg mirepoix en tomatenpuree toe. Laat bakken maar niet kleuren. Giet de wijn erbij en kook in tot de helft. Voeg fond en braadvocht toe, laat 20 minuten koken.

4. Schep het schuim uit de pan, haal door een zeef en kook tot $^2/_3$ in. Breng op smaak met peper en zout en monteer met de boter. Zet de kronen in een vuurvaste schaal en vul ze tot aan de rand met de farce van geroosterd brood. Braad nog 20 à 30 minuten in een hete oven. Versier met een takje rozemarijn. Dien warm op met de voorjaarsgroenten. Geef de puree en de saus er apart bij.

Groot-Brittannië

Gebraden kwartel op met

Voorbereidingstijd: 1 uur
Kooktijd: 20 minuten
Moeilijkheidsgraad: ★★★

Voor 4 personen

4	kwartels
15 g	eendenlever
60 g	wilde rijst
12	witte druiven
20 g	truffel
2	sjalotten
½	witte kool
12	kleine witte rapen
1 l	kalfsfond
500 ml	room
370 ml	champagne
	witte wijn
	olijfolie
40 g	boter
	geroosterd brood
	verse tijm
	laurier
	peper en zout naar smaak

Voor de saus:

1	tomaat
4	champignons
3 l	gevogeltefond
300 g	mirepoix van groenten
	tijm
	laurier

In dit recept, dat ter ere van Prins Edward werd bedacht, gebruiken onze chef-koks de kwartel, een veel kleiner familielid van de patrijs dat in zowel Engeland als Schotland wijd en zijd verbreid is.

De prins jaagt zelf en geeft dus de voorkeur aan wilde kwartels boven gefokte, ook al is de laatste een goed alternatief buiten het jachtseizoen. Bovendien is de wilde kwartel nogal zeldzaam geworden. Men kan dit recept dan ook net zo goed met een jonge duif of een haantje bereiden. De gevulde vogels dienen eerst flink te worden aangebraden, voordat ze aan alle kanten goudgeel worden gebakken.

Voor een spectaculaire vulling kunt u wilde rijst gebruiken, met witte en zwarte korrels, die een dag van tevoren moeten worden geweekt. Hiervoor nemen onze chef-koks natuurlijk de beste soort ter wereld, die uit Canada, waar deze rijst in de provincies Manitoba, Ontario en Sasketchewan wordt verbouwd. In deze gebieden waar van oudsher de Indianen woonden, worden de traditionele verbouwmethoden nog gehanteerd, en de oogst geschiedt nog steeds per kano. De korrels van de wilde rijst zijn heel lang (ca. 2 cm) en zien er fraai uit als ze volgens de regels van de kookkunst worden bereid.

Bij de kool heeft u een goede droge champagne nodig, of een Sekt, of champenoise, die de smaak van het hele gerecht mooi accentueert. De kool moet bij aankoop stevig, zonder vlekken en zonder slappe plekken zijn. Als de kool stevig genoeg is hoeft hij ook niet meer te worden gewassen. In dit recept wordt hij in de champagne gekookt voordat hij met room wordt gestoofd.

1. Bak de gesnipperde sjalot met de in blokjes gesneden eendenlever. Voeg wilde rijst, tijm, laurier en truffel toe, en peper en zout naar smaak. Giet er wat kalfsfond bij. Haal van het vuur en voeg de geschilde, ontpitte en in vieren gesneden druiven toe aan de farce.

2. Ontbeen de kwartels en vul ze met de rijstfarce. Snijd de koolbladeren in reepjes en kook ze in de champagne, in een pan zonder deksel tot de vloeistof bijna geheel verdampt is. Voeg de room toe en stoof op zeer laag vuur.

Rudolf Sodamin & Jonathan Wicks

champagne gestoofde kool

3. Braad de kwartels aan in boter, bak ze aan alle kanten goudgeel en laat ze nog even garen in de oven, in een mengsel van kalfsfond en witte wijn. Maak een saus van de aangegeven ingrediënten. Stoof de witte knolletjes in boter.

4. Snijd vormen uit het geroosterd brood om kroontjes te maken als op de afbeelding en frituur deze in hete olijfolie. Plak ze op de borden met een zeer heldere karamel. Leg de kwartels op een bedje van gestoofde kool, giet er wat braadvocht over. Versier met de gestoofde knolletjes en druppel er wat saus omheen.

Reebout bestoken met

Voorbereidingstijd: 45 minuten
Kooktijd: 30 minuten
Moeilijkheidsgraad: ★

Voor 4 personen

1,2 kg	reebout
25 g	truffel, in plakjes
5 g	truffel, fijngehakt
50 g	zwarte olijven, ontpit en gehalveerd
40 g	walnoten, gehalveerd
150 g	spaghetti
120 g	boter
30 g	geklaarde boter
200 ml	room
10 ml	port
50 ml	bouillon
3 el	olijfolie
1 snufje	nootmuskaat
	peper en zout naar smaak

Ree is in de Belgische provincie Limburg, die vroeger als de Assepoester van het koninkrijk gold, bijzonder geliefd. Onze chef-kok heeft dit fijne haarwild op smaak gebracht met zwarte olijven, die uitstekend bij dit gerecht passen.

De jonge reebok levert het meest malse vlees. Marineer het niet, maar laat het een paar dagen rusten. Braad het vlees kort, zodat het van buiten mooi bruin is, maar van binnen nog roze. Dit resultaat verkrijgt u door het vlees eerst in de pan aan te braden en daarna in de oven verder te laten garen. Zo blijft het ook lekker sappig.

U dient de hoeveelheid truffel en zwarte olijven precies aan te houden, anders wordt de smaak van de ree aangetast. De enigszins bittere Italiaanse olijven passen heel goed bij deze feestmaaltijd. Neem verder Périgord-truffels, of andere zwarte truffels, maar in ieder geval tuber melanosporum, die eind februari worden gezocht.

Roger Souvereyns breekt met de traditie van klassieke garnituren. Hij geeft hier spaghetti als bijgerecht, die u 'al dente' moet koken, en niet langer. Dat vormt een mooi contrast met het malse vlees.

Als alternatief voor ree komen hertekalf of hinde in aanmerking, omdat ze hetzelfde smaken. Alleen hertenbout, die zich ook voor deze bereiding leent, wijkt in smaak duidelijk af.

1. Prepareer de reebout, ontbeen hem en verwijder zenen. Besteek met stukjes truffel en olijf. Bind vast met keukengaren en bestrooi met peper en zout.

2. Braad het vlees aan in verse en geklaarde boter en zet nog 20 minuten in een oven van 180 °C. Begiet geregeld met het braadvocht. Kook de spaghetti 6 minuten in water met wat zout en olijfolie. Laat schrikken. Bak de stukjes walnoot snel in geklaarde boter en laat ze uitlekken op keukenpapier.

truffel en zwarte olijven

3. Kook de room in met de fijngehakte truffel tot hij dik wordt. Proef op peper en zout, en voeg een snufje nootmuskaat toe. Haal de reebout uit de oven en laat rusten op een schaal, bedekt met aluminiumfolie.

4. Schep het vet van het braadvocht, flambeer met de port, voeg de bouillon toe en kook in tot de helft. Klop er met de staafmixer de olijfolie door en houd warm. Schik de spaghetti op de borden, giet de truffelroom erover en gratineer onder de grill. Dien op met plakken reebout overgoten met de ingekookte braadjus.

België 253

Varkenspootjes en kruiden-

Voorbereidingstijd: 1 uur
Kooktijd: 2 uur
Moeilijkheidsgraad: ★★

Voor 4 personen

4	varkenspootjes
24	dikke plakken spek
	darmnet

Voor de vulling:

4	varkenspootjes
200 g	kalfszwezerik
1	wortel, 1 raap, 1 prei
	peper en zout naar smaak

Voor de saus:

botten van de varkenspootjes

1	wortel, 1 ui, 1 prei, 1 rijpe tomaat
1 el	paprikapoeder
750 ml	witte wijn

Voor de bloedworstfarce:

500 g	uienbloedworst
3	sjalotjes, 50 g spek
100 g	champignons
10 ml	cognac, olijfolie

Voor de kruidenrolletjes:

60 g	meel, 50 g boter
100-150 ml	water
1	ei
	bieslook, kervel, peterselie, tijm, fijngehakt

Voor de gestoofde uien:

60 g	boter, 4 uien
1	takje tijm
½	laurierblad
	peper en zout naar smaak

In Baskenland is men dol op varkensvlees. En dat is de verklaring dat er daar zoveel producten uit varkensvlees te krijgen zijn. Al eeuwenlang houden de boeren er varkens die ze verwerken tot bloedworst, ham en worsten. Niet alleen het vlees, maar ook het zwoerd wordt gegeten. Er bestaan talloze soorten bloedworst, en er komen steeds meer organisaties van fokkers, van fabrikanten en van liefhebbers van deze lekkernij.

In dit recept is bloedworst slechts een garnituur, en in principe wordt hij gelaten zoals hij is. Alleen het vel wordt eraf gehaald, en vervangen door een knapperig omhulsel van deeg.

De varkenspoten worden geheel ontbeend, zodat ze gemakkelijker te verwerken, te vullen en te braden zijn. De vulling uit kalfszwezerik, die heel mals en sappig is, en daardoor een mooi contrast vormt met het varkensvlees, zal zeker goed uitpakken. Geef er gestoofde uien bij, die met hun enigszins zoete smaak heel goed bij dit gerecht passen, tenzij u zelf een aardappelpuree prefereert. Trouwens, Pedro Subijana serveert de kruidenrolletjes gevuld met bloedworst ook wel eens als amusegueule bij het apératief.

Dit recept doet Pedro Subijana herinneren aan een stamgast, een chirurg, van wie hij een scalpel heeft gekregen die bijzonder geschikt is voor het ontbenen van varkenspootjes. En heel vroeger heeft onze chef-kok er ook nog van gedroomd om medicijnen te gaan studeren...

1. Kook voor de varkensvleesvulling 4 varkenspootjes met de groenten in water. Bewaar het kooknat. Ontbeen de pootjes en snijd het vlees klein. Doe hetzelfde met de zwezerik en meng de farce goed. Snipper de uien voor de stoofschotel en laat ze 1 uur op zeer laag vuur stoven in de boter, met de tijm en de laurier. Verwijder de kruiden en proef op peper en zout.

2. Ontbeen de 4 andere varkenspootjes rauw. Druk het vlees uit elkaar, vul het met de farce en klap het weer dicht. Rol in plakken spek, wikkel het darmnet er omheen en bind vast. Bak aan alle kanten goudbruin in hete olijfolie, giet de olie af en zet nog 2 uur in een oven van 160 °C. Haal uit de oven, verwijder het keukengaren en de plakken spek en wikkel in huishoudfolie.

rolletjes met bloedworstvulling

3. Hak voor de bloedworstfarce de sjalotjes, het spek en de champignons fijn, meng er de bloedworst zonder vel doorheen en bak het geheel met peper en zout. Voeg de cognac toe. Bak voor de saus de botjes met de groenten, voeg witte wijn toe, kook in en giet het kooknat van de varkenspootjes erbij. Kook in en haal door een zeef.

4. Maak een beslag van meel, gesmolten boter, ei, kruiden en water. Roer goed door met een houten lepel en voeg peper en zout naar smaak toe. Bak er flensjes van, snijd hier vierkanten uit en rol die om pijpjes van 2 cm doorsnede en 10 cm lengte. Bestrijk met geklopt ei en bak goudbruin in de oven. Laat ze afkoelen en vul met de bloedworstfarce.

Spanje

Gebraden hazenrug met

Voorbereidingstijd: 20 minuten
Kooktijd: 10 minuten
Moeilijkheidsgraad: ★★

Voor 4 personen

2	hazenruggen
	olijfolie, rozemarijn
	peper en zout naar smaak

Voor de saus:

	botten van de hazen
1	wortel, 1 ui, 1 prei
1	bouquet garni, bloem
	peperkorrels
50 ml	cognac
25 ml	rode wijn
	water of bouillon
20 ml	hazenbloed
	boter
	peper en zout naar smaak

Voor de puree van rode bonen:

300 g	rode bonen
1	schijfje sinaasappel
1	schijfje citroen
1	schijfje appel
50 g	suiker
100 g	boter

Voor het groentengarnituur:

8	stuks bosuitjes, courgettes, krieltjes, worteltjes, witte raapjes, spruitjes
1	sjalot, tijm

Bij zijn niet aflatende speurtocht naar nieuwe recepten had Pedro Subijana zich voorgenomen om een dessert op basis van rode bonen te ontwikkelen. Fijnproevers kennen deze bonen zeker uit de Zuidamerikaanse keuken. Ze hebben een mooie donkerrode kleur en zijn ook in Spanje zeer geliefd, waar men ze gebruikt vanwege hun decoratieve uiterlijk en goede verteerbaarheid.

In afwachting van het eigenlijk dessert deed Pedro Subijana alvast wat vruchten (appel, sinaasappel en citroen) bij zijn zoete bonenpuree, die hij serveert bij de gebraden hazenrug, zoals in veel Braziliaanse recepten gebruikelijk is. Volgens hem wordt het gerecht daardoor beter verteerbaar. De rode bonen, die rijk zijn aan mineralen, en worden in traditionele recepten vaak gebruikt worden voor de bereiding van een dikke saus, die wordt gebonden met hazenbloed. Laat de bonen een nacht van tevoren weken in koud water en kook ze dan tot ze mooi zacht zijn.

Deze puree kan naar gelang van het seizoen met diverse rode soorten groenten of zelfs met kweeperen, waar de Spanjaarden zo dol op zijn, bereiden.

Neemt u jonge hazen, die minder dan 3 kg wegen en die goed mals zijn. Het vlees wordt 'saignant' (rood van binnen) opgediend, maar moet van buiten wel mooi bruin zijn gebraden. Snijd het vlees kort vóór het opdienen in plakken, dan ziet het er nog smakelijker uit. Bind de saus ook pas kort voor het serveren met hazenbloed, zodat hij niet stolt.

1. Bestrooi de hazenrugfilets met peper en zout, braad ze aan, neem ze uit de pan, ontbeen ze en zet apart. Braad ze kort vóór het opdienen nogmaals kort aan en snijd ze dan in plakken. Maak de groenten voor het garnituur schoon, bak de aardappeltjes, en kook de groenten apart in water met wat zout en olijfolie beetgaar. Laat schrikken. Bak de courgettes en zet apart.

2. Hak de botten fijn voor de saus en bak ze in olie. Voeg groenten en bouquet garni toe, laat even kleuren, bestuif met wat bloem, laat de bloem 2 à 3 minuten kleuren en flambeer met de cognac. Blus met rode wijn, kook in, voeg de bouillon toe en kook verder in. Haal door een zeef en laat op zeer laag vuur helder worden.

Pedro Subijana

een puree van rode bonen

3. Haal de saus kort vóór het opdienen nogmaals door een zeef, warm op en bind met hazenbloed. Monteer met de boter en proef op peper en zout.

4. Laat de bonen een dag van tevoren weken. Kook ze ca. 2 uur met suiker, sinaasappel, citroen en appel in water met wat zout. Giet ze af, bewaar het kooknat, houd een paar bonen als decoratie apart en pureer de rest. Klop er wat boter door, en zonodig wat kooknat.

Charlotte van kwartel met

Voorbereidingstijd: 35 minuten
Kooktijd: 20 minuten
Moeilijkheidsgraad: ★★★

Voor 4 personen

8	kwartels
2	grote aubergines
2	kleine aubergines
1	courgette
2	rode paprika's
12	kerstomaatjes
2	bollen knoflook
1	ui
1	ei
50 g	bloem
50 g	gemalen amandelen
100 g	paneermeel
100 ml	olijfolie
	peper en zout naar smaak

Voor de basilicumsaus:

2	takjes basilicum
150 g	sjalotten
125 g	boter
150 ml	room
30 ml	witte wijn

Voor de heldere fond:

	karkassen van de kwartels
1	ui, 1 wortel, 1 prei
1	stengel bleekselderij
1	bouquet garni

Émile Tabourdiau houdt van de kleuren, de geuren en de ontelbare smaken van de Provence en nodigt u hierbij uit om alles in één gerecht te verenigen. Hij heeft dit recept gecreëerd voor een Provençaalse week in Hotel Bristol in Parijs.

De aubergine wordt beschouwd als een groente, hoewel het een vrucht betreft, en zijn prachtige paarse schil blinkt je al op de kramen van de groentenhandelaren op de markt tegemoet. Neem stevige, verse aubergines met een gladden, glimmende schil. Voor de farce heeft u grote exemplaren nodig, en kleinere om de charlotte-vorm mee te bekleden. Deze bevatten minder water en worden in gelijke stukken van ca. 3½ cm lengte gesneden.

De kwartels moeten van een officiële fokkerij komen en van een garantiezegel zijn voorzien. Neem wat grotere exemplaren omdat het ontbenen meer moeite kost naarmate de vogel kleiner is. Frituur de kwartelborstjes niet te lang, zodat ze niet uitdrogen. Ze worden gepaneerd met bloem, ei en gemalen amandelen, om de smaak van de frituur te maskeren. Eventueel kan kwartel worden vervangen door lamshaas.

De basilicumsaus is typisch Provençaals en wordt gemaakt van blaadjes die eerst flink zijn geblancheerd. Doe ze in een keukenmachine zodat er bij het pureren een mooie groene kleur ontstaat.

1. Snij de kleine aubergines in plakjes en bak ze in wat olijfolie. Snijd de courgette in plakjes en bak ze in wat olijfolie. Snijd met een uitsteekvorm rondjes uit de paprika's en stoof ze in olijfolie. Halveer de grote aubergines en laat ze 15 à 20 minuten met wat olijfolie garen in de oven. Meng het klein gesneden vruchtvlees met de fijngehakte en gebakken uien en wat knoflook.

2. Verwijder ingewanden van de kwartels, ontbeen ze, maar laat het bovenste bot van de poten zitten. Bestrooi met peper en zout, paneer met bloem, ei en gemalen amandelen en frituur in hete olijfolie. Maak met de karkassen en de groenten een helder fond.

aubergine en basilicum

3. Zet de gesnipperde sjalot aan in boter. Voeg witte wijn en de heldere fond toe en kook in. Doe de room en de geblancheerde basilicumblaadjes erbij, pureer in een keukenmachine of met de mixer en haal door een zeef. Zet de kerstomaatjes even aan in wat olijfolie. Stoof 12 ongepelde knoflooktenen in boter.

4. Zet de ringvormen op een plank met bakpapier. Bekleed ze met reepjes aubergine. Vul met auberginefarce en kwartelborstjes. Dek af met rondjes paprika en courgette. Giet de basilicumsaus op de borden. Stort de charlottes in het midden, leg kwartelboutjes aan de rand en versier rondom met afwisselend kerstomaatjes en tenen knoflook.

Kalfsmedaillons gevuld met

Voorbereidingstijd: 35 minuten
Kooktijd: 25 minuten
Moeilijkheidsgraad: ★★★

Voor 4 personen

- 2 kalfsmedaillons van 160 g (van de haas)
- 160 g gekookte eendenlever
- 400 g dikke kalfslever
- 1 darmnet
- 4 plakken bladerdeeg (zie de basisrecepten achterin) 
- 4 struiken witlof
- 1 prei (het wit)
- 200 g postelein
- 125 g boter
- 100 ml kalfsfond
- 30 ml witte wijn
- 1 snufje suiker
- 25 g gember op siroop
- citroensap
- peper en zout naar smaak

In dit recept met kalfsvlees, kalfslever en eendenlever wil Émile Tabourdiau vooral benadrukken hoe smakelijk, gezond en voedzaam kalfslever eigenlijk is.

De beste kalfslever komt van melkkalveren. Hij is groot en glanzend, en heeft een glad oppervlak. Verwijder overgebleven bloedvaatjes voordat u de lever in plakken snijdt en in boter aanbraadt, zonder ze door de bloem te halen. De kalfsmedaillons kunt u bijvoorbeeld uit het ontbeende kalfsribstuk halen, waar u het vel en het vet van af gesneden hebt. U kunt ze niet uit de kleine filet of de 'noot' halen omdat ze dan niet dik genoeg zijn.

Een half gaar gebakken stuk eendenlever tussen de medaillons laat het kalfsvlees goed tot zijn recht komen, vooral als u de lever in dunne reepjes heeft gesneden.

Het groentengarnituur bestaat uit koekjes van witlof die het gerecht wat lichter maken. U kunt ze ook vervangen door preikoekjes of zelfs door selderijkoekjes, die zeer goed verteerbaar zijn. De postelein tenslotte, met zijn donkergroene kleur, geeft een fraaie kleurstelling aan het gerecht. Postelein wordt slechts kort gestoofd en geeft met zijn vlezige blaadjes een pikant smaakaccent aan het geheel.

De kalfsmedaillons kunt u naar believen vervangen door kalfszwezerik.

1. Braad de kalfsmedaillons aan in de boter en neem ze uit de pan wanneer ze half gaar zijn. Halveer ze, sla ze plat, laat ze even afkoelen en bestrooi met peper en zout. Braad ook de kalfslever aan, laat hem roze van kleur en snijd in 4 plakken.

2. Leg tussen twee plakken medaillons steeds een dikke plak kalfslever tussen dunne reepjes gekookte eendenlever. Wikkel in darmnet en braad in de hete oven. Haal de medaillons uit de oven als ze gaar zijn en houd ze warm.

kalfslever en eendenlever

3. Voeg witte wijn toe aan het braadvocht, kook in en voeg kalfsfond toe. Haal door een zeef en zet apart. Snijd het wit van de prei in reepjes en stoof ze in boter. Voeg in eigen siroop gekookte gember toe.

4. Stoof de plakken witlof in ringvormen met boter, suiker, zout en een paar druppels citroensap. Bedek na de halve kooktijd met een plak bladerdeeg en laat in de oven garen. Stort op de borden met het deeg naar onderen. Stoof de postelein kort. Schik alles op de borden en giet de saus naast de medaillons.

Hazenrug met

Voorbereidingstijd: 1 uur
Kooktijd: 3 uur
Moeilijkheidsgraad: ★★

Voor 4 personen

1	hazenrug van 600 à 800 g
2 l	stevige rode wijn
4	wortels
4	stengels bleekselderij
3	uien
4	tomaten
5	kruidnagels
	kaneel
6	jeneverbessen
	laurier
	basilicum
1 tl	cacaopoeder
	olijfolie
	boter
	peper en zout naar smaak

Voor de tomatencompote:

1 kg	groene tomaten
3	citroenen
400 g	suiker

Bij dit recept horen twee marinades, die vroeg genoeg bereid moeten worden: 32 uur van tevoren voor de tomatencompote en 24 uur van tevoren voor de haasmarinade.

Het mengsel van tomaten, suiker en citroenschillen dient iedere 2 à 3 uur te worden omgeroerd. De groene tomaten zullen wat water opnemen, maar toch goed knapperig blijven. Wij hebben de komst van de tomaat naar Europa aan Christoforus Columbus te danken, die hem meenam op de terugreis van Amerika. (Het woord 'tomaat' is van Mexicaanse oorsprong.) Hij kwam het eerst aan in de Italiaanse havensteden Genua en Napels.

Als u geen groene tomaten kunt krijgen, kunt u als garnituur ook het typisch Italiaanse gerecht 'mostarda di frutta' geven, in mosterd ingelegde vruchten, zoals die vooral in Cremona worden gemaakt.

De haas moet in een mooie rode wijn worden gemarineerd, waarvan u de eventueel wat bittere smaak aan het eind van de bereiding kunt opheffen door de toevoeging van cacaopoeder. Het braden van de haas moet met veel aandacht gebeuren, omdat het vlees taai kan worden als het te lang wordt gegaard. U kunt hert of hertekalf op dezelfde manier bereiden.

Het originele van dit recept betreft de oosterse kruiden. Dat is een verwijzing naar de Venetiaanse kooplieden die in de tijd van Marco Polo intensief handel dreven in specerijen. Ze werden vroeger op een goudschaaltje afgewogen en speelden een belangrijke rol in de wedijver tussen de koks van de grote adellijke hoven. In de Italiaanse keuken spelen ze nog steeds een grote rol.

1. Laat de hazenrug 24 uur marineren in een grote schaal met de rode wijn, selderij, 2 wortels, 2 uien, 2 tomaten, de kruiden en peper en zout.

2. Neem de hazenrug uit de marinade en zeef deze. Bewaar alleen de vloeistof. Maak met de overgebleven groenten een mirepoix. Doe olie en boter in een grote pan en stoof de mirepoix 5 minuten.

tomatencompote

3. Leg hierin de hazenrug en braad hem aan beide kanten. Giet de marinadevloeistof erbij en laat 3 uur trekken op zeer laag vuur. Proef op peper en zout en voeg 1 tl cacaopoeder toe.

4. Doe voor de compote de groene tomaten met de suiker en de geraspte, gekaramelliseerde citroenschil in een grote pan. Breng aan de kook, laat 32 uur trekken op zeer laag vuur, tot er een compote is ontstaan. Roer geregeld om. Snijd de hazenrug in kleine plakjes en dien op met de gestoofde groenten en een eetlepel compote.

Lamspootjes met rivierkreeft

Voorbereidingstijd: 2 uur
Kooktijd: 1 uur 30 minuten
Moeilijkheidsgraad: ★★★

Voor 4 personen

20	lamspootjes
200 ml	braadvocht van lam
1 kg	lamsbotten
200 g	darmnet
1 kg	rivierkreeftjes
250 g	witte bonen
2	rode paprika's
2	tomaten
1	bol knoflook
2	sjalotten
1 tl	tomatenpuree
100 g	boter
250 ml	olijfolie
50 g	bloem
	sap van ½ citroen
1 bosje	peterselie
1 bosje	basilicum
	peper en zout naar smaak

Als u van pasta houdt betekent dat nog niet dat u bonen moet versmaden. Dat tonen de Italianen, die dol zijn op beide.

Witte bonen zijn een klassiek garnituur bij lamsbout, en passen ook zeer goed bij lamspootjes. Ze zijn niet melig en goed verteerbaar. Neem de kleinste soort witte bonen. Ze behouden hun vorm bij het koken. Ze zijn weliswaar vers te krijgen, maar het is beter gedroogde exemplaren te gebruiken.

Rivierkreeft smaakt even heerlijk als zijn verwante zeekreeft. Leg ze 2 uur in een melkbad en spoel ze dan goed schoon. U kunt ze eventueel vervangen door grote garnalen of zeekreeft.

Kies mooi lamsvlees uit. Het vel moet wit zijn en het vlees stevig, terwijl het toch een beetje moet meegeven als er lichte druk op wordt uitgeoefend. Voor het ontbenen van de lamspootjes heeft u tijd en geduld nodig, evenals voor het vullen en weer dichtbinden. Reserveer hier genoeg tijd voor.

Door melk, water en vooral citroensap toe te voegen, gaat u het bruin worden van de groenten tegen. Zeef de bloem goed voordat u die oplost in water.

1. Doe de rivierkreeften na 2 uur weken in melk 5 minuten lang in een grote pan met kokend water met wat zout. Haal het vlees uit de staarten en verwijder de darm.

2. Blancheer de lamspootjes en laat ze schrikken. Maak een fond met de lamsbotten. Los 50 g gezeefde bloem op in water, voeg het sap van een halve citroen toe. Doe dit mengsel in een grote pan waarin de lamspootjes worden gekookt. Laat ze afkoelen en ontbeen ze.

Laurent Tarridec

… en witte bonen

3. Bewaar 16 van de mooiste stukken vlees en snijd de rest in blokjes. Breng deze farce op smaak met zout, peper en lamsfond. Voeg peterselie en gesnipperde sjalot toe. Boetseer weer 8 lamspootjes door de 16 stukken vlees te vullen met de farce en in darmnet te wikkelen.

4. Laat de lamspootjes 1 uur stoven in een oven van 140 °C en begiet met 500 ml lamsfond. Snijd de paprika's in reepjes en stoof in olijfolie. Doe witte bonen, paprika, tomaten, tomatenpuree, knoflook en fijngesneden basilicum in een pan, roer er boter door en laat garen. Schik alles op de borden.

Lamsgebraad met courgettes

Voorbereidingstijd: 1 uur 30 minuten
Kooktijd: 30 minuten
Moeilijkheidsgraad: ★★★

Voor 4 personen

1	lamsrug van 1½ kg
2	lamsniertjes
2	'botercourgettes' uit Nice
2	tomaten
1	bol knoflook
1 bosje	peterselie
1 bosje	tijm
1 bosje	basilicum
50 g	tapenade (zie basisrecepten achterin)
1 el	tomatenpuree
100 g	boter
1 l	witte wijn
250 ml	olijfolie
	peper en zout naar smaak

Tapenade heeft zijn naam te danken aan de kappertjes die er in horen ('tapeno' in het Provençaals), en bevat daarnaast nog zwarte olijven, knoflook en ansjovis in olijfolie. Traditiegetrouw worden een vijzel en een stamper van olijfbomenhout gebruikt om de vaste ingrediënten fijn te stampen, voordat de olijfolie er doorheen wordt geroerd. Tapenade wordt bij salades, en vis- en vleesgerechten gegeven. Omdat de meeste ingrediënten die hij bevat goed te bewaren zijn, kan tapenade van tevoren worden bereid. Luchtdicht afgesloten kan hij op een koele plaats wel 3 maanden worden bewaard.

Lamsrug is een mals stuk vlees met veel smaak uit de achterkant van de rug die zich precies boven de achterpoten bevindt. Meestal krijgt u de rug ontbeend aangeleverd. Het vlees is helderroze als het lam helemaal vers is. Wij bevelen hier een Frans lam uit Sisteron aan, waarvan de kwaliteit wijd en zijd bekend is. Nadat de rug is geprepareerd en met de niertjes gevuld, moet hij zorgvuldig dichtgebonden worden zodat hij een gelijkmatige vorm krijgt. Dat wordt in meerdere stappen gedaan, te beginnen bij de uiteinden en toewerkend naar het midden.

U kunt het vlees ook van tevoren prepareren. In dat geval dient u de kooktijd vóór het opdienen in te calculeren.

Laurent Tarridec kiest met de botercourgettes uit Nice een van de mooiste producten van zijn zelf gekozen woonplaats. Botercourgettes hebben minder zaadjes en een zachtere schil dan gewone courgettes. U zult ze zeker kunnen waarderen. Kook ze beetgaar. U kunt desnoods natuurlijk ook gewone courgettes gebruiken.

1. Bestrooi de niertjes met peper en zout en bak ze in hun geheel 5 minuten op hoog vuur. Prik er daarna met een vork in zodat alle resterende vloeistof eruit loopt. Halveer ze. Ontbeen zonodig de lamsrug, maar snijd het vel niet weg. Halveer de rug en laat de filets zitten.

2. Vul de 2 rughelften met de niertjes. Maak een lamsfond met de botten van de lamsrug en kook in met de witte wijn. Bind de rughelften zorgvuldig dicht. Pel de tomaten, verwijder zaadjes en snijd in blokjes. Voeg de tomatenpuree en wat olijfolie toe aan de tapenade.

en tapenade

3. Snijd de courgettes in lange repen en blancheer deze een paar minuten. Laat ze schrikken en uitlekken. Stoof ze in boter. Breng de lamsfond op smaak met peper en zout en voeg fijngesneden basilicum, tijm en peterselie toe.

4. Bak de lamsrug 20 minuten met knoflook. Laat rusten. Giet wat lamsfond op de borden. Snijd de lamsrug in 8 plakken. Leg op ieder bord 2 plakken lamsrug en daar omheen de blokjes tomaat en de reepjes courgette. Versier met tapenade.

Cassoulet

Voorbereidingstijd: 2 uur
Kooktijd: 2 uur 15 minuten
Moeilijkheidsgraad: ★

Voor 4 personen

600 g	witte bonen
4	in eigen vet ingemaakte eendenbouten (confit de canard)
4	stukjes saucijs (uit Toulon), of metworst, van 100 g
4	worstjes met spek
100 g	eendenvet
100 g	vers zwoerd
100 g	gezouten buikspek
200 ml	eendenbouillon
1	wortel
1	ui
10	tenen knoflook
2 bosjes	tijm
	laurier
	peper en zout naar smaak

Cassoulet is het beroemdste gerecht uit de Zuidwest-Franse keuken, en men neemt aan dat het in de 7de eeuw door de Arabieren werd geïntroduceerd. Oorspronkelijk betreft het een schapenstoofpot waarvan de bereiding twee hele dagen vergde. De naam komt van 'cassole', waarschijnlijk een verbastering van 'casserole', een schotel van aardewerk waarin de stoofpot werd gegaard. Er bestaan drie varianten van de cassoulet. De eerste is een mengsel van bonen en vlees en wordt wel de armeluis-cassoulet genoemd. De tweede is met 'confit de canard' en patrijs verder verfijnd. De laatste, meest geraffineerde variant bevat ook nog spek en worst, waardoor het gerecht bijzonder romig wordt. Onze chef-kok gaf de voorkeur aan deze laatste variant voor dit recept.

De witte bonen dient u 12 uur in koud water te weken. Kokkinnen uit de grote traditie van Toulouse, de tantes en de grootmoeder van Dominique Toulousy meenden dat het geheim van een echte cassoulet in de lange bereidingstijd lag. Men raadt aan om een dag van tevoren te beginnen met koken.

Voor dit gerecht zijn het vlees en de andere ingrediënten even belangrijk. U dient de aanwijzingen van onze chef-kok nauwkeurig op te volgen. De mirepoix moet bijvoorbeeld zeer fijn worden gesneden. U heeft wat geduld nodig en houd u aan de traditionele bereidingswijze. Gebruik zo mogelijk in ieder geval een pan van aardewerk. Cassoulet is een complete maaltijd, zodat u geen voorgerecht en ook geen uitgebreid dessert meer nodig heeft. Serveer na de cassoulet een lichte, groene salade en u heeft de fijnproevers op uw hand. Cassoulet kunt u het hele jaar door maken.

1. Week de witte bonen een dag van tevoren maximaal 12 uur in koud water. Blancheer ze daarna, evenals 50 g in blokjes gesneden buikspek. Laat schrikken. Maak een mirepoix van wortel en ui.

2. Zet de mirepoix aan in het eendenvet, in een stoofpan. Voeg zwoerd, buikspek, witte bonen en eendenbouillon toe. Doe ook de tijm, laurier en fijngehakte knoflook erbij en laat 90 minuten koken.

Dominique Toulousy

'Toulousy'

3. Bak ondertussen de confit de canard goudgeel in een pan. Voeg 2 soorten worst toe en zet apart.

4. Doe na de 90 minuten kooktijd de witte bonen, eendenbouten en worstjes in een vuurvaste ovenschotel van aardewerk. Proef op peper en zout en zet nog 45 minuten in een voorverwarmde oven van 210 à 240 °C. Dien heet op met een groene salade.

Kalfskotelet in een jasje

Voorbereidingstijd: 1 uur 30 minuten
Kooktijd: 1 uur 40 minuten
Moeilijkheidsgraad: ✲✲✲

Voor 4 personen

- 2 kalfskoteletten van 1 kg
- 1 ½ kg vers eekhoorntjesbrood
- 1 kg aardappels
- 4 tenen knoflook 
- 1 wit brood met zachte korst van 300 g
- 200 g boter
- 100 ml melk
- 200 ml arachide-olie
- 200 ml crème fraîche
- 3 bosjes peterselie
- peper en zout naar smaak

Kalfsvlees wordt over het algemeen erg gewaardeerd vanwege het geringe vetgehalte, wat in het bijzonder geldt voor melkkalveren waarvan het blanke vlees dat zeer veel smaak heeft, kwalitatief uitstekend is. De kotelet vormt de verbinding tussen bot en vlees en is vanwege de smaak die daardoor bij het bakken ontstaat, zeer geliefd bij de fijnproever. Om die smaak optimaal te laten ontwikkelen wordt dit prachtige stuk vlees in dit recept in een heerlijk deegjasje met knoflook en peterselie gewikkeld, dat nog beter smaakt als u het een dag van tevoren bereidt. Doe er gesmolten boter bij en zet een tijdje koel weg zodat het mooi stevig is wanneer u aan de voorbereidingen begint. Als het deeg nog niet stevig genoeg is voegt u nog een keer gesmolten boter toe en zet u het weer koel weg.

Eekhoorntjesbrood wordt net zo bereid als champignons. Eerst worden ze goed schoongemaakt en dan in plakjes gesneden. Ze worden met knoflook en peterselie gemengd en bij de inmiddels gebakken aardappelschijfjes gedaan. Denk erom de aardappels niet al te lang te bakken. Nadat ze op hoog vuur zijn aangezet, mogen ze nog 15 minuten op laag vuur verder bakken.

Met het braden van de koteletten in de oven moet u voorzichtig zijn, want het vlees kan gaan uitdrogen als u het niet regelmatig begiet met braadvocht. Houd u strikt aan de braadtemperatuur en -tijd, zodat het vlees zijn smaken goed kan ontvouwen.

De peterseliesaus wordt met room of crème fraîche gemaakt. Daarvoor wordt de peterselie eerst gekookt en zorgvuldig droog gedept. Serveer alles goed warm.

1. Snijd de korst van het brood en het kruim in blokjes. Doe ze met melk, 1 bosje fijngehakte peterselie en 3 fijngehakte knoflooktenen in een schaal. Roer er 100 g gesmolten boter door en voeg peper en zout naar smaak toe. Meng goed, totdat er een deeg ontstaat. Verdeel dit in tweeën en laat rusten. Maak de aardappels goed schoon, kook ze in de schil en snijd ze in plakken van 1 cm dik.

2. Rol het deeg uit tussen twee lagen huishoudfolie. Maak de paddestoelen schoon, snijd de steeltjes in blokjes en de hoedjes in schijfjes. Doe met peper en zout in een kom, goed mengen en 30 minuten laten staan. Braad de kalfskoteletten aan beide kanten 5 minuten aan en giet het braadvocht af.

Dominique Toulousy

van eekhoorntjesbrood

3. Wikkel de koteletten in het brooddeeg. Hak de rest van de knoflooktenen fijn met een ½ bosje peterselie en meng met de blokjes paddestoel. Bak de aardappelschijven aan iedere kant 5 minuten in boter en olie, en laat op laag vuur nog 15 minuten verder bakken. Voeg na 10 minuten het paddestoelenmengsel toe en proef op peper en zout.

4. Bestrijk een ovenschotel met olie, leg er klontjes boter in, bedek de koteletten met schijfjes eekhoorntjesbrood en zet de schotel 10 minuten in de oven op 200 °C. Braad daarna nog 40 minuten bij 150 °C. Blancheer de rest van de peterselie, laat schrikken en hak fijn. Breng de crème fraîche aan de kook met fijngehakte peterselie. Verdeel de koteletten over de borden, giet de warm peterseliecrème erbij en geef de gebakken aardappelschijven er los bij.

Konijn met cider,

Voorbereidingstijd: 1 uur
Kooktijd: 45 minuten
Moeilijkheidsgraad: ★★

Voor 4 personen

1	konijn van 2 kg
6	zeer dunne plakken gerookt spek
1	varkensdarmnet
20	pareluitjes
8	kleine preien
10	witte knolletjes
	boter
1 bosje	verse koriander
	peper en zout naar smaak
	olie (om te braden)

Voor de cidersaus:

	botten van het konijn
2	appels
1	wortel
1	ui
2	sjalotten
1	bouquet garni
	schillen van de rapen
100 g	boter
2 l	zoete cider
	arachide-olie

'Alles van het konijn is lekker', zegt onze chef-kok, die het zijn plicht acht omdat meteen te bewijzen. En inderdaad worden in dit recept alle delen van het konijn verwerkt en als men al het heerlijks ziet dat van het konijn komt, dan verbaast het niet meer dat het door zijn Schepper voorzien is van uiterst snelle voortplantingsmogelijkheden. Tegenwoordig is er geen gebrek aan tamme konijnen, die men alleen nog maar op versheid hoeft te controleren.

Gilles Tournadre wil ook graag de vooroordelen van sommige fijnproevers teniet doen, dat konijnenvlees te droog zou zijn. In zijn recept blijft het vlees heel sappig, maar daarvoor heeft men dan wel een eersteklas konijn nodig. De kwaliteit is te herkennen aan de nieren, die stevig moeten zijn en die bij de bereiding ook niet zacht mogen worden. Als u het juiste exemplaar hebt gevonden wikkelt u het zorgvuldig in spek, zodat het vlees sappig blijft en nog meer smaak krijgt. Gebruik een gietijzeren braadpan en braad op laag vuur.

Sinds een aantal decennia zijn de witte knolletjes ten onrechte in ongenade gevallen, waarschijnlijk vanwege de koolraap die in de Tweede Wereldoorlog veel werd gegeten en zelfs een belangrijke groente was. Het wordt de hoogste tijd om deze vitaminenrijke soort groente weer zijn plaats terug te geven. In dit recept wordt zijn licht bittere smaak gecombineerd met het zoet van de cider, de bekende specialiteit uit Normandië. Het beste resultaat bereikt u met een zoete cider van de boer, want deze geeft de saus de benodigde lichte zoetheid.

1. Snijd de poten los van de rug en ontbeen al het vlees. Rol stukken vlees in plakken spek, behalve de bovenkant van de bouten.

2. Maar een soort worst door de met spek omwikkelde stukken vlees in het darmnet te rollen. Schil de rapen en kook ze in wat water met boter. Voeg zout naar smaak toe. Doe hetzelfde met de pareluitjes en de preitjes. Blancheer de schillen van de rapen voor de saus.

… rapen en koriander

3. Bak in een stoofpan de fijngehakte konijnenbotten met wortel, sjalot en ui in arachide-olie. Voeg de cider toe. Doe de appels, schillen van de rapen en het bouquet garni erbij. Laat 45 minuten trekken op zeer laag vuur. Haal door een zeef en monteer met de boter. Proef op peper en zout.

4. Braad de konijnen-'worst' met de bovenkant van de bouten in olie en boter. Snijd in plakken en schik op de borden met de knolletjes, uitjes en prei. Giet de saus erover en bestrooi met korianderblaadjes. Versier naar believen met worteltjes en cantharellen.

Frankrijk

Parelhoen met witlof

Voorbereidingstijd: 30 minuten
Kooktijd: 30 minuten
Moeilijkheidsgraad: ★★

Voor 4 personen

1	parelhoen van 1½ kg
4	struiken witlof
	groentenmirepoix
1	citroen
5	plakken gerookt spek

1	l	kruidenbouillon
100	g	boter
100	ml	room
200	ml	gevogeltefond
1	snufje	suiker
		peper en zout naar smaak

Gilles Tournadre presenteert hier een recept dat wortelt in een lang traditie van de huiselijke kookkunst, waarbij de kennis door generatie van moeders en grootmoeders is verzameld.

Het parelhoen verliest door het plukken dat waarmee hij het meest verrukt: zijn prachtig gekleurde verenkleed, dat hem in Spanje de naam 'pintada' ('de beschilderde') heeft opgeleverd. Zonder zijn verentooi is hij niet meer van ander gevogelte te onderscheiden. Veel koks vinden dat zijn vlees zo makkelijk droog wordt, maar de echte liefhebbers vinden het lekkerder dan een haantje of een kapoen. Probeer een scharrelparelhoen te vinden met een vlezige borst en mals vlees.

Onze chef-kok wikkelt het parelhoen in folie en pocheert hem dan in bouillon, zodat het vlees sappig blijft. Daarna wordt het in geklaarde boter weer opgewarmd, en op het laatste moment goudgeel gebraden in verse boter. Dat u het vlees met boter begiet is niet zo gunstig als u toevallig op dieet bent, maar vanweg de mooie kleur en de heerlijke smaak dient deze kleine zonde u vergeven te worden.

Het garnituur wordt verfijnd met room. Het licht gezouten, gerookte spek en de wat bittere witlof halen de smaak van het parelhoen nog wat naar voren. In de winter kunt u de witlof vervangen door spruitjes, ze zijn immers beide van Belgische oorsprong...

1. Haal de bouten van het parelhoen los. Wikkel de rest in huishoudfolie, waar geen gaatjes of scheurtjes in mogen komen, en pocheer 20 minuten in hete bouillon.

2. Maak een gevogeltefond met de botten en een groentenmirepoix.

en spek

3. Snijd de struiken witlof overlangs in repen en stoof deze in boter. Giet het sap van 1 citroen erbij, met een snufje suiker. Kook 5 minuten in, voeg de room toe, meng en haal van het vuur. Snijd het spek in heel kleine blokjes en blancheer ze.

4. Snijd het borstvlees in vieren, braad het in geklaarde boter, de velkant eerst. Begiet steeds met het braadvocht. Houd het borstvlees warm. Doe de gevogelte-fond bij het braadvocht en kook in. Monteer met wat boter. Bak de spekblokjes flink aan in een pan en voeg de reepjes witlof toe. Schik alles op goed verwarmde borden.

Hammetjes van de eend

Voorbereidingstijd: 1 uur 30 minuten
Kooktijd: 40 minuten
Moeilijkheidsgraad: ★★

Voor 4 personen

4	ontbeende eendenbouten
4	plakken gekookt spek
	vlees van de pootaanzet
	verse pistachenoten
1	eidooier
	droog witbrood, geweekt in melk
	boter
2	salieblaadjes
	peterselie
	peper en zout naar smaak

Voor de saus:

4	lepels	donkere eendenfond
2	tl	balsamico-azijn
1	glas	droge witte wijn
1		wortel
1		ui
1		stengel bleekselderij
		boter

In de Italiaanse streek Piemonte is eend erg geliefd en vormt de basis van talloze recepten, waarbij het borststuk de hoofdrol speelt. Om nu de platgetreden paden eens te verlaten, stelt onze chef-kok voor de bouten van de eend te gebruiken en ze ook te vullen met vlees van andere delen. Als u handig bent met naald en draad kan dat te pas komen bij het dichtnaaien van de bouten, maar echt moeilijk is het niet.

Een eend van 2 ½ kg levert flinke bouten op. Als ze echt vers zijn zijn ze goed stevig en hebben ze geen verdachte plekjes. Naar believen kunt u de andere delen, die voor de farce worden gebruikt, verrijken met een andere specialiteit uit Piemonte: de witte truffel uit Alba.

Als u genoeg tijd heeft kunt u het vlees het beste met een mes klein snijden en niet in de mixer doen. Die produceert een geheel gladde produceert, waarbij de charme van een traditionele farce verloren gaat.

De bouten moeten met keukengaren worden dichtgenaaid, zodat de vulling er niet uit kan lopen. U kunt dit allemaal van tevoren doen en pas kort voor het opdienen het vlees braden. Tijdens het braadproces in de oven wordt het vlees met een flinke naald gecontroleerd: als er geen spoortje bloed meer te zien is in het vocht dat er bij het prikken uitloopt, is het vlees goed doorbakken. Laat het daarna nog 10 minuten rusten op een warme plek, zodat het weer mals wordt.

1. Bak voor de farce het eendenvlees met salie in wat boter op hoog vuur aan. Doe hetzelfde met het in reepjes gesneden spek. Doe alles in de mixer of keukenmachine, of snijd het met een mes zeer klein.

2. Meng eigeel, in melk geweekt en uitgeknepen broodkruim, peterselie, pistachenoten en de farce in een kom. Proef op peper en zout.

met balsamico-azijn

3. Vul de ontbeende eendenbouten, vouw het vel over de open kant en naai het dicht met keukengaren. Braad in een pan aan alle kanten aan. Verwijder het vet en blus met witte wijn en balsamico-azijn.

4. Doe de kleingesneden groenten erbij, laat ze kleuren en voeg het eendenfond toe. Zet 30 minuten in de hete oven. Neem de eendenbouten uit de pan en houd warm. Kook het braadvocht in tot het dik wordt. Voeg boter en zout toe, haal door een zeef. Verwijder het keukengaren. Snijd de bouten in plakken en schik ze in waaiervorm op de borden. Giet de saus erover en versier met groenten.

Fondant van kalfszwezerik en

Voorbereidingstijd: 30 minuten
Kooktijd: 20 minuten
Moeilijkheidsgraad: ★★

Voor 4 personen

600 g	kalfszwezerik
300 g	kalfskop
100 g	zwarte truffel (Périgord)
	truffelnat
8	aardappels (bijv. bintjes)
1	varkensdarmnet
	bloem
150 g	boter
100 ml	opgeschuimde melk
100 ml	ingekookt kalfsbraadvocht
	nootmuskaat
	fijn en grof zout
	versgemalen zwarte peper

Voor de kalfskop:

2	preien
2	uien bestoken met kruidnagels
2	wortels
2	stengels bleekselderij
1	bol knoflook
1	bouquet garni

Kalfskop gold vroeger als volkseten dat met een zware saus moest worden opgediend. Hier presenteert Guy Van Cauteren een gerecht waarin kalfskop wordt gecombineerd met kalfszwezerik en aardappelpuree met opgeschuimde melk.

De kalfskop moet helemaal wit zijn 's nachts in koud water met wat zout worden geweekt. Daarna wordt de kop zonder tong en hersens op laag vuur meer dan een halve dag gekookt. Doe dat het liefst een dag van tevoren zodat het vlees kan rusten en daardoor malser wordt.

Wat de kalfszwezerik, ook 'thymus' genoemd, betreft, het gaat hier om een bijzonder deel van het kalf dat met aandacht moet worden bereid. Het verdient zeker de door Guy Van Cauteren voorgestelde garnituur van zwarte truffel. De truffels moeten van tevoren goed schoongeborsteld worden. Eventueel kunt u truffel uit blikje of potje nemen, maar die hebben niet hetzelfde sterke aroma als de verse truffel. Begiet de fondants in de oven regelmatig met hun eigen braadvocht, laat ze gelijkmatig garen en dien heet op.

Fondant in dit gerecht wil zeggen een samensmelting van de gebruikte ingrediënten, t.w. truffel, kalfszwezerik en kalfskop.

We gebruiken hier de aardappelsoort bintje, die het voordeel heeft dat hij het gehele jaar verkrijgbaar is. Deze Nederlandse aardappel is de meest gegeten aardappel in Europa, hoewel er steeds meer soorten op de markt komen.

1. Blancheer de kalfskop in water met wat zout. Schep nadat het water voor het eerst heeft gekookt, het schuim eraf en voeg prei, ui, wortel, selderij, de hele bol knoflook en het bouquet garni toe. Leg in een ovenschaal een laagje grof zout, leg hierop de ongeschilde aardappels en zet ze 45 minuten in een hete oven.

2. Kook de kalfskop 3 à 3½ uur op laag vuur. Laat afkoelen en snijd het vlees klein. Week de kalfszwezerik, blancheer hem en laat schrikken. Verwijder het buitenste vlies. Week het darmnet in water en spreid het uit in vier stukken.

kalfskop met aardappelpuree

3. Snijd de kalfszwezerik in plakjes. Leg plakjes truffel op het darmnet, stukjes kalfsvlees en plakjes zwezerik. Sluit het darmnet en haal de fondants door de bloem. Braad ze een paar minuten aan in een pan en zet ze dan 15 minuten in een oven van 180 °C. Blus met braadvocht van kalf en truffelnat. Kook enigszins in en proef op peper en zout.

4. Haal de fondants uit de pan en houd ze warm. Monteer de saus met de boter en haal door een zeef. Schil de gare aardappels en prak ze fijn met een vork. Voeg opgeschuimde melk, boter, zout, peper en nootmuskaat toe. Schik de fondants op de borden met een bergje aardappelpuree. Giet er wat saus bij.

Kippenbouillon en gepocheerd

Voorbereidingstijd: 1 uur
Kooktijd: 1 uur
Moeilijkheidsgraad: ★★

Voor 4 personen

1	kip
4	eieren
4	plakken gerookte bacon
250 g	witte amandelen
1 kg	witlof
1	prei
250 ml	volle room
250 g	boter

witte wijnazijn
nootmuskaat
grof en fijn zout
grof gemalen zwarte peper

Voor het pocheren van de kip:
prei
met kruidnagels bestoken uien
wortels
selderij
gladde peterselie
knoflook
tijm
laurier

Vaak verkiest men een haantje boven een kip, omdat het vlees wat steviger is. Maar een kip kan wel 4 kg wegen en de basis voor een heerlijke bouillon zijn. De Franse koning Henri IV beloofde zijn volk ooit dat iedereen op zondag een 'poule au pot', een kippetje in de pan, zou krijgen.

Neem een kip van één jaar of ouder. Hoe ouder de kip hoe zwaarder, en hoe langer hij daarom moet worden gekookt. Reken bij een kip van 2 kg op een bereidingstijd van 1 uur. Volg gewoon de aanwijzingen van Guy Van Cauteren en voeg naar believen een stap toe: als u aan de bouillon nog geroosterde uien toevoegt, krijgt deze daardoor een fraai kleur.

Het is een interessant idee om eieren als garnituur te kiezen. Het is een waardevol ingrediënt, rijk aan mineralen. Een gepocheerd ei wordt gekookt in water met wat azijn dat net niet het kookpunt bereikt (95 °C). U heeft er wat handigheid voor nodig om te voorkomen dat het eiwit uitloopt. Na 3 minuten dient u de eieren te laten schrikken, netjes af te snijden en warm te houden in water met zout.

De Belgen zijn er trots op dat zij het witlof hebben aangeplant en geteeld. Het is een afstammeling van de cichorei, die we ook Brussels lof noemen. Neem zeer verse, witte, middelgrote struiken die u uit de oven haalt als ze doorschijnend en zacht zijn. Bak ze daarna kort, zodat het water verdampt.

1. Maak witlof schoon en leg de struiken met boter, grof zout en nootmuskaat in een ovenschaal. Bestrooi nogmaals met fijn zout en nootmuskaat. Dek de schaal af met bakpapier en een bord. Verhit enigszins en laat dan garen in een oven van 200 °C. Blancheer de kip in water met wat zout en laat hem afkoelen.

2. Pocheer de kip nu 1 uur op laag vuur met het groentengarnituur. Snijd de bacon in reepjes en laat ze in een pan zonder vet krullen. Verkruimel de reepjes tot krullen en meng met de volle room. Zet apart. Stamp de amandelen fijn in een vijzel.

ei met baconkrullen

3. Pocheer de eieren 3 minuten in water met azijn dat net niet kookt en laat ze schrikken. Laat de amandelen 15 minuten in de bouillon met de kip meetrekken. Snijd het witlof in blokjes en voeg ze toe aan de bouillon.

4. Snijd de gepocheerde kip doormidden, verwijder het vel, snijd het vlees in blokjes en voeg toe aan de bouillon. Proef op peper en zout. Giet wat bouillon in diepe borden en leg een gepocheerd ei en baconkrullen in de soep. Versier met een prei-julienne.

Waterzooi van Mechelse

Voorbereidingstijd: 30 minuten
Kooktijd: 30 minuten
Moeilijkheidsgraad: ★

Voor 4 personen

1	Mechelse koekoek, of een ander hoen van 2 kg
300 ml	volle room
150 g	boter
	nootmuskaat
	grof en fijn zout
	versgemalen zwarte peper

Voor de bereiding van het hoen:

1	prei
1	ui bestoken met kruidnagels
2	wortels
	bleekselderij
	peterselie
	knoflook
	tijm
	laurier

Voor het garnituur:

	wit van prei
1	wortel
200 g	knolselderij

In België wordt de kookkunst zó hartstochtelijk bedreven dat men daar in de Middeleeuwen straten ooit naar gerechten noemde. Ook nu nog hebben veel steden en dorpen deze traditie bewaard, zodat toeristen menu's en stadsplattegronden door elkaar zouden kunnen gaan halen. De waterzooi die wij hier presenteren is voor België wat de bouillabaisse voor de Provence is, en onze chef-kok is er toevallig erg dol op.

Het gerecht is van Vlaamse oorsprong en de naam is verbonden met de stad Gent. Vroeger werd het met vis gemaakt, maar tenslotte kreeg gevogelte de voorkeur, en wel in het bijzonder de Mechelse koekoek, die een kruising is van diverse Aziatische rassen. Maar het betreft wel een regionaal hoenderras waarvan de exemplaren zo'n 2 kg wegen. Als u erg ver van Mechelen bent verwijderd is het natuurlijk moeilijk om aan zo'n vogel te komen, laat staan een verse, terwijl de versheid voor dit gerecht een eerste voorwaarde is. Neemt u dus een ander hoen van zeer goede kwaliteit, liefst voorzien van een garantiezegel, zoals er vele in Frankrijk zijn: Bresse, Vendée of Sarthe. Dan weet u zeker dat het hoen met speciaal voer is grootgebracht.

Denk erom dat het gerecht licht moet blijven. Doe dus niet teveel room bij de soep, omdat teveel vet afbreuk doet aan het geheel. Dien de waterzooi heet op en bewaar hem niet langer dan 48 uur als er wat overblijft.

1. Snijd de bouten van het hoen en halveer ze. Snijd daarna het borstvlees los. Blancheer bouten en borst in water met wat zout. Snijd het vlees klein nadat het water voor het eerst heeft gekookt.

2. Hak de peterselie fijn en zet apart. Kook het hoen met de rest van de ingrediënten 30 minuten op laag vuur. Haal het vlees uit de pan, verwijder vel en botten en snijd in grote stukken.

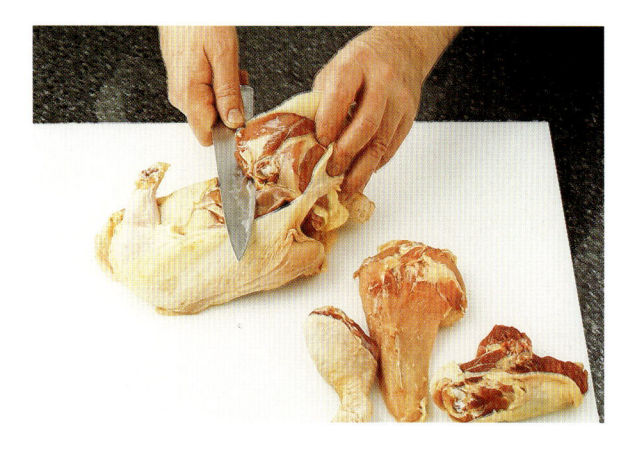

Guy Van Cauteren

koekoek

3. Kook voor het garnituur de prei, wortel en selderij apart in water met zout na alles in reepjes te hebben gesneden. Laat schrikken. Haal het kooknat van het hoen door een zeef en ontvet het.

4. Voeg de room bij de bouillon evenals de reepjes groenten en stukken vlees. Verhit langzaam. Roer er de boter door en maak af met nootmuskaat, zout en peper. Verdeel over warme, diepe borden en versier met peterselie.

België 283

Eend met ingelegde vijgen

Voorbereidingstijd: ½ uur
Kooktijd: ½ uur
Moeilijkheidsgraad: ★★

Voor 4 personen

2	jonge eenden van 1½ kg
1	eendenlever
16	kleine verse vijgen
100 g	champignons
2	plakken witbrood
60 g	boter
200 ml	rode port
200 ml	arachide-olie
10 g	verse groene peper
	peper en zout naar smaak

Voor de Bigarade-saus:
(zie de basisrecepten achterin)

Aan het eind van de winter, van februari tot maart dient u geen eend te kopen, maar de rest van het jaar kunt u jongen eenden met mals vlees en stevig borstvlees krijgen, die ca. 1½ kg wegen. Als u geen jonge eend kunt krijgen kunt u voor dit recept ook jonge duiven gebruiken, of nog beter: jong parelhoen.

De pomerans die u nodig heeft voor de bigarade-saus is een bittere sinaasappel waarvan de dikke schil etherische olie bevat. Hij wordt veel gebruikt voor de vervaardiging van sinaasappellikeuren als Cointreau, Grand Marnier en Curaçao, en niet-zoete sinaasappelmarmelades. Bigarade-saus past heel goed bij eend, en kan zowel met kalfs- als met eendenfond worden bereid, waarbij de laatste wat minder gelatine bevat. Maak de saus een dag van tevoren en zet hem koel weg, zodat de smaken zich goed vermengen. De eenden dienen daarentegen slechts kort vóór het opdienen te worden gebraden. En snijd vooral de eendenborsten pas op het laatste moment aan, zodat het vlees mooi sappig blijft. Onze chef-kok beveelt speciaal de eendenlever uit Hongarije aan, ook al is hij een groot liefhebber van Franse producten.

De vijg was al in de Oudheid bekend en werd op alle mogelijke manieren bereid. De Romeinse dichter Vergilius, die zeer goed op de hoogte was van de landbouw en de kookkunst heeft meerdere geschriften aan de vijg gewijd die als inspiratie hebben gediend voor de ingelegde vijgen van dit recept. Per persoon heeft u ongeveer 4 verse vijgen nodig, die naar gelang hun rijpheid meer of minder zoet zijn. Neem paarse exemplaren met een stevig vel. U kunt ze eventueel vervangen door appels, perziken of abrikozen.

1. Leg de geschilde vijgen 48 uur in de port. Maak de eenden zorgvuldig schoon, bestrooi ze met zout en peper. Doe ze in een ovenschaal met wat arachide-olie en zet ze ½ uur in een oven van 250 °C. Begiet ze regelmatig met het braadvocht. Neem de eenden uit de schaal, scheid borst en bouten en houd warm.

2. Ontvet de braadschaal, voeg fijngesneden champignons. Bak 2 minuten op laag vuur. Blus met 100 ml port van de ingelegde vijgen en voeg dan de eerder klaargemaakte bigarade-saus toe. Kook tot _ in. Haal door een zeef en monteer met de boter.

op de wijze van Vergilius

3. Verhit de vijgen in de rest van de port. Snijd het witbrood in de vorm van harten en bak ze in wat olie. Snijd de eendenlever in 4 plakken van 20 g en bak ze aan beide kanten 30 seconden. Leg ze op de gebakken broodharten.

4. Snijd het borstvlees in dunne plakken en schik ze in waaiervorm op de borden. Schik de vijgen en de broodharten met lever rondom. Giet de saus erover en dien heet op. Serveer de eendenbouten als tweede gang.

België

Ree met wildsaus

Voorbereidingstijd:	20 minuten
Kooktijd:	15 minuten
Moeilijkheidsgraad:	★★

Voor 4 personen

600 g	reerug (filet)
2	sinaasappels
4	kleine peren
2	appels (Golden Delicious)
200 g	muskaatdruiven
1	citroen
50 g	vossebessen op siroop
20 g	gemberpoeder
50 ml	witte wijnazijn
100 ml	wildsaus (zie basisrecepten achterin)
500 ml	rode wijn
100 g	boter
40 g	suiker
	peper en zout naar smaak

Het ree komt gewoonlijk voor in de wouden van de gematigde breedtegraden en is in het jachtseizoen een graag geziene prooi. Zijn vlees staat bekend om de malsheid ervan, maar trekt zich bij de bereiding enigszins samen. Daarom dient men eerst de medaillons los te snijden en te bekloppen zodat de vezels langer worden en het vlees malser wordt.

Wildsaus als begeleiding van wild is een klassieker uit de Engelse keuken. Met een hele reeks vruchten vormt hij de begeleiding van het ree. Beperk u echter tot vruchten die goed tegen hitte kunnen en bij de bereiding stevig van consistentie blijven. Daartoe hoort ook de peer, die met zorg moet worden uitgekozen. Freddy Van Decasserie beveelt de soort Conférence aan, die te herkennen is aan zijn langgerekte vorm en heldergroene schil. Hij moet klein en rijp zijn, maar toch stevig, zodat hij bij het koken niet uit elkaar valt. Neem voor de appel een Golden Delicious. Laat ze in hun kooknat staan, zodat ze hun kleur niet verliezen.

De vossebessen met hun wat zure smaak vormen een mooi contrast met de andere vruchten. Deze kleine rode bessen gaan uitstekend samen met wild. Ze zijn vanaf augustus vers te krijgen, maar ingemaakt smaken ze eveneens. Ook andere bont gekleurde vruchten kunnen een sieraad bij dit gerecht vormen, zoals mango en papaja, eventueel als vervanging voor het druiven-appel-mengsel.

U kunt op dezelfde manier ook everjong bereiden.

1. Schil de peren, laat de steel zitten en pocheer ze in rode wijn met wat suiker. Pel de sinaasappels en verdeel ze in partjes. Snijd de sinaasappelschillen in stukjes en blancheer ze.

2. Ontbeen de reeruggen. Verwijder vel en vet. Snijd medaillons van 50 g uit de filets, beklop ze, bestrooi ze met zout en peper en bak ze in 50 g boter, maar laat ze roze van binnen. Houd warm.

en wintervruchten

3. Schil de appels en snijd ze in blokjes. Pocheer ze in een lichte siroop. Verwijder pitjes uit de druiven en pel ze. Halveer ze, verhit ze in 1 el siroop en meng alles met de vossebessen.

4. Ontvet de braadpan, verhit op hoog vuur met de suiker en laat enigszins karamelliseren. Voeg azijn, sinaasappel, braadvocht en wildsaus toe. Kook in tot de helft. Haal door een zeef en breng op smaak met gemberpoeder en zout, en monteer met de boter. Doe de geblancheerde sinaasappelschillen erbij. Serveer op warme borden.

Hersens, zwezerik en tong

Voorbereidingstijd: 30 minuten
Kooktijd: 2 uur
Moeilijkheidsgraad: ★★

Voor 4 personen

4	lamshersens
4	lamstongen
450 g	lamszwezerik
200 g	wortel
150 g	erwten
150 g	haricots verts
2	sjalotten
100 g	boter
	geklaarde boter
200 ml	Jurançon
50 ml	cognac
2 l	gevogeltefond
	basilicum
	saffraan
	peper en zout naar smaak

Voor het garnituur:
voorjaarsgroenten naar keuze

Komt het door het 'Retabel van het mystieke Lam' in Gent, geschilderd door de 15de eeuwse Vlaamse schilder Jan van Eyck, dat Geert Van Hecke werd geïnspireerd tot dit recept? Koks worden al eeuwen gefascineerd door het Paaslam, symbool van de opstanding, en daardoor zijn talloze bereidingswijzen ontstaan.

Voor dit gerecht wordt het orgaanvlees gebruikt: wit, zoals de hersens en de zwezerik, en rood: de tong. Let er goed op dat alles zo vers mogelijk is en bereid alles direct. De moeilijkheid in dit recept is de afzonderlijke bereiding van de ingrediënten. De tong moet eerst geprepareerd worden, voordat hij voorzichtig wordt gegaard en tenslotte kleingesneden. Bij de hersens gaat het precies andersom: ze worden in koud water geweekt voordat het buitenste vlies wordt verwijderd, waaronder zich nog restjes bloed bevinden. Van de zwezerik wordt alles verwijderd dat op ongerechtigheden duidt en niet wit is, zoals bloedvaatjes, bloedspoortjes, vlies, enz. Het is niet gemakkelijk aan te geven hoe dit dient te gebeuren, maar oefening baart kunst.

Bij de bereiding van het orgaanvlees kunt u een paar hulpmiddelen gebruiken. Zo sluit azijn de poriën af, en met citroensap blijven hersens en zwezerik mooi wit. De hele bereiding kan van tevoren gebeuren, zodat u zich op het beslissende moment kunt concentreren op de Jurançon-saus. Deze edele wijn uit Zuidwest-Frankrijk heeft al sinds de 16de een welverdiende naam, want het was met deze wijn dat Antoine van Bourbon, koning van Navarra de lippen van zijn zoon Henri, de latere Henri IV, vanaf de geboorte inwreef.

1. Kook de tongen 2 uur op laag vuur in het gevogeltefond. Neem ze uit de pan, laat ze afkoelen en verwijder het vlies. Bewaar de fond.

2. Blancheer de lamszwezeriken in koud water met wat zout. Doe vervolgens de hersens in de gevogeltefond waaraan wat azijn is toegevoegd, breng aan de kook en laat de hersens schrikken. Bewaar de fond. Bak hersens en zwezerik in geklaarde boter.

Freddy Van Decasserie

van het lam, met Jurançon

3. Voeg de sjalotten toe, met de cognac, en blus met de Jurançon. Neem het vlees uit de pan en zet apart.

4. Voeg 400 ml van de fond toe en kook in. Monteer met de boter, en voeg saffraan en basilicum toe. Proef op peper en zout. Schik alles op de borden met in fraaie vormen gesneden voorjaarsgroenten.

Konijnenrug en gepaneerde

Voorbereidingstijd: 45 minuten
Kooktijd: 30 minuten
Moeilijkheidsgraad: ★★★

Voor 4 personen

3	ruggen van jonge konijnen
100 g	rauwe ganzenlever
500 g	witte knolletjes
200 g	spinazie
700 ml	donker bier
50 g	boter
50 g	suiker
1	eidooier
50 g	geschaafde amandelen
	peper en zout naar smaak

Konijnenvlees is lange tijd als minderwaardig beschouwd. Inmiddels kent tam konijn evenveel bereidingswijzen als haas: in stukjes, met mosterd, gestoofd, enz. Daarentegen levert het in vrijheid levende wilde konijn vlees dat goed geschikt is om te braden of te grillen.

Geert Van Hecke stelt voor om het konijn te bereiden met bier, zodat de voorbereiding niet te lang duurt en te moeilijk wordt. In de meeste recepten is men veel tijd kwijt omdat het merendeel van de ingrediënten lang op het vuur moet staan. Dat is hier niet nodig, als u maar een jong konijn met mals vlees gebruikt, waarbij de stevige rug na het ontbenen wordt omwikkeld met zijn eigen vel, terwijl met de botten een fond wordt gemaakt.

Als garnituur voor dit fijne vlees, dat vol van smaak is, zijn witte rapen onovertroffen. Kies het liefst exemplaren met loof eraan, dat u bovendien nog voor een soep kunt gebruiken. De witte raap is een bekende groente uit de familie van de kruisbloemigen, die veel calcium en vitamine C bevat. Hij dient ongeveer 30 minuten te worden gekookt.

Voor het fond kunt u het beste een Belgisch bier uitkiezen. Er is geen land dat zoveel soorten bier kent als België, en onze chef-kok is een groot bierkenner. Hij houdt bijzonder veel van Leffe, een bier dat in de hele wereld wordt gedronken, en hij vindt dat dit bier de smaak van het konijn het beste tot zijn recht laat komen.

1. Ontbeen de konijnenruggen, bewaar het vel, en houd de filets apart. Maak een konijnenfond. Blus met het donkere bier. Blancheer de spinazie.

2. Snijd de ganzenlever in repen van 1 cm breed, bestrooi met peper en zout. Leg spinaziebladeren en repen lever op de konijnenruggen en rol ze op. Bind ze vast en wikkel ze in aluminiumfolie tot worstjes.

mini-koteletjes

3. Maak de knolletjes schoon en tourneer ze, kook ze ½ uur met 20 g boter en 50 g suiker. Stoom de konijnenworstjes 10 minuten en snijd ze in plakjes. Snijd de filets in plakken en versier ze met een stukje bot.

4. Bestrijk deze mini-koteletjes met eigeel en paneer ze met geschaafde amandelen. Bak ze kort in geklaarde boter. Schik ze op de borden, met de plakjes gevulde konijnenrug en de knolletjes. Kook de fond in en monteer met de boter. Giet de saus over de koteletjes.

Eend met madera

Voorbereidingstijd: 2 uur
Kooktijd: 1 uur 30 minuten
Moeilijkheidsgraad: ★★

Voor 4 personen

2	jonge eenden van 2 kg
150 g	gerookt en gedroogd spek
500 g	paddestoelen
1 kg	lange witte rapen
	mirepoix van wortel en ui
3	tenen knoflook
50 g	suiker
100 g	boter
1 l	gevogeltefond
500 ml	madera
	tijmbloemen
	laurier
	peper en zout naar smaak

Al meer dan zo'n 4000 jaar geleden hebben de Chinezen de eend ontdekt en ontwikkelden toen de eerste bereidingsmethoden. Duizenden jaren gastronomische traditie hebben van de eend een vleesgerecht van de eerste orde gemaakt dat tegenwoordig wereldwijd word gewaardeerd. Er bestaan zeer veel eendensoorten, waarvan de namen vaak vol van betekenis en verleidelijk zijn.

Het vlees van de wijfjeseend, en vooral de jonge wijfjeseend is veel meer geliefd dan dat van de mannetjeseend. Het is malser, heeft meer smaak en dikker borstvlees. Het garantiezegel van de scharreleend is echt teken van uitstekende kwaliteit. Het is aanbevelenswaardig om de eenden al een dag van tevoren van binnen en van buiten met peper en zout te bestrooien en wat olie toe te voegen, die qua smaak neutraal is.

Als u genoeg tijd heeft om de bereiding over een paar dagen uit te smeren, dan kunt u de eenden rustig één of twee dagen van tevoren braden, om dan op het laatste moment madera toe te voegen. U kunt ook port of banyuls gebruiken.

Als bijlage stelt Gérard Vié oesterzwammen en shii-take voor, maar u kunt ook champignons nemen. Parmaham heeft de beste smaak om te combineren met eend, omdat hij met zeezout is bereid en daarom in harmonie is met de smaak van het gevogelte.

1. Schroei de eenden af, verwijder de ingewanden en kruid ze van binnen met tijmbloemen, laurier, ongepelde knoflooktenen, zout en peper. Doe ze in een vuurvaste schotel en braad ze aan alle kanten aan. Neem ze uit de pan zodra ze mooi gekleurd zijn.

2. Stoof de mirepoix met tijm en laurier in de braadpan en blus met madera. Voeg de gevogeltefond toe, leg de eenden weer in de vorm en zet ze 45 minuten in een hete oven. Keer ze regelmatig en begiet met braadvocht. Houd warm. Kook het braadvocht in totdat het de consistentie van een saus heeft, en haal door een zeef.

en geflambeerd spek

3. Snijd de witte rapen in plakken van ½ cm dik en stoof ze met boter en suiker. Voeg na de helft van de kooktijd de fijngesneden paddenstoelen toe. Prik het spek aan een vork en bak het in een pan. Leg de eenden op een serveerschaal. Flambeer het spek en laat het vet op de eenden druppelen.

4. Snijd de eenden open en haal de bouten los. Snijd de filets in dunne reepjes. Leg op ieder bord stukken eend met het garnituur van rapen en paddestoelen. Giet de saus erover. Serveer de rest van de saus in een juskom.

Fondant van rundvlees met

Voorbereidingstijd: 1 uur 30 minuten
Kooktijd: 7 uur
Moeilijkheidsgraad: ★★

Voor 4 personen

- 1½ kg   médaillons van runderwangen
- 1   eendenlever
- 2   varkensdarmnetten
- 5   wortels
- 2   sjalotten
- 1   ui bestoken met kruidnagels
-          mirepoix van wortels en uien 
- 2   tenen knoflook
- 1   bouquet garni
- 400 ml   Bourgogne
- 250 ml   kalfsfond
-          olijfolie
-          grof zout
-          peper en zout naar smaak

Voor de aardappelpuree:

- 1½ kg   aardappels (bintjes)
- 200 g   boter
- 1 l   melk
- 200 g   gerookte spekblokjes
-         peper en zout naar smaak

Gérard Vié borduurt verder op het klassieke gerecht uit de grote keukens, 'Haas à la royale', wanneer hij hier zijn variant met rundvlees presenteert. Omdat wild nu eenmaal niet het gehele jaar door beschikbaar is, dient er een vervanging te worden gevonden, in dit geval de runderwang, die mals en rood van kleur is. Wat betreft de lever, die ter verfijning van de fondant dient, is eend te verkiezen boven gans, al was het maar omdat eendenlever zich bij de bereiding beter houdt dan ganzenlever.

De bereiding neemt nogal wat tijd, dus u kunt beter een paar dagen van tevoren beginnen. Maakt u de bouillon twee dagen van tevoren, en wees voorzichtig met de dosering van de kruiden, want een te sterke smaak van de bouillon kan de smaak van het vlees gaan overheersen. Maak van de gelegenheid gebruik om behalve de wangen ook andere delen van het rund te bereiden, die u later voor salades of in pasteitjes kunt gebruiken.

De fondants worden in een darmnet gewikkeld dat u eerst in koud water heeft geweekt. Als u met behulp van een opscheplepel de fondants vormt, drukt u het vlees dat wat aan, want runderwangen bevatten wat gelatine, en de fondants worden mooier als hun structuur wat homogener wordt. In plaats van de Bourgogne, met zijn rijke boeket, kunt u ook diverse goede wijnen uit de Roussillon gebruiken, die wat lichter zijn en minder uitgesproken. Laat het vlees langzaam stoven in de oven, dat is één van de geheimen van de vroegere koks.

Aardappelpuree als garnituur kan door veel andere dingen worden vervangen: verse pasta, kastanjepuree, of een hele reeks jonge groenten, die beetgaar worden gekookt, zoals witte rapen, gestoofde kool, gebakken wortel of zelf gebakken aardappels.

1. Verwijder het vel van de runderwangen. Kook het vel en de runderwangen met 2 wortels, ui en bouquet garni 2 uur lang in 3 liter water met wat zout. Kook de aardappels voor de puree, giet ze af en pureer ze in een keukenmachine of met de mixer. Roer de boter en de melk erdoor. Bak de spekblokjes zonder vet in een pan en voeg ze aan de puree toe.

2. Bestrooi de médaillons van de runderwangen met peper en zout en bak ze in de olijfolie. Snijd de rest van de groenten in grote stukken en bak ze met het vlees. Giet 250 ml wijn en 250 ml kalfsfond erbij. Laat 4 uur zachtjes koken op laag vuur met het deksel op de pan. Snijd het vlees daarna in blokjes. Kook het kooknat in tot de dikte van een saus. Haal door een zeef.

Bourgogne, aardappelpuree

3. Snijd de eendenlever in plakken en bak ze. Leg in een middelgrote opscheplepel een darmnet, vul voor de helft met vleesblokjes, leg er een plak lever op en vul op met vleesblokjes. Druk goed samen en sluit het darmnet. Doe dit vier maal.

4. Doe de mirepoix in een ovenschaal en leg daarop de fondants. Voeg 150 ml bouillon (van de runderwangen) en 150 ml Bourgogne toe en zet 40 minuten in een oven van 160 °C. Begiet geregeld met braadvocht. Leg een fondant in het midden van de borden, met daarnaast een paar klompjes puree. Giet de saus erbij.

Frankrijk

Kalfskop, tong en hersens,

Voorbereidingstijd: 1 uur 30 minuten
Kooktijd: 2 uur
Moeilijkheidsgraad: ★★

Voor 4 personen

1	kalfskop met tong en hersens
8	wortels
1	ui bestoken met kruidnagels
1 kg	aardappels
8	kleine preien
1	citroen
15	jeneverbessen
50 g	bloem
	peterselie
	tijm, laurier
	peperkorrels
	grof zout

Voor de ravigote-saus:

4	hardgekookte eieren
2	sjalotten
1	ui
100 g	kappertjes
100 g	cornichons
500 ml	arachide-olie
300 ml	brandewijnazijn
50 ml	sherry-azijn
1 el	mosterd
1 bosje	gladde peterselie
1 bosje	bieslook
	peper en zout naar smaak

Kalfskop wordt als sinds een eeuwigheid gegeten met traditionele sauzen, gribiche- of ravigotesaus, soms allebei tegelijk. Een kalfskop is wit. Tussen de knapperige oren, de magere wangen en de rest van de kop, waarvan het vlees wat gelatine-achtig, maar fijn van smaak is, vind u genoeg om uw gasten enthousiast te maken. Sommigen vinden kalfskop flauw van smaak, zodat hij door veel koks met een sterk gekruid garnituur wordt opgediend.

Neem zo mogelijk een complete kop met tong en hersens, die nog meer smaak aan het geheel geven. Vergeet niet om de kop vóór de bereiding in te wrijven met citroensap, zodat hij mooi wit blijft tot het moment van opdienen. Jean-Pierre Vigato presenteert de kalfskop deels in stukjes en deels volgens de traditie in zijn geheel en dampend. Dit is een zeer origineel gerecht, maar het kan niet worden bewaard: alles dient direct te worden opgegeten.

Het groentengarnituur van wortel, prei en aardappels wordt warm opgediend, en de krachtige ravigote-saus haalt de smaak van het vlees verder naar voren. De naam van deze saus komt van het Franse 'ravigoter' dat versterken of doen opkwikken betekent, hetgeen geen nadere uitleg behoeft, gezien de grote hoeveelheid azijn, mosterd en kappertjes in de saus. Maak de saus ook zo dat hij zijn naam verdient en serveer dit voedzame gerecht op lang winteravonden.

1. Hak voor de saus de hardgekookte eieren, ui, sjalotten, kappertjes en cornichons fijn, snijd de kruiden klein en meng alles goed.

2. Maak vervolgens een vinaigrette van mosterd, azijn, zout, peper en arachide-olie. Voeg alle fijngehakte ingrediënten toe. Spoel de kalfshersens schoon, verwijder ongerechtigheden en pocheer in water met wat azijn, takjes tijm en blaadjes laurier.

met ravigote-saus

3. Kook de geschilde aardappels in water met wat zout, evenals 7 wortels en 4 preien. Blancheer de kalfskop, schroei hem af en wrijf hem helemaal in met citroen, zodat hij wit blijft bij het koken.

4. Doe de kalfskop met 1 wortel, de peterselie en de ui in een grote pan, en bedek met koud water waar 50 g bloem doorheen is geroerd. Breng aan de kook, schep het schuim eraf en breng op smaak met peper en zout. Kook 2 uur op laag vuur. Voeg 20 minuten vóór het eind van de kooktijd de rest van de prei toe. Serveer met der ravigote-saus en grof zout. Geef het groentengarnituur er warm bij.

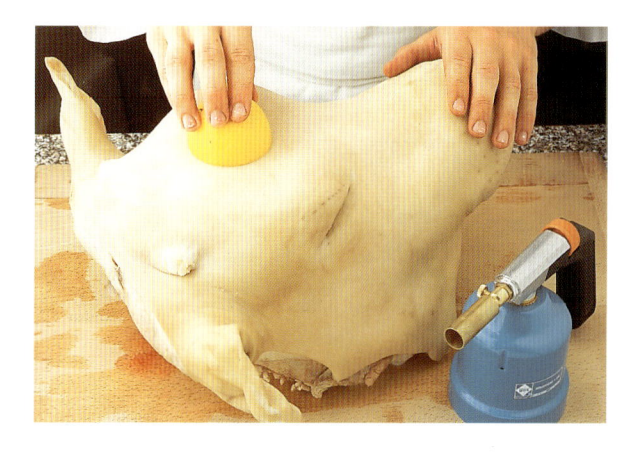

Frankrijk

Lamsribstuk met

Voorbereidingstijd: 1 uur
Kooktijd: 4 uur
Moeilijkheidsgraad: ★★

Voor 4 personen

2	lamsribstukken van 800 g, mooi rood (bijv. van Paulliac-lammeren)
300 g	lamsschouder
2	aubergines
1	grote tomaat, in blokjes
2	pareluitjes
2	tenen knoflook
1	stengel bladselderij
1	takje tijm
1	laurierblad
1	takje rozemarijn
1 bosje	bieslook
1 bosje	gladde peterselie
1	ei
250 ml	helder fond
100 ml	olijfolie
200 ml	witte wijn
1	kaneelstokje
5	kruidnagels
10	jeneverbessen
40	witte en zwarte peperkorrels
	zout

Op de menukaarten van de grote restaurants treft men talloze bereidingswijzen van lam aan. Van de diverse kwalitatief uitstekende soorten lammeren geeft onze chef-kok de voorkeur aan het Pauillac-lam, dat na 65 dagen wordt geslacht en waarvan het witte vlees beroemd is om zijn malsheid.

Men haalt het ribstuk uit het magerste gedeelte van de ribben. De schouder kan net als een bout apart worden bereid, maar het is belangrijk om de bereidingstijd precies aan te houden, want alleen dan, na ca. 3 uur zachtjes stoven, komt er genoeg braadvocht vrij. De heerlijke smaak van het lamsvlees kan worden geaccentueerd met specerijen, maar mag daardoor niet worden overheerst. Ga dus voorzichtig te werk. Voor de moussaka heeft u zeer verse aubergines nodig, met stevig vruchtvlees en een gladde, glimmende schil. Dit lid van de nachtschade-familie komt uit India en gedijt goed in het gehele Middellandse-Zeegebied. De aubergine speelt een rol in talloze gerechten met olijfolie, zoals de geliefde ratatouille, en wordt dikwijls gecombineerd met tomaten en courgettes. Neemt u voor dit recept de soort Bonica, die minder zaadjes bevat.

Dien het gerecht heet op en maak u geen zorgen over het eventuele moeten bewaren - als alle smaken goed in balans zijn zullen uw gasten het zo lekker vinden dat ze alles opeten.

1. Stoof het schouderstuk met alle groenten (uien, knoflook, selderij), de kruiden en de specerijen. Voeg water en witte wijn toe en laat 3 à 4 uur koken op laag vuur. Neem het vlees uit de pan en trek de vezels met een vork uit elkaar. Ontvet de pan en kook de kooknat in, zodat het wint aan kleur en smaak en de dikte van een saus krijgt.

2. Snijd de aubergines overlangs doormidden, doe ze in een ovenschaal, bestrooi ze met grof zout en zet ze 40 minuten in een oven van 150 °C, op het middelste rooster. Bak de tomaatblokjes op hoog vuur in de olijfolie. Schraap het vruchtvlees uit de aubergines, bewaar de schillen. Meng het vruchtvlees met het lamsvlees. Voeg ei, bieslook en fijngehakte peterselie toe.

een kruidensaus

3. Bekleed kleine ronde vormen met aubergineschil en vul met de lams-auberginefarce. Zet de moussaka's 20 minuten in een oven van 170 °C, op het middelste rooster.

4. Braad de lamsribstukken aan alle kanten aan in een pan met olijfolie. Laat ze 5 minuten rusten en snijd ze doormidden. Stort de moussaka's midden op de borden en leg daarop de stukken lamsvlees. Giet de saus er omheen.

Kalfsstaart 'alla vaccinara' met

Voorbereidingstijd: 30 minuten
Kooktijd: 3 uur
Moeilijkheidsgraad: ★★

Voor 4 personen

2	kalfsstaarten
1	aubergine
2	kleine courgettes
1	rode paprika
5	stengels bladselderij
3	wortels
	brunoise van selderij, wortel en ui
500 g	gepelde tomaten
1 tl	pijnboompitten
4	tenen knoflook
20	blaadjes rode basilicum
3	laurierblaadjes
1 tl	cacaopoeder
3 l	vleesbouillon zonder zout
100 ml	witte wijn
	olijfolie, koudgeperst
	peper en zout naar smaak

Dit recept zou volstrekt Romeins zijn, als de typisch Siciliaanse 'caponata' er niet bij hoorde. Vroeger was rund- en kalfsvlees voorbehouden aan welgestelden, zodat het in Latium niet veel voorkwam. De arbeiders in de slachthuizen van Rome (de 'vaccinari') werden in natura betaald, dat wil zeggen met de minder edele delen als pens, oren of staart. Dit is de verklaring voor de Italiaanse titel van het recept 'Coda alla vaccinara'. Op het platteland bestaat nog een recept voor 'coda di manzo', waarbij ossenstaart wordt gebruikt.

Ontbeen de kalfsstaart niet vóór de bereiding, omdat hij op die manier veel smaak verliest. Het is belangrijk dat hij lang wordt gekookt op laag vuur, wat enig geduld van de kok vergt. Maar daardoor heeft u meer tijd om met alle zorg die hij verdient de beroemde caponata te maken. Het is een geraffineerde symfonie van kleuren en smaken, waarbij aubergine, courgette, paprika en pijnboompitten worden gecombineerd. Het is zeer belangrijk dat de onderscheidene groenten in zeer kleine dobbelsteentjes worden gesneden, zodat ze goed kunnen mengen.

Tot slot noemen we nog de selderij die het gerecht nog verfijnder maakt met zijn zachte en tegelijk knapperige structuur. De selderij moet vers zijn, de stengel moet glanzen en de bladeren moeten er mooi uitzien. Basilicum, met zijn uitgesproken smaak geeft een fraai accent aan het geheel.

1. Snijd de kalfsstaarten in stukjes van 3 cm. Doe in een stoofpan de groenten-brunoise met de olijfolie, 2 ongepelde knoflooktenen en de laurier. Laat op laag vuur kleuren. Voeg de stukjes staart toe en laat nog 20 minuten op laag vuur bakken. Voeg de witte wijn toe en laat deze geheel verdampen.

2. Bestrooi met cacao, peper en zout, en voeg de bouillon toe. Doe het deksel op de pan en laat 3 uur trekken. Voeg tenslotte de gepelde, kleingesneden tomaten, 3 wortels en 3 selderijstengels in reepjes toe. Laat 20 minuten stoven. Haal van het vuur en neem het vlees uit de pan.

Gianfranco Vissani

caponata en selderij-julienne

3. Doe de reepjes selderij en wortel in een kom en houd ze warm. Haal de saus door een zeef. Snijd de 2 overige selderijstengels klein en stoof ze in olijfolie. Voeg als ze gaar zijn de blaadjes rode basilicum toe. Rooster de pijnboompitten in wat olijfolie.

4. Snijd voor de caponata de aubergine, courgettes en paprika in blokjes, zet ze 3 minuten aan in olijfolie zonder ze te laten kleuren. Leg de stukjes kalfsvlees in het midden van de borden en giet de saus erover. Garneer met warme reepjes selderij en wortel. Leg de selderij-julienne met basilicum boven op het vlees. Meng de pijnboompitten door de caponata en versier hiermee de borden. Druppel er wat olijfolie over.

Runderhaas in

Voorbereidingstijd: 15 minuten
Kooktijd: 15 minuten
Moeilijkheidsgraad: ★

Voor 4 personen

1	runderhaas van 600 g
	rode wijn
1	stengel bleekselderij
1	sjalot
1	laurierblaadje
	tijm
	rozemarijn
5	peperkorrels
	peper en zout naar smaak

Voor de groenten:

6	wortels
1	courgette
15	kleine uitjes
	suiker
	zout

Voor de saus:

1 l	rode wijn
100 ml	port
250 ml	kalfsfond
4	sjalotten
300 g	boter
	peper en zout naar smaak

Dit gerecht is echt iets voor liefhebbers, die op het eerste gezicht een Charolaisrund van een Angus kunnen onderscheiden, en die veel van rood, kort gebakken vlees houden. Het gaat hier om een licht gerecht dat zo wordt bereid dat de smaak en de kenmerken van de gebruikte vleessoort, in dit geval een schitterend, rozerood geserveerd stuk ossehaas, zo goed mogelijk tot hun recht komen.

Heinz Winkler weigert om een gerecht te serveren als hij niet eerst de mogelijkheid heeft gehad om zich van de versheid en de onberispelijke herkomst van het vlees te overtuigen. Zijn hartstocht voor het Charolais-rund, een wit ras uit de streken Saône-et-Loire en Allier bevestigt hem steeds weer in zijn overtuiging dat hij zich niet van dergelijke voorkeuren af moet laten brengen. Wat weer een compliment is aan de Franse runderfokkers, die talrijke goede runderrassen hebben voortgebracht. Het vlees van het Charolais-rund wordt bijzonder gewaardeerd om het zo weinig vet en zeer sappig is. Vanwege zijn kwaliteiten krijgt dit runderras al decennia lang onderscheidingen en gouden medailles bij verkiezingen.

We mogen echter niet verzwijgen dat het Charolais-rund aan het Schotse Angus-rund een geduchte concurrent heeft, waar men in Schotland met recht trots op is. Dit rund is even zwart als het Charolais-rund wit is, wat echter geen enkele betekenis voor de kwaliteit heeft. Het Angus-rund onderscheidt zich door zijn crèmekleurig vet, en is ook daadwerkelijk wat vetter dan het Charolais-rund, maar dat doet geen afbreuk aan de buitengewone smaak van het vlees.

1. Pel de sjalot en snijd hem in flinke blokjes. Kook hem met wat rode wijn en zout. Voeg kruiden, in stukken gesneden selderij en peperkorrels toe en laat trekken. Snijd de runderhaas in 4 dikke plakken van ca. 150 g.

2. Maak wortels, courgette en uitjes schoon. Tourneer de wortels en de courgette in de vorm van grote olijven en kook ze apart beetgaar in water met wat zout en een mespunt suiker.

rode wijn

3. Breng voor de saus de rode wijn en de port met de gesnipperde sjalotten aan de kook. Kook in tot ²⁄₃, laat even afkoelen en voeg onder voortdurend roeren de boter met kleine stukjes tegelijk toe. Haal door een zeef en giet de kalfsfond erbij. Verhit en proef op peper en zout.

4. Breng de bouillon met de rode wijn en de kruiden aan de kook en voeg 8 minuten lang de plakken runderhaas toe. Laat op laag vuur garen. Giet wat saus op warme borden, leg er een plak runderhaas in en versier met de getourneerde groenten.

Duitsland 303

Parelhoen met

Voorbereidingstijd: 30 minuten
Kooktijd: 30 minuten
Moeilijkheidsgraad: ★★★

Voor 4 personen

1	parelhoen
1	hoenderkarkas
4	plakken spek
2 kg	klei
1	ui
1	stengel bleekselderij
2	grote aardappels
250 g	prei
1	eidooier
150 ml	room
100 g	boter
100 g	bladerdeeg
100 ml	truffelnat
50 ml	gevogeltejus
250 ml	gevogeltefond
500 ml	witte wijn
	olijfolie
	rozemarijn
	dragon
	basilicum
	peper en zout naar smaak

Voor Heinz Winkler is het parelhoen typisch Frans, en rozemarijn heeft voor hem de krachtige smaak van het mediterrane zuiden. Dat streelt natuurlijk de nationale Franse trots, maar is niet helemaal correct: het parelhoen ('pintade' in het Frans, 'pintada', 'de beschilderde' in het Spaans) is erg geliefd in het hele Middellandse-Zeegebied, en zijn bereiding in een omhulsel van klei stamt uit Noord-Afrika. Het resultaat is er niet minder om.

Oorspronkelijk maakte onze chef-kok op deze manier fazant en later mesthoen klaar, maar hij raakte teleurgesteld door het wisselend succes van de gerechten. Het is immers moeilijk om grote vogels gelijkmatig te garen. Daarom koos hij tenslotte voor het parelhoen, dat in de kleimantel altijd mals, sappig en smakelijk blijft. De rozemarijn, waarvan de naam volgens de etymologie 'dauw van de zee' betekent, geeft aan het gevogelte nog een heerlijk extra accent.

Doet u een paar takjes rozemarijn in het binnenste van het parelhoen, met een paar takjes dragon en een paar blaadjes basilicum. Stop er niet teveel kruiden in, want hoewel de kruiden onderling zeer goed samengaan, kunnen ze gezamenlijk de smaak van het parelhoen gaan overheersen.

Tenslotte dient u enig talent voor beeldhouwen te bezitten om de klei te gebruiken als ware het bladerdeeg. Als u genoeg water toevoegt valt het best mee, omdat de klei dan soepel wordt en goed uitgespreid kan worden. Door deze bereidingswijzen wordt bereikt dat het vlees gelijkmatig gaar wordt. De verschillende smaken worden geïntensiveerd, en u kunt aan uw gasten een spectaculair gerecht serveren: de kleimantel wordt met een hamer kapotgeslagen. Altijd weer een groot succes!

1. Leg de klei op een vochtige keukendoek, bedek met nog een vochtige doek en rol zoveel klei uit dat er een heel parelhoen in kan worden gerold. Hak voor de saus het karkas fijn en bak met de rozemarijn en een mirepoix van uien en selderij. Blus met wat witte wijn, kook in, voeg gevogeltefond en gevogeltejus toe, kook weer in, haal door een zeef, meng goed en proef op peper en zout.

2. Verwijder ingewanden van het parelhoen, spoel het goed af, dep het droog en bestrooi van binnen en van buiten met peper en zout. Vul met de kruiden (basilicum, dragon en rozemarijn), en bedek met plakken spek. Omhul het parelhoen met klei en druk overal goed dicht. Zet 45 minuten in een oven van 180 °C. Haal uit de oven en laat 15 minuten rusten.

rozemarijn

3. Schil voor de rösti de aardappels en snijd ze in plakken van 3 mm dik en daarna in dunne reepjes. Dep deze droog, bestrooi met peper en zout. Bak als een dikke koek aan beide zijden goudgeel in de olie. Snijd het wit van de prei in schuine stukken en kook ze in de room. Voeg witte wijn en truffelnat toe en proef op peper en zout.

4. Leg een laag prei van ½ cm dik op de rösti-koek. Rol het bladerdeeg uit en snijd er een cirkel ter grootte van de rösti-koek uit. Leg deze op de prei, bestrijk met eigeel en zet 5 tot 8 minuten in een oven van 220 °C. Snijd de koek in plakken en schik op de borden met wat saus. Sla de kleimantel aan tafel stuk met een hamer, snijd het parelhoenvlees in plakken en dien op.

Kwartelborstjes in

Voorbereidingstijd: 40 minuten
Kooktijd: 20 minuten
Moeilijkheidsgraad: ★★

Voor 4 personen

4	kwartels
3	grote aardappels
1	eidooier
200 g	boter
	peper en zout naar smaak

Voor de rozemarijnsaus:

	rozemarijntakjes
	gevogeltebotjes
	mirepoix van ui, selderij en wortel
100 ml	witte wijn
250 ml	gevogeltefond

Voor het garnituur: (naar believen)
haricots verts of
ratatouille

Voor Heinz Winkler is het belangrijk dat zijn gerechten met de juiste ingrediënten worden bereid, en hier zijn dan ook een Vigneron-kwartel en Nicola-aardappels absolute vereisten. De traditie wil dat bij tamme kwartels druiven worden geserveerd en een flinke portie polenta, maar onze chef-kok hult de vogeltjes liever in een jasje van aardappelschijfjes.

Kies liefst mooie tamme kwartels uit. U kunt hun in vergelijking met wilde kwartels wat minder uitgesproken smaak versterken met rozemarijn. Wilde kwartels zijn zeldzaam geworden en buiten het jachtseizoen helemaal niet te krijgen. U kunt ze eventueel vervangen door duiven.

U heeft voor dit gerecht vastkokende aardappels nodig, die goed hun vorm behouden, dus kies voor de soort Nicola. Er zijn natuurlijk meer soorten die voldoen, maar Heinz Winkler heeft een voorkeur voor deze soort. Voor het aardappeljasje dient u de aardappels in hele dunne plakjes te snijden, die daarna niet meer mogen worden afgespoeld, zodat er geen zetmeel verloren gaat. De dunne schijfjes worden bij het bakken mooi knapperig en goudgeel.

Een paar groenten als garnituur vullen dit gerecht mooi aan door de fijne smaak van de omhulde kwartels verder te accentueren. Knapperige haricots verts, of liever nog een ratatouille die goed past bij de rozemarijn.

1. Schroei de kwartels af en verwijder de ingewanden. Verwijder het vel en snijd borst en boutjes los. Bestrooi met peper en zout.

2. Hak voor de rozemarijnsaus de gevogeltebotjes klein en bak ze met de groentenmirepoix en de rozemarijn in een pan. Blus met witte wijn en kook in. Voeg de gevogeltefond toe, kook in, haal door een zeef en meng goed.

een aardappeljasje

3. Schil de aardappels, spoel ze schoon en snijd ze in zeer dunne plakjes. Leg op een keukendoek 8 rechthoeken van aardappelschijfjes als visschubben op elkaar en bestrooi met peper en zout. Bestrijk met eigeel.

4. Wikkel de kwartelborstjes en -boutjes voorzichtig in de aardappelplakjes en bak ze op middelhoog vuur in de eerder geklaarde boter. Leg ze op warme borden en giet de saus er omheen. Garneer naar believe met haricots verts of ratatouille.

Medaillons van haas met

Voorbereidingstijd: 2 uur
Kooktijd: 40 minuten
Moeilijkheidsgraad: ★★

Voor 4 personen

12	medaillons van 40 g uit hazenrug
300 ml	plantaardige olie
	zout en gemalen peper

Voor het paddestoelenjasje:

12	kopjes van eekhoorntjesbrood
150 g	cantharellen
150 g	eekhoorntjesbrood
1	sjalot
50 g	boter
	zout en gemalen peper

Voor de kweeperencompôte:

2	grote kweeperen, 200 ml rode wijn
200 ml	port, 100 ml crème de cassis
1 el	suiker

Voor de saus:

	zenen en botten van de haas
150 g	wortel, 150 g sjalotten
150 g	selderij
100 ml	wildfond, 50 ml madera
50 ml	port, 20 ml cognac
250 ml	room, 10 ml gin
	tijm, rozemarijn
½	laurierblad
4	geplette jeneverbessen
	zout en gemalen peper

Voor de chartreuse:

2	kleine wortels, 1 knolselderij
100 g	haricots verts
2	koolbladeren, 10 ml truffelnat
10 ml	port, 150 g ganzenlever
	peper en zout naar smaak

De combinatie van wild met zoete vruchtensmaken hoort tot de grote tradities in de Duitse keuken. En zo is Harald Wohlfahrt een waardige erfvolger van deze traditie als hij hier haas met kweeperen presenteert.

De haas beweegt zich soms met een snelheid van wel 70 km per uur voort. Dat geldt in het bijzonder voor de veldhaas, wiens spieren sterker ontwikkeld zijn dan die van zijn soortgenoot die in het bos leeft en wiens vlees veel lichter van kleur is. Neem liever de wat zwaardere veldhaas, koop een heel dier en bereid het zelf.

Cantharellen en eekhoorntjesbrood zijn in het Zwarte Woud ruimschoots voorhanden. Probeert u met de fijngesneden paddestoelen de voet van eekhoorntjesbrood na te maken, waarop dan een hoedje van eekhoorntjesbrood wordt gezet, om de indruk van een complete paddestoel te geven. De kweepeer is een gele vrucht met stevig vlees die zich gemakkelijk laat bereiden. Deze vrucht werd lange tijd in de geneeskunde gebruikt als een tegengif.

U kunt de haas door ree vervangen en de kweepeer door appel of peer. Ook een paar bloemkoolroosjes passen heel goed bij dit gerecht.

1. Schil voor de compôte de kweeperen, verwijder de klokhuizen en snijd de vruchten in vieren. Kook goed in rode wijn, port, suiker en crème de cassis. Laat nog 24 uur marineren. Pureer de vruchten daarna in een keukenmachine of met de mixer. Kook de fond net zo lang tot een siroop ontstaat en doe de kweeperenpuree hierin terug. Kook verder tot de gewenste consistentie is bereikt.

2. Snijd voor de chartreuse wortels, selderij en bonen in reepjes van 3 x ½ cm. Blancheren en laten schrikken. Snijd de ganzenlever in plakken van ½ cm dik en 5 cm doorsnede en laat deze 1 uur weken in port en truffelnat met zout en peper. Blancheer de koolbladeren. Bekleed de rand van een ringvorm afwisselend met de 3 soorten groentenreepjes. Leg een koolblad op de bodem, daarop de ganzenlever en sluit af met een koolblad. Verwarm 12 minuten in de oven.

kweeperencompote

3. Snijd de hazenrug zonodig in 12 medaillons van 40 g, bestrooi met peper en zout. Braad aan beide kanten 2 minuten aan en houd warm. Maak de paddestoelen goed schoon en snijd ze in blokjes. Laat de boter schuimig worden in een pan en voeg de sjalot en paddenstoelblokjes toe, bestrooi met zout en peper en zet apart. Bereid de hoedjes van het eekhoorntjesbrood op dezelfde manier.

4. Doe de zenen en botten van de haas in het kookvocht van de medaillons en laat kleuren. Blus met port en madera en kook in. Voeg wildfond en room toe en kook weer in. Haal door een zeef, voeg cognac en gin toe. Leg op iedere medaillon wat blokjes paddestoel en daarop de hoedjes van eekhoorntjesbrood. Zet even in de oven en schik daarna alles op de borden.

Variatie van jong everzwijn

Voorbereidingstijd: 2 uur 30 minuten
Kooktijd: 3 uur 30 minuten
Moeilijkheidsgraad: ★★★

Voor 4 personen

2	filets van everjong
1	ribstuk van everjong
1	varkensdarmnet
4	groene koolbladeren
150 g	cantharellen
150 g	eekhoorntjesbrood
1 el	fijngesneden kervel
50 g	boter
1	sjalot
120 g	wildfarce
	olijfolie
	zout en versgemalen peper

Voor de saus:

	vel en botten van everjong
150 g	wortel, 150 g selderij, 150 g sjalot
100 g	paddestoelen, olijfolie
2 el	tomatenpuree
500 ml	rode wijn, 100 ml port
50 ml	madera
10	jeneverbessen
2	blaadjes tijm, 1 laurierblad
2	kruidnagels
	peper en zout naar smaak

Voor het garnituur:

2	appels (Granny Smith)
150 g	eekhoorntjesbrood
150 g	cantharellen
1 el	fijngesneden kervel
1	gesnipperde sjalot, 80 g boter
1 el	poedersuiker
4	plakken brickdeeg
100 ml	room
200 ml	witte wijn
	zout en versgemalen peper

In de 'Schwarzwaldstube', aan de rand van het Zwarte Woud bestaat de gelegenheid de rijkdom aan wild in deze streek te leren kennen en waarderen. Daarbij staat het wild zwijn op de eerste plaats. Alle jagers zijn er even dol op en er bestaan heerlijke recepten voor de bereiding.

Het everjong volgt meestal samen met zijn broertjes en zusjes de everzeug en verstaat zich met zijn familie middels enkele gromgeluiden. Ons everjong mag niet ouder dan 6 maanden zijn. Er zit bijna geen vet aan zijn vlees, dat met aandacht moet worden aangesneden. Het is zonder problemen te gebruiken voor zeer eenvoudige gerechten, maar ook voor de meest gecompliceerde.

Onze chef-kok raadt aan om in dit recept de haas te gebruiken, dat over het algemeen als het mooiste deel van het dier wordt beschouwd. Het onderscheidt zich van de uitgesproken smaak van ander wild door zijn licht zoete aroma.

Afhankelijk van het seizoen wordt er rode of groene kool bij gegeven, en bospaddestoelen, waarbij Harald Wohlfahrt een voorkeur heeft voor de Hoorn des Overvloeds. Zo opgediend is het everjong altijd een succes. Het gerecht wordt afgerond met gekaramelliseerde appels, daarmee de Duitse traditie volgend wild met vruchten te serveren. Als u geen everjong kunt krijgen, dan kunt u op dezelfde manier ook ree bereiden.

1. Bak voor de saus de fijngehakte botten en het vel met een mirepoix van de groenten en paddestoelen in olijfolie. Blus met rode wijn, port en madera. Voeg de tomatenpuree en de kruiden toe. Kook in. Voeg wat water toe en laat 3 uur trekken op zeer laag vuur. Haal door een zeef en proef op peper en zout. Schil voor het garnituur de appels en vierendeel ze. Karamelliseer de boter en suiker en voeg de appels toe met de witte wijn.

2. Snijd 4 koteletten uit het ribstuk, bestrooi met peper en zout, bedek met plakjes eekhoorntjesbrood en wikkel in darmnet. Snijd overgebleven eekhoorntjesbrood en cantharellen in blokjes en bak ze op hoog vuur met sjalot en kervel. Meng ze met de wildfarce. Frituur de plakken brickdeeg van 15 cm doorsnede bij 160 °C. Maak er met behulp van een champagnekurk mandjes van.

met pepersaus

3. Maak de paddestoelen voor het garnituur schoon en snijd ze in plakjes. Zet ze aan met de sjalot en voeg room en kervel toe. Blancheer de koolbladeren, laat ze schrikken en dep ze droog. Sla ze plat en leg er een dunne laag farce op. Bestrooi de filets met peper en zout, wikkel ze in de koolbladeren en dan in darmnet.

4. Zet de twee soorten vlees naar gelang de grootte 3 tot 8 minuten in een oven van 220 °C en laat rusten. Doe het braadvocht bij de fond en kook in tot de gewenste dikte van de saus. Voeg peper toe, monteer met de boter en proef op peper en zout. Vul de mandjes met de paddestoelen met room en dien op met de gekarameliseerde appel, het vlees en de saus.

Hertenrug uit

Voorbereidingstijd: 15 minuten
Kooktijd: 2 uur
Moeilijkheidsgraad: ★★

Voor 4 personen

800 g	hertenrug, ontbeend
25 g	pijnboompitten
1 l	rode wijn
1 glas	marsala
½ glas	cognac
1 l	bouillon
500 ml	arachide-olie
10 g	bloem
10 g	suiker

Voor de polenta:

500 g	maïsmeel
1 el	olijfolie
1 l	water
	zout

Voor de marinade:

1 l	rode wijn
1	ui
2	wortels
2	stengels bleekselderij
3	laurierblaadjes
	rozemarijn
20	jeneverbessen
10	kruidnagels
½	kaneelstokje

Armando Zanetti jaagt weliswaar zelf graag op klein wild, maar hier presenteert hij zijn bereidingswijze van hert. Deze paste hij vaak toe als kok bij rijke families die vaak jachtgebieden bezaten, zodat hij daartoe alle gelegenheid had. Hert hoort tot de edelste soorten vlees en de kwaliteiten ervan komen het best tot hun recht als het kort wordt aangebraden. Onze chef-kok raadt ons aan om een jong hert te nemen. 'Uit Monviso' verwijst naar de wouden van Monviso, de streek waar hert traditioneel op deze manier wordt klaargemaakt.

De marinade bevat veel kruiden die Marco Polo ooit uit het Oosten meenam. Deze onvermoeibare reiziger heeft de Europese keuken duurzaam beïnvloed. Wees echter voorzichtig met de kruiden, zodat de marinade niet sterker wordt dan u wilt. Verder zal Armando Zanetti het u nooit vergeven als u geen tanninerijke wijn zoals een goede Bordeaux gebruikt.

En dan de polenta. Deze wordt in Noord-Italië op diverse manieren bereid en was ooit in tijden van nood de beste vervanging van brood. De polenta uit maïsmeel is typisch Venetiaans. In Piemonte wordt wat grover meel gebruikt, waarvan koeken worden gebakken en in Triëst worden ze met suiker en honing gemaakt. Neem zo mogelijk zeer fijn maïsmeel en weerstaat u de verleiding om instant-polenta te gebruiken. Kort voor het opdienen laat u de kleine polenta-driehoekjes nog een mooi kleurtje krijgen.

1. Leg een dag van tevoren de hertenrug in een marinade van 1 l rode wijn met de kleingesneden groenten en de kruiden. Neem de volgende dag het vlees uit de marinade en haal deze door een zeef. Bewaar de groenten.

2. Breng voor de polenta water met zout en olijfolie aan de kook. Laat het meel er langzaam inglijden terwijl u voortdurend roert met een garde. Laat op laag vuur ca. 45 minuten koken. Vorm er driehoekjes van die u onder de grill laat kleuren.

Monviso

3. Bak in een pan de groenten van de marinade in de olie. Braad in een andere pan het hertenvlees een paar minuten aan op hoog vuur en haal het dan uit de pan. Doe het vlees bij de groenten in de andere pan en bestuif met bloem. Voeg de suiker toe, blus met cognac en marsala en flambeer.

4. Giet er 1 l rode wijn bij en kook in. Voeg langzaam de bouillon toe en laat 1 uur op zeer laag vuur stoven. Neem het vlees uit de pan en haal de saus door een zeef. Snijd het vlees aan en verdeel het over de borden, met de polenta. Versier met een paar pijnboompitten.

Gevuld lam met tuinboontjes

Voorbereidingstijd: 40 minuten
Kooktijd: 2 uur 30 minuten
Moeilijkheidsgraad: ★★★

Voor 4 personen

1	kg	lamsribstuk
1		lamskop
6		lamspoten
500	ml	lamsbloed
1		lamshersens
1		takje tijm
1		laurierblaadje
1		bouquet garni
3		eieren
		wit brood zonder korst
		zout en witte peper

Voor het garnituur:

12		groene aspergepunten
200	g	kleine tuinbonen (duivenbonen)

Gewoonlijk wordt het vlees van het zuiglam, dat zeer mals is, gebraden. Voor dit recept heeft u een wat ouder lam nodig, dat wordt gevuld met andere delen van het lam en daarna gekookt. Alles van het lam wordt voor dit gerecht gebruikt: de gelatine van de lamspootjes, de malse tong, het vet van de wangen, de sappige hersens, en voor het binden van de saus, ook het bloed. Het orgaanvlees, dat in Baskenland 'tripochas' heet wordt tweemaal gekookt, eerst alleen en dan samen met het lamsribstuk, dat u eerst heeft ontbeend en waarvan u het vet heeft verwijderd. Zo voegt u nog een extra smaakaccent toe aan het ribstuk.

De schaapsfokkerij staat tegenwoordig onder zorgvuldige controle, zodat er een grote keus aan dieren van diverse kwaliteit bestaat. Naar believe kunt u een lam uit Pauillac of Sisteron nemen. Maar dit Baskische gerecht biedt wellicht de gelegenheid om het Axuria-lam te leren kennen. Het komt uit de Pyreneeën, heeft geheel wit vlees en een uitgesproken smaak. Maar gebruik de kruiden toch met mate, want de zachte smaak van het lam kan er door worden overheerst.

De beroemde kok Curnonsky heeft aan deze specialiteit de naam 'lamsbloedworst' gegeven. In het Franse Baskenland geeft men er aardappels bij, zoals bij de traditionele bloedworst. Maar in het Spaanse Baskenland wordt het gerecht gecombineerd met groene asperges die bij het koken niet zo kwetsbaar zijn als de witte. In het voorjaar zijn er dan nog de eerst tuinboontjes, die gedopt worden en gegaard in kokend water met wat zout.

1. Ontbeen het lamsribstuk. Kook de lamspootjes en de lamskop 90 minuten in water met wat zout, tijm en laurier. Neem uit de pan en bewaar het kooknat. Laat het vlees afkoelen en hak alles zeer fijn. Meng met de eieren en het witbrood. Voeg de gepocheerde en fijngehakte hersens toe aan deze farce.

2. Vul het lamsribstuk met de farce, rol op, wikkel in een doek, sluit goed af en bind vast aan de uiteinden en in het midden.

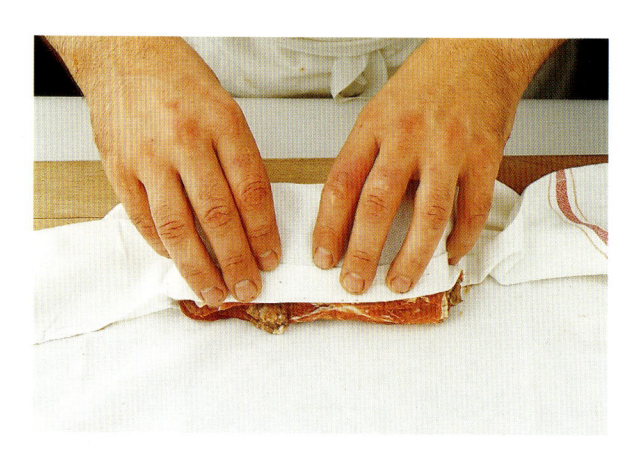

Alberto Zuluaga

en asperges

3. Bak de lamsbotjes met het bouquet garni, voeg ze toe aan het kooknat van de poten en de kop, en kook hierin het lamsribstuk in de doek 1 uur op laag vuur. Voeg zonodig wat water toe. Neem het ribstuk uit de pan, trek het doek goed strak aan en laat afkoelen.

4. Reduceer het kooknat, schep steeds het schuim eraf, en bind de saus met het bloed. Haal het lamsvlees uit de doek, snijd het in plakjes en verwarm in de oven. Schik op de borden met de saus. Garneer met aspergepunten en boontjes die beetgaar zijn gekookt in water met wat zout en daarna door geklaarde boter gehaald.

Varkenspootjes met een saus

Voorbereidingstijd: 1 uur 30 minuten
Koeltijd: 24 uur
Kooktijd: 2 uur
Moeilijkheidsgraad: ★★

Voor 4 personen

6	varkenspootjes (liefst voorpootjes)
12	gedroogde rode Spaanse pepertjes
3	uien
1	prei
1	bol knoflook
	peterselie
	laurier
200 g	witbrood zonder korst
	bloem
2	eieren
250 ml	olijfolie
	zout en witte peper

In het Spaans worden de voorste ledematen van het varken aangeduid als de 'handen', terwijl die in het Nederlands ook gewoon 'poten' worden genoemd. Voor dit recept dient u zoals het in het Spaans heet 'kleine handjes' te nemen.

'Aan het zwijn is alles fijn', rijmen de Duitsers, en ook de Fransen hebben een gelijksoortige uitdrukking. Ook in Nederland werd vroeger door de boer alles van het varken na het slachten gebruikt. De pootjes moeten met veel aandacht worden behandeld. Eerst dienen ze zeer goed te worden schoongemaakt, en dan lang genoeg gekookt. Vervolgens moet bij het ontbenen alle gelatine mee weggesneden worden. Tot slot wordt de in plakken gesneden terrine twee maal door ei en bloem gehaald, zodat het paneerjasje goed blijft zitten bij het frituren. Overigens geeft de gelatine betere resultaten als de varkenspootjes een dag van tevoren worden bereid.

De rode pepertjes, die in de Spaanse en Baskische keuken veel worden gebruikt, worden al sinds de 16de eeuw geteeld, nadat Christoforus Columbus ze naar Europa had gebracht. Spanje is tegenwoordig de grootste teler van rode pepertjes ter wereld. Ze worden tussen april en oktober geoogst, dan gedroogd, en kunnen het jaar daarop worden gebruikt.

Als garnituur kunt u naar believe linzen, bonen of kikkererwten serveren. Wie van wit vlees houdt, kan ook kalfspoten nemen. U dient dan de wangen toe te voegen, daar die meer gelatine bevatten.

1. Kook de varkens'handjes' (de voorpootjes) in water zonder zout, met knoflook, prei, uien, laurier en witte peper. Bewaar het kooknat. Ontbeen de gekookte pootjes en snijd ze klein. Breng op smaak met peper en zout, doe alles in een terrinevorm en zet 24 uur in de koelkast.

2. Blancheer de pepertjes drie maal voor de saus. Schraap het vruchtvlees eruit. Kook in een andere pan het kooknat van de varkenspootjes tot ³⁄₄ in, met het vruchtvlees van de pepertjes. Proef op peper en zout, meng met de mixer en haal door een zeef.

van Spaanse pepertjes

3. Haal de volgende dag de terrine uit de koelkast en snijd hem voorzichtig in plakken van 1 cm dik.

4. Haal de plakken twee maal door bloem en ei en dan door paneermeel met peterselie. Frituur in een pan met hete olijfolie. Schik op de borden en giet de rode pepersaus er omheen.

Basisrecepten

Bladerdeeg

Recept: Wijngaardslakken met een hoedje van bladerdeeg, van Jean Crotet, blz. 86.

Recept: Kruidige pasteitjes op de wijze van Maetre Chiquart, van Guy Martin, blz. 172

Recept: Taart van eendenlever met truffel, van Jean Fleury, blz. 106.

Recept: Ossenstaartsoep met een hoedje van bladerdeeg, van Roger Jaloux, blz. 132.

Recept: Kaas-prei-taart uit de Vadois, van Étienne Krebs, blz. 148.

Ingrediënten voor 4 personen:
500 g bloem - 15 g zout - 250 ml water
Om de laagjes te vormen: 500 g boter

Bereiding:
Vorm het meel tot een ring op een glad oppervlak en voeg water en zout toe in het midden. Meng snel door elkaar en kneed tot een bal. Laat 20 minuten rusten en rol dan uit tot een rechthoek. Spreid hier zachte boter over uit en vouw de uiteinden van het deeg erover heen. Rol opnieuw uit tot een rechthoek en bestrijk met boter. Herhaal deze werkwijze zes maal met tussenpozen van 20 minuten.

Mosselvinaigrette

Recept: Warme salade van schelpdieren en prei, van Jean & Jean-Yves Schillinger, blz. 244.

Ingrediënten:
200 ml balsamico-azijn - 400 ml olijfolie - zout - peper - kooknat van de schelpdieren - 2 tomaten - bieslook - dille - 1 sjalot

Bereiding:
Klop in een kom zout en peper door de azijn en giet het kooknat van de schelpdieren erbij. Goed kloppen met een garde. Voeg de olie toe. Pel de tomaten, verwijder de zaadjes en snijd ze in blokjes. Snipper de sjalot. Snijd het bieslook en de dille fijn. Meng tomaten, sjalot en kruiden kort voor het opdienen door de vinaigrette.

Pastadeeg

Recept: Tortelli met pompoenvulling, van Nadia Santini, blz. 230.

Ingrediënten:
250 g tarwemeel - 2 eidooiers - 2 eieren - 4 g zout

Bereiding:
Maak een bergje van het meel op een glad oppervlak, vorm in het midden een kuiltje en doe daar eidooiers, eieren en zout in. Meng alles goed met beide handen. Vorm een bal van het deeg en laat een uur rusten op een koele plaats.

Sauce Hollandaise

Recept: Schorseneren met verse walnoten, van Philippe Groult, blz. 112.

Ingrediënten:
4 eidooiers - 200 g boter - 4 scheutjes amandelmelk - 1 snufje cayennepeper - 4 el water - zout - peper

Bereiding:
Smelt de boter in een braadpan. Doe de eidooiers en het water in een sauspan en klop op laag vuur schuimig. Haal van het vuur en roer er langzaam de gesmolten boter door. Kruid met peper, zout en cayennepeper en voeg 4 scheutjes amandelmelk toe.

Mornay-Saus

Recept: Moussaka met zeewolf uit de Middellandse Zee, van Nikolaos Sarantos, blz. 234.

Ingrediënten:
Voor de Béchamelsaus: 50 g boter - 50 g bloem - 600 ml melk - zout
Voor de Mornay-saus: 2 eieren - 30 g geraspte Parmezaanse kaas - 50 g boter - zout - peper

Bereiding:
Maak voor de Béchamelsaus eerst een roux: smelt de boter in een braadpan, voeg de bloem toe en meng met een garde. Laat op zeer laag vuur 5 minuten koken en dan afkoelen. Breng de melk aan de kook en roer de koude roux er langzaam doorheen. Laat 10 minuten koken op laag vuur onder voortdurend kloppen met de garde.

Splits voor de Mornay-saus de eieren, haal de hete Béchamelsaus van het vuur en klop er snel de eidooiers door. Voeg de Parmezaanse kaas toe. Haal door een fijne zeef, voeg de boter toe en roer de stijf geslagen eiwitten erdoor. Proef op peper en zout en houd warm, zonder de saus te laten koken.

Witte Champagnesaus

Recept: Leipziger Allerlei met groenten, van Lothar Eiermann, blz. 100.

Ingrediënten:
200 ml visfond - 20 ml Noilly Prat - 30 ml champagne - 1 sjalot - 20 g boter - 1/4 laurierblad - zout, peper - 2 geplette witte peperkorrels - 1 citroen - 100 ml crème fraîche - 100 ml dunne room

Bereiding:
Kook de visfond in tot de helft met de gesnipperde sjalot, de laurier, het sap van 1 citroen en wat zout. Voeg de dunne room toe en kook verder in. Haal door een fijne zeef en giet de Noilly Prat erbij. Breng opnieuw aan de kook. Voeg crème fraîche, boter en tot slot de champagne toe. Proef op peper en zout.

Wit en zwart lasagnedeeg

Recept: Spaanse Txanguro-lasagne, van Pedro Subijana, blz. 256.

Ingrediënten:
Voor de witte lasagne: 200 g tarwemeel - 1 ei - 2 eidooiers - 10 ml olijfolie - snufje zout
Voor de zwarte lasagne: 200 g tarwemeel - 1 ei - 2 eidooiers - 10 ml olijfolie - snufje zout - 3 zakjes inktvisinkt

Bereiding:
Maak voor beide soorten lasagne een bergje van het meel, met een kuiltje in het midden. Doe hierin de eidooiers, ei, olijfolie en zout. Kneed goed met beide handen tot er een glad deeg ontstaat dat niet meer aan de vingers plakt. Voeg voor het zwarte deeg de inktvisinkt toe. Laat een uur rusten in de koelkast.

De meewerkende koks

Fernando Adría
* 14 mei 1962

Restaurant El Bulli
Apartado de Correos Cala Montjoi 30
E-17480 Rosas
Tel. (9)72-150457; Fax (9)72-150717

Sinds hij in 1983 op zijn 27ste als jong talent begon, heeft Fernando Adría 2 Michelin-sterren behaald met zijn restaurant aan de Costa Brava. De Gault-Millau heeft Adría 19 punten en 4 rode koksmutsen toegekend. Ook de Spaanse restaurantgidsen konden zijn talent waarderen: hij kreeg 4 sterren in de Campsa, en 9,5 van de maximaal 10 te vergeven punten in de Gourmetour. Fernando Adría won in Spanje de "Nationale Prijs voor Gastronomie" en in 1994 bovendien de "Europese Grand Prix voor de Kookkunst". In zijn vrije tijd is hij enthousiast supporter van "Barça", het voetbalelftal van Barcelona.

Hilario Arbelaitz
* 27 mei 1951

Restaurant Zuberoa
Barrio Iturrioz 8
E-20180 Oyarzun
Tel. (9)43-491228; Fax (9)43-492679

Hilario Arbelaitz, geboren midden in Baskenland, waarvan hij de culinaire tradities in hoge ere houdt, begon zijn carrière in 1970 in restaurant Zuberoa, waar hij in 1982 de chef-kok werd. Sindsdien heeft hij ettelijke Franse en Spaanse onderscheidingen gekregen: 2 Michelin-sterren, 3 rode koksmutsen en 17 punten in de Gault-Millau, en daarnaast 4 sterren in de Campsa. In 1993 verwierf hij de titel "Beste Kok van Euzkadi" (Baskenland) en in 1991 was hij de "Beste Kok van Spanje". Hij is een liefhebber van 'Pelote', een Baskisch spel, brengt veel tijd door met zijn gezin en verdiept zich graag in de geschiedenis van zijn métier.

Firmin Arrambide
* 16 september 1946

Restaurant Les Pyrénées
Place du Général de Gaulle 19
F-64220 Saint-Jean-Pied-de-Port
Tel. (0)5-59370101; Fax (0)5-59371897

Sinds 1966 waakt Firmin Arrambide over het wel en wee van restaurant Les Pyrénées: 2 Michelin-sterren, 3 rode koksmutsen en 18 punten in de Gault-Millau. Arrambide heeft een regionaal geïnspireerde keuken die hem in 1978 bij de verlening van de "Taittinger"-prijs de tweede plaats opleverde. Ook zat hij in 1982 in de finale van de competitie om de "Beste Vakman van Frankrijk". Zoals het een rasechte Bask betaamt, houdt Arrambide zich ieder najaar bezig met de jacht op ringduiven en houtsnippen. Ook doet hij aan bergbeklimmen. Maar hij mag zo nu en dan ook graag gewoon naast het zwembad in de zon liggen.

Jean Bardet
* 27 september 1941

Restaurant Jean Bardet
Rue Groison 57
F-37000 Tours
Tel. (0)3-47414111; Fax (0)3-47516872

Voordat Jean Bardet in 1987 een restaurant onder zijn eigen naam opende, was hij eerst dwars door Europa gereisd en had hij voornamelijk als kok gewerkt in het Londense Savoy, waar hij de sausen deed. Hij is lid van "Relais et Châteaux", "Relais Gourmands" en van de stichting "Auguste Escoffier". Hij staat met 4 rode koksmutsen vermeld in de Gault-Millau ($19\frac{1}{2}$) en heeft 2 Michelin-sterren. In 1982 heeft hij zelfs de spijzen bereid voor de staatshoofden die toen voor de topontmoeting in Versailles bijeen waren. Jean Bardet is een echte genieter van sigaren en in het najaar gaat hij steevast met enkele vrienden uit jagen.

Michel Blanchet
* 16 juni 1949

Restaurant Le Tastevin
Avenue Eglé 9
F-78600 Maisons-Lafitte
Tel. (0)1-39621167; Fax (0)1-39627309

Nadat hij in Maxim's, Lutetia en Ledoyen een uitstekende leerschool had doorlopen, nam Michel Blanchet in 1972 de leiding op zich van Tastevin, dat tegenwoordig kan bogen op 2 Michelin-sterren. Zijn talent heeft hem al verschillende onderscheidingen opgeleverd; zo zat hij in 1970 en 1972 in de finale van de "Prosper Montagné", in 1974 in die van de "Taittinger" en in 1979 was hij een van de finalisten van de competitie om de "Beste Vakman van Frankrijk". Michel Blanchet is "Maître Cuisinier de France" en lid van de "Franse Culinaire Academie". Als natuurliefhebber mag hij graag door het kreupelhout naar paddestoelen snuffelen.

Michel Bourdin
* 6 juni 1942

Restaurant The Connaught
Carlos Place, Mayfair
GB-W1Y 6AL Londen
Tel. (0)171-4910668; Fax (0)171-4953262

Michel Bourdin, die thuishoort in de eregalerij van Franse chef-koks die in Groot-Brittannië hebben gewerkt, verwent sinds 1975 Londenaren die bij The Connaught komen eten. Na zijn opleiding in Ledoyen en Maxim's, onder de hoede van Alex Humbert, heeft hij talrijke prijzen gewonnen, zoals de "Prosper Montagné" en de "Taittinger". Sedert 1980 is hij voorzitter van de Britse tak van de "Franse Culinaire Academie". Tenslotte zij over hem nog vermeld dat hij lid is van de "Club van 100" en erelid van de vereniging "Chefs der Chefs". Zijn medewerksters Carolyn en Deborah Power hebben de desserts van het Connaught beroemd gemaakt.

Christian Bouvarel

* 26 april 1954

Restaurant Paul Bocuse
F-69660 Collonges-au-Mont-d'Or
Tel. (0)4-72429090; Fax (0)4-72278587

De jongste keukenchef van restaurant *Paul Bocuse* heeft beroemde leermeesters gehad: in 1971 Raymond Thuillier in de *Oustau de Baumanière* in Baux-de-Provence en in 1972 Paul Haeberlin in de *Auberge de l'Ill* te Illhaeusern, voor hij in 1975 toetrad tot het beroemde restaurant in Collonges. En dat met succes: 3 Michelin-sterren, 4 rode koksmutsen in de Gault-Millau (19), 4 sterren in de Bottin Gourmand heeft het restaurant sindsdien bemachtigd, waar Christian Bouvarel uiteraard ook de hand in heeft gehad. Bovendien werd hij in 1993 benoemd tot "Beste Vakman van Frankrijk". Bouvarel, geboren en getogen in Lyon, is een echte natuurliefhebber.

Carlo Brovelli

* 23 mei 1938

Restaurant Il Sole di Ranco
Piazza Venezia 5
I-21020 Ranco
Tel. (0)331-976507; Fax (0)331-976620

Een zon - dat is de onderscheiding die de Veronelli, de restaurantgids, dit restaurant dat onder het teken van dit hemellichaam staat, eenvoudig wel moest toekennen. Het restaurant kan terugkijken op een 120-jarige familietraditie en wordt door Carlo Brovelli met meesterhand geleid. Hij doet dat sinds 1968, na zijn opleiding aan de hotelvakschool van La Stresa. Als lid van de restaurantketen "Le Soste", "Relais et Châteaux" en "Relais Gourmands" heeft hij reeds tal van onderscheidingen in de wacht gesleept: 2 Michelin-sterren, 3 koksmutsen in de Gault-Millau (18), 84 van de 100 haalbare punten in de Italiaanse Gambero Rosso.

Jean-Pierre Bruneau

* 18 september 1943

Restaurant Bruneau
Avenue Broustin 73-75
B-1080 Brussel
Tel. (0)2-4276978; Fax (0)2-4259726

In hartje Brussel, leidt Jean-Pierre Bruneau sinds ruim 20 jaar het restaurant dat zijn naam draagt. De geraffineerde creaties van deze Belgische "Maître Cuisinier" hebben hem al de nodige onderscheidingen opgeleverd: 3 Michelin-sterren, 4 rode koksmutsen in de Gault-Millau, 3 sterren in de Bottin Gourmand, plus 94 van de 100 punten in de de Henri Lemaire, de Belgische restaurantgids. Bovendien is hij lid van de "Traditions et Qualité". Als hij niet in de keuken staat, mag hij graag uit jagen gaan. Ook is hij een actief beoefenaar van autosport en verzamelt hij oude auto's.

Michel Bruneau

* 11 februari 1949

Restaurant La Bourride
Rue du Vaugueux 15-17
F-14000 Caen
Tel. (0)2-31935076; Fax (0)2-31932963

"Normandië is trots op zichzelf" - dat is het devies van Michel Bruneau, die het niet moe wordt op zijn uitvoerige en aanlokkelijke menukaart de rijke producten uit de Calvados-streek te zetten. Eerst werkte hij midden in de plantages in Ecrécy, aan de oever van de Guigne (van 1972 tot 1982), en toen van 1982 af in *La Bourride* te Caen. Hier bereidt hij de liefhebbers van een goede keuken tal van originele gerechten, uitgaande van de regionale tradities: 2 Michelin-sterren, 3 rode koksmutsen in de Gault-Millau (18). Privé kookt hij graag voor zijn vrienden. Hij doet aan voetbal en begeleidt zijn zoon vaak als die op de piste gaat skaten.

Alain Burnel

* 26 januari 1949

Restaurant Oustau de Baumanière
Val d'Enfer
F-13520 Les Baux-de-Provence
Tel. (0)4-90543307; Fax (0)4-90544046

Alain Burnel heeft wat hij heeft geleerd in de praktijk gebracht in *La réserve de Beaulieu* (1969 tot 1973), in het *Sofitel* in Marseille en in het *Château du Besset* te Saint-Romain de Lerps. In dat laatste restaurant was hij van 1978 tot 1982 de chef-kok, voordat hij in Baux de opvolger werd van de beroemde Raymond Thuillier, wiens restaurant tegenwoordig eigendom is van de familie Charial. Alain Burnel heeft 2 Michelin-sterren gekregen en 3 witte koksmutsen in de Gault-Millau (18). Daarnaast is hij lid van "Traditions et Qualité", "Relais et Châteaux" en de "Relais Gourmands". In zijn vrije tijd doet Burnel aan wielrennen, hij nam deel aan de Tour de France.

Jan Buytaert

* 16 oktober 1946

Restaurant De Bellefleur
Antwerpse Steenweg 253
B-2950 Kapellen
Tel. (0)3-6646719; Fax (0)3-6650201

Hoewel hij als rasechte Belg een groot deel van zijn carrière in België heeft doorlopen (eerst, van 1973 tot 1974, bij *Villa Lorraine* in Brussel) heeft Jan Buytaert twee jaar (van 1974 tot 1975) onder Michel Guérard in de keuken gestaan van *Prés et Sources d'Eugénie,* in Eugénie-les-Bains. Na dit Franse intermezzo opende hij in 1975 zijn tegenwoordige restaurant, dat hem 2 Michelin-sterren opleverde en dat tot de beste restaurants van de regio behoort. De Belgische "Maître Cuisinier" houdt van meer bedaarde sporten, zoals wandelen en paardrijden; ook tuiniert hij graag.

Jacques Cagna

* 24 augustus 1942

Restaurant Jacques Cagna
Rue des Grands Augustins 14
F-75006 Parijs
Tel. (0)1-43264939; Fax (0)1-43545448

Deze uitmuntende chef-kok heeft gewerkt in de meest beroemde restaurants in de Franse hoofdstad (1960 in *Lucas Carton*, in 1961 in *Maxim's*, in 1964 in *La Ficelle*) en was zelfs een tijdlang als kok verbonden aan het Franse parlement (van 1961 tot 1962). In 1975 begon hij een restaurant onder zijn eigen naam, en dat heeft enkele zeer hoge onderscheidingen gekregen: 2 Michelin-sterren, 2 rode koksmutsen in de Gault-Millau (18) en 3 sterren in de Bottin Gourmand. Jacques Cagna is drager van het "Nationale Kruis van Verdienste voor de Kunsten en Letteren". Hij is goed thuis in Azië, spreekt vloeiend Japans en houdt van muziek.

Stewart Cameron

* 16 september 1945

Restaurant Turnberry Hotel & Golf Courses
GB-KA26 9LT Turnberry
Tel. (0)165-5331000; Fax (0)165-5331706

De keuken van Hotel *Turnberry*, een van de twee restaurants in Schotland met 5 rode sterren, heeft sinds 1981 een echte Schot als chef-kok: Stewart Cameron, die daarvoor gewerkt heeft in *Malmaison*, het restaurant van het *Central Hotel* in Glasgow. Stewart Cameron is daarnaast lid van de "Taste of England" en van de Britse tak van de "Franse Culinaire Academie". In 1986 en 1994 mocht hij de deelnemers van de Britse Golf-Open in zijn restaurant verwelkomen. Als de gelegenheid zich voordoet gaat Stewart Cameron jagen of vissen. Uiteraard is hij een rugby-fan en is hij een van de trouwste supporters van XV, het Schotse team.

Marco Cavallucci

* 20 mei 1959

Restaurant La Frasca
Via Matteoti 38
I-47011 Castrocaro Terme
Tel. (0)543-767471; Fax (0)543-766625

2 Michelin-sterren, 4 koksmutsen in de Gault-Millau (19), 1 Zon in de Veronelli, 89 van de 100 te vergeven punten in de Gambero Rosso: wat wil Marco Cavallucci nog meer? In eendrachtige samenwerking met eigenaar en keldermeester Gianfranco Bolognesi heeft deze jonge, onvermoeibare chef-kok reeds veel onderscheidingen in de wacht gesleept. Hij is lid van de restaurantketen "Le Soste" en zet zich sinds 1978 met vol elan in voor de grote culinaire traditie van Italië. Ondanks al deze activiteiten ziet hij nog kans tijd vrij te houden om te vissen en te lezen, af en toe naar de bioscoop te gaan en te kaarten, te voetballen en te biljarten.

Francis Chauveau

* 15 september 1947

Restaurant La Belle Otéro
Hôtel Carlton (7de etage)
Boulevard de la Croisette 58
F-06400 Cannes
Tel. (0)4-93693939; Fax (0)4-93390906

De aanraking met de Provencaalse keuken is voor Francis Chauveau niet zonder (zeer gelukkige) gevolgen gebleven. De man uit de grensstreek van de Berry deed zijn eerste ervaringen als chef-kok op in *Hôtel d'Espagne* in Valencay, waarna hij in 1965 naar de *Auberge de Noves* toog. Vervolgens heeft hij gewerkt in diverse exquisite restaurants, zoals de *Auberge du Père Bise*, de *Réserve de Beaulieu*, *Terrasse* in hotel *Juana* in Juan-les-Pins en van 1980 tot 1989 in het beroemde restaurant *L'Amandier* in Mougins.

Jacques Chibois

* 22 juli 1952

Restaurant La Bastide St-Antoine
Avenue Henri Dunant 45
F-06130 Grasse
Tel. (0)4-92420442; Fax (0)4-92420342

Jacques Chibois is in de loop van zijn carrière al menigmaal van standplaats gewisseld, waardoor hij veel beroemde namen van de Franse gastronomie persoonlijk heeft leren kennen: Jean Delaveyne in Bougival, Louis Outhier in La Napoule, Roger Vergé in Mougins en bij Pâtisserie Gaston Lenôtre. Vanaf 1980 werkte hij onder Michel Guérard, en kreeg in zijn periode bij de *Gray d'Albion* (Cannes, van 1981 tot 1995) 2 Michelin-sterren. In 1995 opende hij in Grasse restaurant *La Bastide Saint-Antoine*. In zijn vrije tijd vertoeft hij graag in de vrije natuur, doet hij aan wielrennen en jaagt of vist hij graag.

Serge Courville

* 9 december 1935

Restaurant La Cote 108
Rue Colonel Vergezac
F-02190 Berry-au-Bac
Tel. (0)3-23799505; Fax (0)3-23798305

Serge Courville denkt met warmte terug aan zijn drie leermeesters Roger Petit, Robert Morizot en Jean-Louis Lelaurain. Ofschoon onderscheidingen hem niet veel zeggen, is hij toch bij culinaire competities vaak als finalist doorgedrongen (zoals bij de toekenning van de "Prosper Montagné" in 1971, en de "Trophée nationale de l'Académie Culinaire" in 1972, en de "Taittinger" van 1973). Serge Courville zwaait sinds 1972 samen met zijn echtgenote de scepter over *La Cote 108,* dat in 1982 1 Michelin-ster kreeg. Privé zet hij graag nieuwe gerechten voor aan zijn vrienden, maar daarnaast is hij een verwoed lezer en doet hij aan wielrennen.

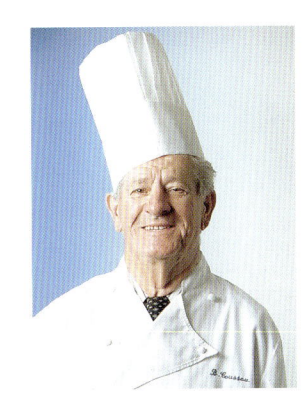

Bernard Coussau

* 15 september 1917

Restaurant Relais de la Poste
F-40140 Magescq
Tel. (0)5-58477025 ; Fax (0)5-58477617

Bernard Coussau is het levende symbool van de regionale gastronomie van het platteland. In de *Relais de la Poste*, dat in 1954 opende en sinds 1969 onafgebroken 2 Michelin-sterren heeft, biedt de erevoorzitter van de "Maîtres Cuisiniers de France" zijn gasten een fijne regionale keuken. Op de top van een op zich al uitzonderlijke carrière is deze chef-kok inmiddels benoemd tot officier in de orde van de "Mérite Agricole", ridder van het "Légion d'Honneur" en houder van de "Palmes académiques". Vanouds een fan van rugby, ondersteunt hij tegenwoordig de club van Dax. Bernard Coussau is bovendien een ware autoliefhebber.

Jean Coussau

* 6 mei 1949

Restaurant Relais de la Poste
F-40140 Magescq
Tel. (0)5-58477025; Fax (0)5-58477617

Als waardige zoon van zijn vader Bernard is Jean Coussau "Maître Cuisinier de France", aangesloten bij de J.R.E, (de "Jonge Restaurateurs van Europa") en van de Franse vereniging van de "Haute Cuisine". Na een voorbeeldige Spaans-Franse carrière die hem van het *Café de Paris* te Biarritz, via het *Plaza-Athénée* in Parijs en de *Ritz* in Madrid bracht, werkt hij sinds 1970 met zijn vader in de keuken van het restaurant *Relais de la Poste* in Magescq. In 1976 bereikte hij de finale om de titel "Beste keldermeester van Frankrijk". Jean Coussau deelt de liefde voor de jacht met zijn vader en golft graag en vaak.

Richard Coutanceau

* 25 februari 1949

Restaurant Richard Coutanceau
Place de la Concurrence
F-17000 La Rochelle
Tel. (0)5-46414819; Fax (0)5-46419945

Richard Coutanceau, wiens restaurant prachtig gelegen is in het "groene Venetië" tussen de Marais Poitevin en de Côte Sauvage, is zijn loopbaan begonnen in Parijs, in de *L'Orée du Bois* (1968), waarna hij in La Rochelle terechtkwam, in het *Hôtel de France et d'Angleterre* (van 1968 tot 1982). De uit de Charente afkomstige Coutanceau lijkt onderscheidingen te verzamelen zoals een ander postzegels: 2 Michelin-sterren, 3 sterren in de Bottin Gourmand en 3 koksmutsen in de Gault-Millau (17 punten). Zijn restaurant behoort tot de kring van de "Relais Gourmands" en daarnaast is hij lid van de "Jonge restaurateurs van Europa". Deze chef-kok speelt veel tennis en vist graag.

Jean Crotet

* 26 januari 1943

Restaurant Hostellerie de Levernois
Route de Combertault
F-21200 Levernois
Tel. (0) 3-80247368 ; Fax (0)3-80227800

Temidden van een prachtig park met cederbomen uit Louisiana, graasweiden en essen, waar een beekje doorheen stroomt, biedt Jean Crotet kenners een nobele keuken, die onderscheiden is met 2 Michelin-sterren en 3 sterren in de Bottin Gourmand. Hij is "Maître Cuisinier de France" en lid van de "Relais et Châteaux". In 1988 vestigde hij zich in Levernois, in de buurt van Beaune, nadat hij 15 jaar gewerkt had in *La Côte d'Or*, in Nuits-Saint-Georges. In zijn vrije tijd mag Crotet graag een hengel uitwerpen, met helikopters vliegen, tennissen, jagen en tuinieren.

De meewerkende koks

Michel Del Burgo

* 21 juni 1962

Restaurant **La Barbacane**
Place de l'Église
F-11000 Carcassonne-La-Cité
Tel. (0)4-687150334; Fax (0)4-68715015

In het zuiden van Frankrijk heeft deze jonge man uit de Picardie voor het eerst blijk gegeven over grote talenten te beschikken - bij Alain Ducasse in Courchevel, bij Raymond Thuillier in Baux-de-Provence en bij Michel Guérard in Eugénie-les-Bains. Na een kort intermezzo in het dal van de Rhône en in Avignon (van 1987 tot 1990) werd Michel Del Burgo in 1991 door Jean-Michel Signoles benoemd tot chef-kok van *La Barbacane*, in het centrum van Carcassonne. In 1995 verwierf Del Burgo zijn tweede Michelin-ster, de "Lelie van de Restauratie" en de "Gouden Sleutel" van de Gault-Millau, waar hij ook met 3 rode koksmutsen en 18 punten in vermeld staat. Michel Del Burgo houdt van muziek.

Joseph Delphin

* 4 september 1932

Restaurant **La Châtaigneraie**
Route de Carquefou 156
F-44240 Sucé-sur-Erdre
Tel. (0)2-40779095; Fax (0)2-40779008

Als Maître Cuisinier de France en lid van de "Franse Culinaire Academie" verwent Joseph Delphin de fijnproevers uit Nantes en omstreken met zijn talenten. Hij is ridder in de orde van de "Mérite Agricole" en heeft bovendien uit handen van de Franse president de "Vase de Sèvres" mogen ontvangen. Direct aan de oever van de Erdre ligt restaurant *La Châtaigneraie* (1 Michelin-ster), dat over de weg, de rivier of per helikopter te bereiken is. Een mooiere ontvangst als door de familie Delphin wordt bereid is nauwelijks denkbaar, want Delphins zoon Jean-Louis, zelf lid van de "Jonge Restaurateurs van Europa", werkt bij zijn vader in de zaak.

Philippe Dorange

* 27 mei 1963

Restaurant **Fouquet's**
Avenue des Champs-Élysées 99
F-75008 Parijs
Tel. (0)1-47237060; Fax (0)1-47200869

Is het nog nodig *Fouquet's* hier voor te stellen? Eigenlijk niet natuurlijk, en hetzelfde geldt voor de restaurants waar Philippe zijn eerdere schreden heeft gezet, zoals *Le Moulin de Mougins* van Roger Vergés (1977 tot 1981), *Negresco* in Nice, waar hij van 1981 tot 1988 onder Jacques Maximin werkte, en het *Ledoyen* in Parijs, waar hij van 1988 tot 1992 de scepter zwaaide. Bepaald een fraai opleidingstraject voor een jonge chef-kok, wiens afkomst uit de kuststreek van de Middellandse Zee zich verraadt in de gerechten die hij bij voorkeur bereidt. Als Philippe Dorange niet in de keuken staat, is hij actief als amateur bokser of rijdt hij in sportwagens.

Claude Dupont

* 7 juni 1938

Restaurant **Claude Dupont**
Avenue Vital Riethuisen 46
B-1080 Brussel
Tel. (0)2-4260000; Fax (0)2-4266540

De restaurantgidsen zijn niet karig geweest met het verlenen van onderscheidingen aan Claude Dupont: 2 Michelin-sterren die hij al sinds 1976 voert, 3 sterren in de Bottin Gourmand, 3 witte koksmutsen in de Gault-Millau (17) en 92 van de 100 te behalen punten in de Henri Lemaire, de Belgische restaurantgids. In 1967 kreeg hij de "Prosper Montagné"-prijs en in 1973 de "Oscar van de Gastronomie". Bovendien had deze chef-kok, voordat hij in Brussel het restaurant dat zijn naam draagt opende, in 1970 de leiding in het Belgisch paviljoen op de Wereldtentoonstelling in Osaka. In zijn vrije tijd houdt Claude Dupont zich bezig met klussen, speelt hij tennis en zwemt.

Éric Dupont

* 16 april 1966

Restaurant **Claude Dupont**
Avenue Vital Riethuisen 46
B-1080 Brussel
Tel. (0)2-4260000; Fax (0)2-4266540

Om sterren te zien flonkeren hoeft men alleen maar naar de leerschool te kijken die Éric Dupont heeft doorlopen: dat was namelijk bij achtereenvolgens Freddy van Decasserie, de Brusselse meesterkok, in *Villa Lorraine*, bij Pierre Wynants (*Comme chez soi*) en bij Willy Vermeulen (*De Bijgaarden*). Tegenwoordig werkt hij met zijn vader samen in het familiebedrijf. De appel valt niet ver van de boom, en er is dan ook veel hoop op de jonge chef-kok gericht. Éric Dupont reist graag en doet daarnaast aan sporten als zwemmen, tennis en paardrijden.

Lothar Eiermann

* 2 maart 1945

Restaurant
Wald- & Schloßhotel Friedrichsruhe
D-74639 Friedrichsruhe
Tel. (0)7941-60870; Fax (0)7941-61468

Lothar Eiermann is sinds ruim 20 jaar actief in Friedrichsruhe, de zomerresidentie van de prins van Hohenlohe-Öhringen, die tot de "Relais et Châteaux" behoort. Daarvoor had hij heel Europa doorkruist: zo was hij als chef-kok werkzaam in Zwitserland, van 1964 tot 1972, en wel in de *Grappe d'Or* in Lausanne en in hotel *Victoria* te Glion. Vervolgens trok hij naar hotel *Gleneagles* in Schotland, om vervolgens naar Engeland en toen weer terug naar Schotland te gaan, waar hij van 1972 tot 1973 hotelmanager was. Deze oprechte liefhebber van een goed glas Bordeaux is bovendien in Heidelberg afgestudeerd als bedrijfskundige. Hij houdt van skiën en tennissen.

Jean Fleury

* 22 april 1948

Restaurant **Paul Bocuse**
F-69660 Collonges-au-Mont-d'Or
Tel. (0)4-72429090; Fax (0)4-722278587

Na een veelbelovend debuut in zijn geboortestad Bourg-en-Bresse is Jean Fleury beroemd geworden door zijn activiteiten in hotel *Royal* in Évian (1968 tot 1969) en het *Hilton* in Brussel (1971 tot 1978). Als winnaar van de "Prosper Montagné" van 1976 werd hij nog datzelfde jaar benoemd tot "Beste kok van België", om vervolgens in 1979 te gaan strijken met de titel "Beste Vakman van Frankrijk". In 1985 sloot hij zijn werkzaamheden in het *Arc-en-ciel* te Lyon af, waarna hij in het spoor van Paul Bocuse naar diens beroemde restaurant in Collonges vertrok. Jean Fleury reist en wandelt graag en verzamelt oude kookboeken.

Constant Fonk

* 1 september 1947

Restaurant **De Oude Rosmolen**
Duinsteeg 1
NL-1621 ER Hoorn
Tel. (0)229-014752; Fax (0)229-014938

Sinds 1990 zijn de 2 Michelin-sterren niet meer uit het Noord-Hollandse Hoorn weggeweest. Na zijn eerste, veelbelovende schreden te hebben gezet in het Amsterdamse *Hilton* (1965 tot 1966), gevolgd door het *Amstel Hotel* (1966 tot 1967), is Constant Fonk teruggekeerd naar zijn geboortestad. Daar is hij sinds 1967 werkzaam in restaurant *De Oude Rosmolen*, waar hij in 1976 de leiding over de keuken kreeg. Als liefhebber van de goede keuken en dito wijnen, mag hij daar zelf ook graag van genieten in het gezelschap van gelijkgestemden. Wat sport aangaat - men moet nu eenmaal wat afleiding hebben zo af en toe - legt hij zich vooral toe op golfen.

Louis Grondard

* 20 september 1948

Restaurant **Drouant**
Rue Gaillon 16-18
F-75002 Parijs
Tel. (0)1-42651516; Fax (0)1-49240215

Het is voorwaar geen gemakkelijke opgave, elk jaar de jury van de "Prix Goncourt" een goed maal voor te zetten - daar moet toch echt iemand van het kaliber van deze chef-kok aan te pas komen, die dat dan ook al sinds 1990 doet en in 1979 benoemd werd tot "Beste Vakman van Frankrijk". Het vak leerde Grondard in *Taillevent* en in *Maxim's*, eerst in Orly, daarna in Roissy. Zijn eerste successen behaalde hij in het restaurant dat in de Eiffeltoren is gevestigd en in het befaamde *Jules Vernes*, dat in 1983 opende, eveneens in de Eiffeltoren. Zoals Michel Tournier zei "komen voor hem de sterren (2 van Michelin) regelrecht uit de hemel vallen".

Philippe Groult

* 17 november 1953

Restaurant **Amphyclès**
Avenue des Ternes 78
F-75017 Parijs
Tel. (0)1-40680101; Fax (0)1-40689188

Als trouw medewerker en leerling van Joël Robuchon, voor wie hij van 1974 tot 1985 werkte in Jamin, heeft de uit Normandië afkomstige Philippe Groult nu een restaurant in eigen beheer. Hij werd in 1982 benoemd tot "Beste Vakman van Frankrijk", bezit tegenwoordig 2 Michelin-sterren en 3 koksmutsen in de Gault-Millau (18). In 1988 nam hij deel aan de "Culinaire Olympiade" in Tokio, en een jaar later nam hij de leiding in de keuken van het *Amphyclès* over. Sinds 1978 is hij lid van de "Devoirs Unis". Philippe Groult houdt van reizen, is een kenner van het Verre Oosten en doet aan vechtsporten.

Marc Haeberlin

* 28 november 1954

Restaurant **Auberge de L'Ill**
Rue de Collonges-au-Mont-d'Or 2
F-68970 Illhaeusern
Tel. (0)3-89718283; Fax (0)3-89718283

Deze waardige erfgenaam van de Haeberlin-dynastie zal de fijnproevers die op de successen van zijn vader Paul worden aangelokt, zeker niet teleurstellen wanneer zij de weg naar deze tempel van de keuken van de Elzas weer weten terug te vinden. 3 Michelin-sterren, 4 koksmutsen in de Gault-Millau (19,5 punten) en 4 sterren in de Bottin Gourmand zijn bepaald onderscheidingen waar hij als vroegere leerling aan de hotelvakschool van Illkirch mee voor de dag kan komen. Zijn opleiding zette hij vervolgens voort bij Bocuse in de keuken van de Troisgros, en zelfs in *Lasserre* in Parijs mocht hij in 1976 zijn kunnen bewijzen.

Michel Haquin

* 27 september 1940

Restaurant **Le Trèfle à 4**
Avenue du Lac 87
B-1332 Genval
Tel. (0)2-6540798; Fax (0)2-6533131

Niet ver van Brussel, aan de oever van het idyllische meer van Genval, werkt Michel Haquin met succes aan zijn carrière die in 1961 in de Belgische hoofdstad begon. Daar leidde hij van 1977 tot 1985 een restaurant dat zijn naam droeg. Als Belgische "Maître Cuisinier" en lid van de "Franse Culinaire Academie" is de chef-kok opgenomen in de "Orde der 33 Meesterkoks" en kreeg hij de "Oscar voor Gastronomie". De restaurantgidsen hebben hem zo ongeveer bedolven onder de eerbewijzen: 2 Michelin-sterren, 3 rode koksmutsen in Bottin Gourmand en 91 van de 100 haalbare punten in de Henri Lemaire, de Belgische restaurantgids.

Paul Heathcote

* 3 oktober 1960

Restaurant **Paul Heathcote's**
Higher Road 104-106
GB-PR3 3SY Longridge
Tel. (0)1772-784969; Fax (0)1772-785713

Deze jonge chef-kok, die zeer open staat voor de Franse keuken, werkt vlak aan de overkant van het Kanaal. Nadat hij werkzaam was onder Michel Bourdin in het *Connaught*, bracht hij twee jaar door bij Raymond Blanc, in *Manoir au Quatre Saisons* in Oxford, waarna hij van 1987 tot 1990 werkte in parkhotel *Broughton*, in Preston, alvorens in 1990 zijn eigen restaurant te openen (2 Michelin-sterren). De Egon Ronay, een Britse restaurantgids, verleende hem in 1994 de begerenswaardige titel van "Chef-kok van het Jaar". Paul Heathcote houdt van voetbal, maar ook van squash en skiën.

Eyvind Hellstrøm

* 2 december 1948

Restaurant **Bagatelle**
Bygdøy Allé 3
N-0257 Oslo
Tel. 22446397; Fax 22436420

Eyvind Hellstrøm heeft van alle chef-koks van heel Scandinavië de meeste onderscheidingen gekregen. Hij is sterk beïnvloed door de Franse gastronomie, waar hij tijdens zijn opleiding bij beroemde collega's als Guy Savoy, Alain Senderens, Bernard Loiseau en Fredy Girardet uitgebreid kennis mee heeft gemaakt. Als lid van "Euroteques" en "Traditions et Qualité" kreeg Eyvind Hellstrøm in 1982 2 Michelin-sterren voor zijn restaurant. Deze chef-kok heeft een passie voor wijnen, vooral die uit de Bourgogne, en bezoekt de wijnkelders rond Beaune dan ook regelmatig. Hij reist graag, doet aan skiën en is een fan van de Zweedse topskiër Ingmar Stenmark.

Alfonso Iaccarino

* 9 januari 1947

Restaurant **Don Alfonso 1890**
Piazza Sant'Agata
I-80064 Sant'Agata sui due Golfi
Tel. (0)818780026; Fax (0)815330226

Alfonso Iaccarino heeft zijn restaurant, dat een prachtig uitzicht heeft over de baai van Napels en Salerno, in 1973 naar zijn grootvader vernoemd. Als lid van de "Le Soste", de "Relais Gourmands" en "Traditions et Qualité" heeft deze chef-kok inmiddels talrijke onderscheidingen gekregen: 2 Michelin-sterren, 4 koksmutsen in de Espresso/Gault-Millau, 1 zon in de Veronelli en 92 van de 100 te vergeven punten in de Gambero Rosso. In 1989 werd hij voor zijn collectie nobele Italiaanse en Franse wijnen vereerd met de titel "Beste Wijnkelder van Italië". Privé is Iaccarino een echte sportman, die vooral actief is als autocoureur en wielrenner en een liefhebber van de natuur is.

André Jaeger

* 12 februari 1947

Restaurant **Rheinhotel Fischerzunft**
Rheinquai 8
CH-8200 Schaffhausen
Tel. (0)52-6253281; Fax (0)52-6243285

André Jaeger kan met trots van zichzelf zeggen dat hij de Zwitserse, ja zelfs de Europese gastronomie met succes een vleugje Azië heeft weten mee te geven. Zijn restaurant, dat hij in 1975 opende, beschikt over 2 Michelin-sterren en 4 rode koksmutsen in de Gault-Millau (19). Van Gault-Millau kreeg hij in 1995 de titel "Kok van het Jaar", terwijl hij in 1988 al de "Gouden Sleutel der Gastronomie" had verworven. In Zwitserland werd hij benoemd tot voorzitter van de "Grandes Tables". Bovendien is hij lid van "Relais et Châteaux" en de "Relais Gourmands". André Jaeger, die wijnen uit de hele wereld kan waarderen, interesseert zich ook voor kunst en verzamelt auto's.

Roger Jaloux
* 20 mei 1942

Restaurant **Paul Bocuse**
F-69660 Collonges-au-Mont-d'Or
Tel. (0)4-72429090; Fax (0)4-72278587

Van al degenen die bij Paul Bocuse in de leer zijn geweest is Roger Jaloux deze nog het langst trouw gebleven, door hem in 1965 op te volgen in diens restaurant, dat overigens nog datzelfde jaar een 3de Michelin-ster erbij kreeg. Over het beroemde etablissement en de onderscheidingen die dat reeds ten deel zijn gevallen is alles al gezegd: hier heeft Roger Jaloux zich voorbereid op de slag met de concurrentie die hij in 1976 aanging om de felbegeerde titel van "Beste Vakman van Frankrijk", die hij toen prompt won. In zijn vrije tijd is Roger Jaloux vooral met schilder- en zangkunst bezig, en daarnaast doet hij aan diverse sporten, waaronder tennis, wielrennen en skiën.

Patrick Jeffroy
* 25 januari 1952

Restaurant **Patrick Jeffroy**
Rue du Bon Voyage 11
F-22780 Plounérin
Tel. (0)2-96386160; Fax (0)2-96386629

Als man uit de Breton-streek met de neiging zijn eigen weg te gaan, heeft Patrick Jeffroy zich gevestigd in een dorp in het departement Côte-d'Armor. Daar houdt hij in zijn in 1988 opgerichte restaurant dat inmiddels 1 Michelin-ster draagt en 3 rode koksmutsen in de Gault-Millau (17) heeft, een originele, smaakvolle keuken. Belangrijke fasen in zijn loopbaan waren een verblijf in Abidjan, aan de Ivoorkust (1972) en het *Hôtel de l'Europe* in Morlaix, waar hij van 1977 tot 1987 werkzaam was. De onderscheiding van Michelin heeft deze chef-kok al sinds 1984, en bovendien is hij "Maître Cuisinier de France" en winnaar van de "Mandarine Impériale".

Émile Jung
* 2 april 1941

restaurant **Le Crocodile**
Rue de l'Outre 10
F-67000 Straatsburg
Tel. (0)3-88321302; Fax (0)3-88757201

Achter de "krokodil" - ter symbolisering van de tocht van Napoleon naar Egypte - gaat het door fijnproevers hooggewaardeerde restaurant schuil van Émile Jung, die de keuken van de Elzas daar tot grote hoogte heeft gevoerd, en dan ook goed is voor 3 Michelin-sterren, 3 witte koksmutsen in de Gault-Millau (18) en 3 sterren in de Bottin Gourmand. Dit hoeft ook nauwelijks te verwonderen, als men weet welke leergang de chef-kok doorlopen heeft: van *La Mére Guy* in Lyon via *Fouquet's* (1965) naar *Ledoyen* in Parijs (1966). Émile Jung is "Maître Cuisinier de France" en lid van de "Relais Gourmands" en van "Traditions et Qualité".

Dieter Kaufmann
* 28 juni 1937

Restaurant **Zur Traube**
Bahnstraße 47
D-41515 Grevenbroich
Tel. (0)2181-68767; Fax (0)2181-61122

Dieter Kaufmann heeft een grote voorliefde voor Frankrijk, dat zich jegens hem dan ook niet ondankbaar heeft betoond: met 2 Michelin-sterren en 4 rode koksmutsen in de Gault-Millau (19,5) is hij een van de meest gewaardeerde koks buiten Frankrijk, hetgeen nog eens bevestigd werd door zijn benoeming tot "Kok van het Jaar" door Gault-Millau in 1994. Hij is lid van de gerenommeerde kring "Traditions et Qualité", "Relais et Châteaux" en "Relais Gourmands". Het restaurant dat hij sinds 1962 leidt, heeft meer dan 30.000 flessen wijn in bezit, waaronder wijnen van uitmuntende jaren. Het is de belangrijkste wijnkelder van heel Duitsland.

Örjan Klein
* 15 mei 1945

Restaurant **K.B.**
Smalandsgatan 7
S-11146 Stockholm
Tel. 86796032; Fax 86118283

Örjan Kleins gastronomische carrière heeft zich in hoofdzaak in de Zweedse hoofdstad ontwikkeld: na restaurant *Berns* (1966 tot 1967) kwam *Maxim's* (1971 tot 1979), waarna de opening plaatsvond van restaurant *K.B.* dat hij samen met Ake Hakansson beheert en dat vooralsnog het hoogtepunt van zijn loopbaan markeert. Het restaurant heeft 1 Michelin-ster. In 1993 was Örjan Klein "Kok van het Jaar", nadat hij in 1976 reeds de gouden medaille had gewonnen van "Nordfishing" in Trondheim en in 1983 speciaal was onderscheiden door de "Zweedse Academie voor Gastronomie". Als natuurliefhebber mag hij graag tuinieren en wandelen.

Robert Kranenborg
* 12 oktober 1950

Restaurant **La Rive/Hotel Amstel Inter-Continental**
Prof. Tulpplein 1
NL-1018 GX Amsterdam
Tel. (0)20-6226060; Fax (0)20-5203277

Chef-kok in *La Rive* - het restaurant in het *Inter-Continental*, het meest luxueuze hotel in Amsterdam (1 Michelin-ster) - word je niet van de ene op de andere dag. Inderdaad kon Robert Kranenborg toen hij daar in 1987 aantrad een reeks schitterende referenties laten zien: *Oustau de Baumanière* in Baux-de-Provence (1972 tot 1974), *Le Grand Véfour* in Parijs (1975 tot 1977) en *La Cravache d'Or* in Brussel (1979 tot 1986). In 1994 was hij "Kok van het Jaar". Als zijn werkzaamheden hem dat toelaten wil hij nog wel eens een nummertje drummen of doet hij aan sport.

Étienne Krebs
* 15 augustus 1956

Restaurant **L'Ermitage**
Rue du Lac 75
CH-1815 Clarens-Montreux
Tel. (0)21-9644411; Fax (0)21-9647002

Als eigenaar en chef-kok in een prachtig pand heeft Étienne Krebs de goede kanten van het leven leren kennen, culminerend in 1 Michelin-ster en 3 rode koksmutsen in de Gault-Millau (18), in 1995 met het verkrijgen van de in Franstalig Zwitserland verleende titel van "Kok van het Jaar", en het verwerven van het lidmaatschap van de "Jonge Restaurateurs van Europa" en de "Grandes Tables Suisses". Nadat hij het vak had afgekeken van Zwitserse chef-koks als Fredy Girardet in Crissier en Hans Stucki in Bazel, had hij van 1984 tot 1990 de leiding over de *Auberge de la Couronne* in Cossonay, tot hij in Montreux *L'Ermitage* opende.

Jacques Lameloise
* 6 april 1947

Restaurant **Lameloise**
Place d'Armes 36
F-71150 Chagny
Tel. (0)3-85870885; Fax (0)3-85870357

Jacques Lameloise is nu al de derde in de familie die de keuken van het familierestaurant leidt, in zijn geval sinds 1971. Zijn eerste schreden zette hij bij Ogier in Pontchartrain, waarna van 1965 tot 1969 een periode volgde bij *Lucas Carton, Fouquet's, Ledoyen* en *Lasserre*, stuk voor stuk ware tempels voor de Parijse fijnproever. En dan werkte hij ook nog in het *Savoy* in Londen. Lameloise kan bogen op 3 Michelin-sterren en eenzelfde aantal in de Bottin Gourmand, heeft 3 rode koksmutsen in de Gault-Millau (18) en vermeldingen in de "Relais et Châteaux", de "Relais Gourmands" en de "Traditions et Qualité". Deze chef-kok houdt van antiek, golft en skiet.

Erwin Lauterbach
* 21 maart 1949

Restaurant **Saison**
Strandvejen 203
DK-2900 Hellerup
Tel. 39624842; Fax 39625657

Van 1972 tot 1973 serveerde Erwin Lauterbach in *Maison du Danemark* in Parijs de keuken van zijn vaderland. Van 1977 tot 1981 kookte hij in *Primeur*, in het Zweedse Malmö, om daarna naar zijn geboorteland terug te keren. Zijn in 1981 geopende *Saison* kan zich inmiddels tooien met 1 Michelin-ster. Deze chef-kok is daarnaast ook lid van de "Deense Academie voor Gastronomie" en weet de Deense kooktradities op virtuoze wijze hoog te houden. Als bewonderaar van de naïeve schilderkunst gaat Erwin Lauterbach vaak naar musea en tentoonstellingen.

Dominique Le Stanc
* 7 december 1958

Restaurant **Chanteclerc - Hotel Negresco**
Promenade des Anglais 37
F-06000 Nice
Tel. (0)4-93166400; Fax (0)4-93883568

Dominique Le Stanc is op zijn pad begeleid door de groten der gastronomie: na jarenlang de leerschool bij Paul Haeberlin te hebben doorlopen, is hij vervolgens onder de hoede geweest van Gaston Lenôtre, Alain Senderens en Alain Chapel, onder wiens toeziend oog hij ten slotte uitgroeide tot chef-kok. Uiteindelijk koos hij voor een zelfstandig bestaan, aanvankelijk met een restaurant in Niederbronn-les-Bains, *Bristol* (van 1982 tot 1984), en later in Monaco en Èze. Hij is lid van de Italiaanse kring "Le Soste" en is sinds 1989 chef-kok in hotel *Negresco*, dat hij sindsdien 2 Michelin-sterren en 3 rode koksmutsen in de Gault-Millau (18) bezorgde.

Michel Libotte
* 1 mei 1949

Restaurant **Au Gastronome**
Rue de Bouillon 2
B-6850 Paliseul
Tel. (0)61-533064; Fax (0)61-533891

Sinds 1978 waakt Michel Libotte over het reilen en zeilen van de keuken van *Au Gastronome*, dat de Henri Lemaire, de Belgische restaurantgids, heeft gewaardeerd met 94 van de maximaal 100 te behalen punten. Ook de Franse keukenrecensenten zijn niet zuinig geweest met hun waardering, getuige de 2 Michelin-sterren en de 3 sterren in de Bottin Gourmand. Michel Libotte is uitgeroepen tot "Beste Kok van België" en is lid van zowel "Euroteques" als de "Franse Culinaire Academie". In zijn dichtbij de grens gelegen restaurant serveert hij zijn klanten een eigenzinnige, fantasierijke keuken die altijd wel met iets nieuws komt.

Léa Linster
* 27 april 1955

Restaurant **Léa Linster**
Route de Luxembourg 17
L-5752 Frisange
Tel. 668411; Fax 676447

Léa Linster is de eerste en tot nog toe enige vrouw die zich kan tooien met de hoogste onderscheiding op gastronomisch gebied, de gouden "Bocuse", die haar door de grote meester zelf in 1989 in Lyon werd uitgereikt. Dat was de welverdiende erkenning voor haar dagelijkse inspanningen om de gastvrije Luxemburgse gastronomie grotere bekendheid te geven. Met het oog daarop heeft deze chef-kokkin, die in 1987 haar meesterbrevet haalde, de herberg van haar ouders getransformeerd tot een restaurant van de "Haute Cuisine". Naast haar passie voor de gastronomie heeft Léa Linster ook plezier in het wandelen door de vrije natuur.

Régis Marcon
* 14 juni 1956

Restaurant **Auberge et Clos des Cimes**
F-43290 Saint-Bonnet-le-Froid
Tel. (0)4-71599372; Fax (0)4-71599340

In 1995 verkreeg Régis Marcon op slechts 39-jarige leeftijd reeds de gouden "Bocuse", mede doordat Michel Troisgros, praktisch zijn buurman, hem als zijn "peetvader" terzijde heeft gestaan. En dan was deze onderscheiding nog maar een van de vele prijzen waar zijn schitterende loopbaan mee bezaaid lijkt te liggen: in 1989 de "Taittinger"-prijs, in 1992 de "Brillat-Savarin", en diverse finaleplaatseringen bij de competitie om de titel van "Beste Vakman van Frankrijk" (in 1985, 1991 en 1993). In 1979 opende hij in zijn woonplaats een restaurant dat meteen al 3 rode koksmutsen in de Gault-Millau (17) kreeg. Ook het pand zelf is heel bijzonder, met een zuilengang van licht.

Guy Martin
* 3 februari 1957

Restaurant **Le Grand Véfour**
Rue de Beaujolais 17
F-75001 Parijs
Tel. (0)1-42965627; Fax (0)1-42868071

Guy Martins carrière is niet in een paar woorden te vatten. De feiten zijn: 2 Michelin-sterren, 3 witte koksmutsen in de Gault-Millau (18), 3 sterren in de Bottin Gourmand en 18,5/20 in de Champérard. Het wonderkind van de gastronomie leerde het vak eerst bij Troisgros, en daarna ging hij school in zijn geboortestreek, vooral in Divonne. In 1991 nam hij toen het *Grand Véfour* over, het juweel onder de Parijse restaurants, waar de literaire grootheden al meer dan 200 jaar over de vloer komen en dat befaamd is geworden dankzij de inspanningen van Raymond Oliver. Zijn liefde gaat vooral uit naar de culinaire geschiedenis van de Savoye.

Maria Ligia Medeiros
* 9 augustus 1946

Restaurant **Casa de Comida**
Travessa das Amoreiras 1
P-1200 Lissabon
Tel. (0)1-3885376; Fax (0)1-3875132

Sinds 1978 leidt Maria Ligia Medeiros de keuken van een gezellig restaurant dat in het bezit is van Jorge Vales, vroeger als toneelspeler verbonden aan de Casa de Comedia. Vandaar ook de woordspeling in de naam van het restaurant: "comida" betekent in het Portugees "voedsel". In het hart van het oude centrum van Lissabon laat Maria Medeiros zien wat de traditionele Portugese keuken op hoog niveau te bieden heeft, en dat heeft haar enkele jaren geleden dan ook 1 Michelin-ster opgeleverd. Naast haar passie voor de "Haute Cuisine" heeft deze chef-kokkin ook een voorliefde voor klassieke muziek en leest ze veel.

Dieter Müller
* 28 juli 1948

Restaurant **Dieter Müller**
Lerbacher Weg
D-51469 Bergisch Gladbach
Tel. (0)2202-2040; Fax (0)2202-204940

Toen Dieter Müller in 1992 weer in zijn geboorteland neerstreek, had zijn beroep hem door een hele reeks landen en continenten gevoerd: vanaf 1973 was hij in Zwitserland, in Australië (Sydney), in Japan en op Hawaii werkzaam als chef-kok. Onderweg pikte hij de nodige onderscheidingen op, zoals de titel "Kok van het Jaar" van Krug in 1982 en dezelfde onderscheiding maar dan van Gault-Millau in 1988. Tegenwoordig mag hij 2 Michelin-sterren voeren en 4 rode koksmutsen (19,5). Bovendien is hij winnaar van de nationale prijs voor Duitse gastronomie. Müller is lid van de "Relais et Châteaux" en de "Relais Gourmands".

Jean-Louis Neichel
* 17 februari 1948

Restaurant **Neichel**
Beltran i Rópide 16 bis
E-08034 Barcelona
Tel. (9)3-2038408; Fax (9)3-2056369

Jean-Louis Neichel is dankzij zijn opleiding bij beroemdheden als Gaston Lenôtre, Alain Chapel en Georges Blanc een Europese kok par excellence. Met deze schat aan ervaringen leidde hij 10 jaar lang het *El Bulli* in Rosas, waar thans Fernando Adría keukenmeester is, alvorens in 1981 in Barcelona een eigen restaurant te openen. Vooral zijn collectie armagnacs en cognacs is befaamd. Jean-Louis Neichel is onderscheiden met 2 Michelin-sterren en staat met 9/10 vermeld in de Gourmetour. Ook is hij lid van de "Relais Gourmands". Deze chef-kok houdt zich bezig met landschapsschilderen en sport.

Pierre Orsi
* 12 juli 1939

Restaurant **Pierre Orsi**
Place Kléber 3
F-69006 Lyon
Tel. (0)4-78895768; Fax (0)4-72449334

De leerschool die Pierre Orsi heeft doorlopen is onberispelijk. Deze in 1972 tot "Beste Vakman van Frankrijk" uitgeroepen chef-kok heeft met de groten uit het vak en van zijn generatie samengewerkt: met Bocuse van 1955 tot 1958, in het *Lucas Carton*, met Alex Humbert in *Maxim's* en in *Lapérouse,* alle in Parijs. Van 1967 tot 1971 verbleef hij in de Verenigde Staten, om terug naar Lyon zich te vestigen in het stadskwartier Tête d'Or. Met 1 Michelin-ster en 3 sterren in de Bottin Gourmand is zijn prachtig ingerichte restaurant tot een trefpunt geworden voor gourmets. Pierre Orsi is lid van de "Relais Gourmands" en van "Traditions et Qualité".

Georges Paineau
* 16 april 1939

Restaurant **Le Bretagne**
Rue Saint-Michel 13
F-56230 Questembert
Tel. (0)2-97261112; Fax (0)2-97261237

Georges Paineau had het zeldzame geluk dat hij zijn loopbaan kon beginnen bij Fernand Point in *La Pyramide*. Sindsdien is Bretagne hem altijd blijven trekken. Na restaurants in La Baule (1962) en Nantes (1963) volgde in 1965 *Le Bretagne* in Questembert, gelegen nabij de baai van Morbihan. Daar is hij thans doende sterren te verzamelen - 2 in de Michelin en 4 in de Bottin Gourmand - en koksmutsen in de Gault-Millau: 4 rode, met 19 punten. Zijn in een voormalig poststation gevestigde restaurant staat op de lijst van de "Relais Gourmands" en de "Relais et Châteaux".

Paul Pauvert
* 25 juli 1950

Restaurant **Les Jardins de la Forge**
Place des Pilliers 1
F-49270 Champtoceaux
Tel. (0)2-40835623; Fax (0)2-40835980

Paul Pauvert zette zijn eerste schreden in *Café de la Paix* in Parijs, werkte van 1972 tot 1974 op de beroemde oceaanstomer *Grasse* van de transatlantische scheepvaartmaatschappij, waarna hij op uitnodiging van Roger Jaloux toetrad tot *Hotel Frantel* in Nantes. In 1980 opende hij ten slotte een restaurant in zijn eigen woonplaats, en wel precies op de plek waar zijn voorouders ooit een smidse hadden. Pauvert mag 1 Michelin-ster voeren en is lid van de "Franse Culinaire Academie" en de "Jonge Restaurateurs van Europa". In zijn directe woonomgeving heeft deze chef-kok alle gelegenheid om te jagen, te vissen en paard te rijden.

Horst Petermann
* 18 mei 1944

Restaurant **Petermann's Kunststuben**
Seestraße 160
CH-8700 Küsnacht
Tel. (0)1-9100715; Fax (0)1-9100495

Na zijn eerste leerjaren in Hamburg zette Horst Petermann zijn carrière voort in Zwitserland, met Sankt Moritz, Luzern en Genève als halteplaatsen. Hij kookte bij Émile Jung in *Le Crocodile* te Straatsburg en in 1985 bij de kook-Olympiade in Tokio, waar hij een van de prijswinnaars was. Tot zijn verdere onderscheidingen kan hij de "Gouden Sleutel der Gastronomie" rekenen, die hij in 1987 bemachtigde, de titel van "Chef-kok van het Jaar" (1991), 4 rode koksmutsen in de Gault-Millau (19) en 2 Michelin-sterren. Dit succes heeft hij overigens mede te danken aan Rico Zandonella, die de banketafdeling verzorgt.

Roland Pierroz
* 26 augustus 1942

Restaurant **Hôtel Rosalp-Restaurant Pierroz**
Route de Médran
CH-1936 Verbier
Tel. (0)27-7716323; Fax (0)27-7711059

In dit geliefde wintersportoord werkt Roland Pierroz sinds 1962 in een al even geliefd restaurant. Dat heeft 2 Michelin-sterren, 4 rode koksmutsen in de Gault-Millau (19) en 3 sterren in de Bottin Gourmand. In 1980 kreeg hij de "Gouden Sleutel der Gastronomie" en in 1992 werd hij "Chef-kok van het Jaar". Zijn opleiding rondde hij af in Lausanne en in Londen. Hij is lid van "Relais et Châteaux" en van "Relais Gourmands", en is vice-voorzitter van de vereniging "Grandes Tables Suisses". De uit Wallis afkomstige Pierroz is een verwoed jager en speelt ook graag golf.

Jacques & Laurent Pourcel
* 13 september 1964

Restaurant **Le Jardin des Sens**
Avenue Saint Lazare 11
F-34000 Montpellier
Tel. (0)4-67796338; Fax (0)4-67721305

Deze onafscheidelijke tweelingbroers hebben allebei dezelfde opleiding gevolgd, zij het met verschillende specialisaties. Het vak hebben ze geleerd bij Alain Chapel, Marc Meneau, Pierre Gagnaire, Michel Bras, Michel Trama en Marc Veyrat. Met hun partner Olivier Ch‚teau openden ze in 1988 *Jardin des Sens*, een restaurant dat geheel is opgetrokken uit glas en steen. Sindsdien verzamelen ze overal sterren: 2 Michelin-sterren en 3 rode koksmutsen in de Gault-Millau (17). Beiden mogen zich "Maître Cuisinier de France" noemen en zijn lid van de "Relais Gourmands".

Stéphane Raimbault
* 17 mei 1956

Restaurant **L'Oasis**
Rue Honoré Carle
F-06210 La Napoule
Tel. (0)4-93499552; Fax (0)4-93496413

Nadat Stéphane Raimbault enige jaren had gewerkt in Parijs, onder het waakzaam oog van Émile Tabourdiau en later Gérard Pangaud in *Le Grande Cascade*, vertrok deze chef-kok voor 9 jaar naar Japan. Daar leidde hij in Osaka, in hotel *Plaza d'Osaka*, het restaurant *Rendez-vous*. Toen hij in 1991 in Frankrijk terugkeerde, nam hij samen met zijn broer, een banketspecialist, restaurant *L'Oasis* in La Napoule over. Hij heeft 2 Michelin-sterren en 3 rode koksmutsen in de Gault-Millau (18). Bovendien zat hij in de laatste ronde van de competitie om de titel "Beste Vakman van Frankrijk". Raimboult is "Maître Cuisinier de France" en lid van "Traditions et Qualité".

Paul Rankin
* 1 oktober 1959

Restaurant Roscoff
Lesley House, Shaftesbury Square 7
GB-BT2 7DB Belfast
Tel. (0)1232-331532; Fax (0)1232-312093

Paul Rankin kan terugkijken op een internationale loopbaan: in Londen werkte hij onder Albert Roux in *Gavroche*, en daarna toog hij naar Californië en Canada. Zijn Canadese vrouw Jeanne heeft hij echter niet daar leren kennen, maar tijdens een rondreis door Griekenland. Haar kookkunsten bereiden de gasten van *Roscoff* sinds 1989 veel genoegen. Overigens heeft de Guide Courvoisier dit huis van 1994 tot 1995 uitverkoren tot "Beste restaurant van Groot-Brittannië". Paul Rankin verzorgt daarnaast een kookprogramma voor de BBC, getiteld "Gourmet Ireland". Deze chef-kok houdt van reizen, yoga en wijn.

Jean-Claude Rigollet
* 27 september 1946

Restaurant Au Plaisir Gourmand
Rue Parmentier 2
F-37500 Chinon
Tel. (0)2-47932048; Fax (0)2-47930566

Jean-Claude Rigollet is zijn loopbaan begonnen in *Maxim's*, bij Alex Humbert, waarna hij naar het dal van de Loire vertrok, om in Montbazon te gaan werken (van 1971 tot 1977, in *Domaine de la Tortinière*) en in het beroemde *Auberge des Templiers* van de familie Bézard, in de buurt van Montargis (van 1978 tot 1982). In 1983 werd hij chef-kok in *Au Plaisir Gourmand* in Chinon, in de Touraine-streek. In 1985 kreeg Jean-Claude Rigollet 1 Michelin-ster. Jean-Claude Rigollet is weliswaar afkomstig uit de Solonge-streek, maar hij houdt wel de regionale traditie van de Touraine in ere, en zijn wijnkelder verraadt dan ook dat hij inmiddels een uitstekende kenner.

Michel Rochedy
* 15 juli 1936

Restaurant Le Chabichou
Quartier Les Chenus
F-73120 Courchevel 1850
Tel. (0)-2-47932048; Fax (0)2-47930565

Deze chef-kok werd bij zijn eerste stappen op het gebied van de kookkunst van 1954 tot 1956 begeleid door André Pic, de bekende kok uit Valence. Michel Rochedy heeft in 1963 de lokroep van de Savoy-streek gevolgd en heeft daar met zijn restaurant *Le Chabichou* dan ook de regionale tradities hooggehouden. Dit heeft hem inmiddels 2 Michelin-sterren opgeleverd en 3 rode koksmutsen in de Gault-Millau (17). Hij is "Maître Cuisinier de France" en lid van "Eurotoques". Michel Rochedy is geïnteresseerd in kunst en literatuur. Daarnaast mag hij graag een hengeltje uitwerpen en doet hij aan voetbal en rugby.

Joël Roy
28 november 1951

Restaurant Le Prieuré
Rue du Prieuré 3
F-54630 Flavigny-sur-Moselle
Tel. (0)3-79267045; Fax (0)3-86267551

Joël Roy heeft de competitie "Beste Vakman van Frankrijk" gewonnen in 1979, toen hij nog met Jacques Maximin in hotel *Negresco* in Nice werkte. Kort daarop werd hij chef-kok in *Frantel*, in Nancy. In 1983 opende hij *Le Prieuré*, dat er met zijn door arcades omgeven tuin uitziet als een moderne zuilengang. Zijn huis, dat 1 Michelin-ster bezit, is gelegen in Lotharingen, een streek met tradities en een landschappelijke schoonheid die hij zeer weet te waarderen. Roy zit veel op de fiets en mag als uitgesproken kenner van vissoorten ook graag zelf een hengel uitwerpen.

Santi Santamaria
* 26 juli 1957

Restaurant El Racó de Can Fabes
Carrer Sant Joan 6
E-08470 San Celoni
Tel. (9)3-8672851; Fax (9)3-8673861

Sinds 1981 schept Santi Santamaria er als Catalaan genoegen in, fijnproevers specialiteiten van de keuken uit zijn geboortestreek voor te schotelen. Zijn restaurant, dat dicht in de buurt van Barcelona is gelegen, aan de rand van Montseny, een beschermd natuurgebied, heeft 3 Michelin-sterren en staat met 8 van de 10 haalbare punten vermeld in de Gourmetour. Santi Santamaria is daarnaast lid van de "Relais Gourmands" en van "Traditions et Qualité". Deze chef-kok organiseert tevens gastronomische seminars over kruiden (in het voorjaar) en over paddestoelen (in het najaar). Deze dagen zijn echt iets voor fijnproevers.

Nadia Santini
* 19 juli 1954

Restaurant Dal Pescatore
I-46013 Runate Canneto S/O
Tel. (0)376-723001; Fax (0)376-70304

Sinds 1974 leidt Nadia Santini de keuken van restaurant *Dal Pescatore*, dat in 1920 door de grootvader van haar echtgenoot werd geopend. De uitstekende reputatie die dit huis geniet heeft zijn neerslag gevonden in de Italiaanse en Franse restaurantgidsen: 2 Michelin-sterren, 4 rode koksmutsen in de Espresso/Gault-Millau (19), 1 zon in de Veronelli en 94 van de 100 punten in de Gambero Rosso. Nadia Santini is lid van "Le Soste", de "Relais Gourmands" en "Traditions et Qualité". Espresso/Gault-Millau heeft haar in 1993 onderscheiden met de prijs voor de beste "Wijnkelder van het Jaar". Nadia Santini is geïnteresseerd in geschiedenis, met name de geschiedenis van de kookkunst.

Maria Santos Gomes
* 10 augustus 1962

Restaurant Conventual
Praça das Flores 45
P-1200 Lissabon
Tel. (0)1-609196; Fax (0)1-3875132

Restaurant Conventual ligt in het oude stadsdeel van Lissabon, direct naast het parlement. Daar heeft Dina Marquez de jonge chef-kokkin in 1982 in huis gehaald - zeer tot vreugde van de politici uit heel Lissabon, die meestal daar komen eten. De aankleding van de zaak is voor een groot deel afkomstig uit het vroegere klooster van Igreja (vandaar ook de naam). Maria Santos Gomes heeft door haar originele invallen met haar kookkunst een niveau bereikt dat goed is voor 1 Michelin-ster, en in 1993 won ze daarnaast de eerst prijs in de competitie om de "Portugese Gastronomie", die altijd in Lissabon wordt gehouden. Maria Santos Gomes houdt van reizen.

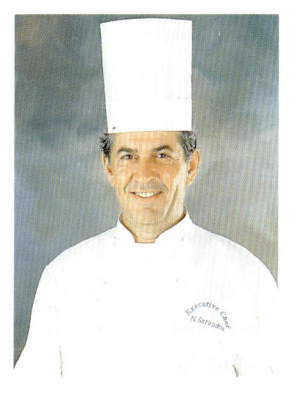

Nikolaos Sarantos
* 5 december 1945

Restaurant Hotel Athenaeum Inter-Continental
Avenue Syngrou 89-93
GR-117 45 Athene
Tel. (0)1-9023666; Fax (0)1-9243000

Van 1971 tot 1988 heeft Nikolaos Sarantos door het hele Middellandse Zeegebied plus het Nabije Oosten gereisd. Daar heeft hij in diverse *Hilton*-hotels zijn gastronomische kunsten vertoond. Zijn reizen voerden hem naar Teheran, Athene, Korfoe, Koeweit en Caïro, tot hij uiteindelijk in Athene neerstreek, in het *Athenaeum Inter-Continental*. Bij internationale kookwedstrijden in San Francisco, Kopenhagen en Bordeaux zit Sarantos steevast in de jury. Hij is voorzitter van de "Griekse vereniging van chef-koks". Bovendien is hij een groot liefhebber van sport, wat blijkt uit het enthousiasme waarmee hij aan tennis, voetbal en basketbal doet.

Fritz Schilling
* 8 juni 1951

Restaurant **Schweizer Stuben**
Geiselbrunnweg 11
D-97877 Wertheim
Tel. (0)9342-3070; Fax (0)9342-307155

Fritz Schilling is sinds 1972 chef-kok en heeft in 1990 in het dal van de Main, in de buurt van het romantische stadje Wertheim, een eigen restaurant geopend. Voor zijn geraffineerde, veelzijdige kookkunst waarmee hij de beste tradities van de Duitse gastronomie volgt, heeft hij inmiddels 2 Michelin-sterren en 4 rode koksmutsen in de Gault-Millau (19,5) mogen ontvangen. Hij is lid van de "Relais et Châteaux" en van "Relais Gourmands", en zijn restaurant behoort dan ook tot de beste van Duitsland. In zijn vrije tijd luistert Fritz Schilling graag naar popmuziek. Hij rijdt met plezier auto, speelt graag golf en doet ook aan allerlei strandsporten.

Jean Schillinger
* 31 januari 1934
† 27 december 1995

De voorzitter van de "Maîtres Cuisiniers de France" was het symbool van de Elzas op het gebied van gastronomie. Het bekende restaurant *Schillinger* in Colmar (dat van 1957 tot 1995 bestond) had 2 Michelin-sterren, 3 rode sterren van de Gault-Millau (17) en 3 sterren in de Bottin Gourmand. Jean Schillinger, die ridder in de orde van de "Mérite" was, was al de derde generatie van een familie van herbergiers. Gedurende meer dan 20 jaar heeft hij wereldwijd bekendheid verschaft aan de Franse keuken, van Japan en Australië tot in Brazilië aan toe. Jean Schillinger was een grage wandelaar en hield daarnaast vooral van zilver en oud porcelein.

Jean-Yves Schillinger
* 22 maart 1963

De opvolging in de dynastie Schillinger is met deze briljante jonge chef-kok verzekerd. Jean-Yves Schillinger werkte van 1988 tot 1995 samen met zijn vader in het familierestaurant. Daarvoor werkte hij in gerenommeerde restaurants in Parijs als *Crillon* en *Jamin*, waar hij assistent was van Joël Robuchon. Hij heeft zelfs nog gewerkt in *La Côte Basque* in New York. De nieuwe loot aan de stam-Schillinger is lid van de vereniging "Prosper Montagné", de Franse vereniging van de "Haute Cuisine" en van de J.R.E. (de "Jonge Restaurateurs van Europa"). Jean-Yves Schillinger is zeer sportief en vooral dol op golfen, skiën en motorrijden.

Rudolf Sodamin
* 6 april 1958

Restaurant
Passagiersschip de Queen Elizabeth II
Thuishaven: Southampton, Engeland

De Oostenrijker Sodamin is werkzaam bij *Cunard Line*, de bekende scheepvaartmaatschappij die behalve de *Queen Elizabeth II* nog enkele van deze majestueuze schepen in de vaart heeft. Rudolf Sodamin is chef-kok en de chef-gebak, en heeft al in diverse restaurants in Oostenrijk, Frankrijk, Zwitserland en de VS van zich doen spreken. In New York heeft hij in het fameuze *Waldorf-Astoria* gewerkt. Hij is lid van de vereniging "Prosper Montagné" van "Chefs der Chefs". Rudolf Sodamin doet aan joggen, maar zijn lievelingssport blijft toch skiën, bij voorkeur rond Kitzbühl, de stad waar hij vandaan komt.

Roger Souvereyns
* 2 december 1938

Restaurant **Scholteshof**
Kermstraat 130
B-3512 Stevoort-Hasselt
Tel. (0)11-250202; Fax (0)11-254328

Roger Souvereyns bepaalt sinds 1983 het lot van restaurant *Scholteshof*: in deze hofstede uit de 18de eeuw beheert hij een grote moestuin, die in het verleden door de tuinier Clément, een vriend van hem, werd verzorgd. Op die manier kan hij in zijn gerechten steeds heerlijk verse groenten en fruit verwerken. Roger Souvereyns heeft 2 Michelin-sterren, 4 rode koksmutsen in de Gault-Millau (19,5), 3 sterren in de Bottin Gourmand en staat met 95 van de 100 te vergeven punten in de Henri Lemaire, de Belgische restaurantgids. Hij is aangesloten bij de "Relais et Châteaux", de "Relais Gourmands" en "Traditions et Qualité". Deze chef-kok verzamelt antiek.

Pedro Subijana
* 5 november 1948

Restaurant **Akalaré**
Paseo del Padre Orcolaga 56
E-20008 San Sebstian
Tel. (9)43-212052; Fax (9)43-219268

Pedro Subijana heeft sinds 1981 een eigen restaurant met uitzicht op de Golf van Biscaje. Hij is onderscheiden met 2 Michelin-sterren en 9 van de 10 haalbare punten in de Gourmetour en werd daarnaast in 1982 benoemd tot "Beste Kok van Spanje". Subijana heeft een traditionele opleiding aan de hotelvakschool van Madrid achter de rug en studeerde bovendien af aan de Euromarschool in Zarauz. In 1970 werd hij kookdocent. In 1986 werd hij algemeen commissaris van de Europese Koksvereniging, waarvan het hoofdkwartier in Brussel is gevestigd. Voor de Baskische TV-zender E.T.B. en Tele-Madrid verzorgt hij culinaire programma's. Subijana houdt van muziek.

Émile Tabourdiau
* 25 november 1943

Restaurant **Le Bristol**
Rue du Faubourg Saint-Honoré 112
F-75008 Parijs
Tel. (0)1-53434300; Fax (0)1-53434301

Emile Tabourdiau werkt sinds 1964 alleen in de allerbeste restaurants: in *Ledoyen*, daarna in *La Grande Cascade* en ten slotte vanaf 1980 in *Bristol*, dat in de onmiddellijke nabijheid ligt van het Elysée, het presidentieel paleis, en dat over een prachtige tuin van meer dan 1200 m2 beschikt. Tabourdiau, die de school van Auguste Escoffier heeft doorlopen, is lid van de "Franse Culinaire Academie" en heeft in 1970 de "Prosper Montagné"-prijs gewonnen. Ook werd hij in 1976 uitgeroepen tot "Beste Vakman van Frankrijk". Bovendien heeft hij 1 ster in de Guide Michelin. In zijn vrije tijd interesseert hij zich voor schilderkunst en speelt hij vaak een partijtje tennis.

Romano Tamani
* 30 april 1943

Restaurant **Ambasciata**
Via Martiri di Belfiore 33
I-46026 Quistello
Tel. (0)376-619003; Fax (0)376-618255

Romano Tamani is de enige van alle hier vermelde topkoks die de felbegeerde titel draagt van "Commendatore della Repubblica Italiana", een onderscheiding van staatswege die hem in 1992 ten deel viel. Zonder twijfel is deze kok uit Lombardije, die het handwerk leerde in Londen en Zwitserland, een van de kundigste vertegenwoordigers van de Italiaanse gastronomie. Sinds 1978 leidt hij samen met zijn broer Francesco hun restaurant *Ambasciata*. De balans vermeldt 2 Michelin-sterren, 3 koksmutsen in de Espresso/Gault-Millau, 1 zon in de Veronelli en 90 van de 100 punten in de Gambero Rosso. Ook is hij aangesloten bij de gerenommeerde kring "Le Soste".

Laurent Tarridec
* 26 mei 1956

Restaurant **Le restaurant du Bistrot des Lices**
Place des Lices
F-83990 Saint-Tropez
Tel. (0)4-94972900; Fax (0)4-94977639

Het getuigt bepaald van een uitzonderlijk aanpassingsvermogen om als man uit de Bretonstreek, die nog met Michel Rochedy heeft gewerkt, uitgerekend aan de Côte d'Azur een naam te vestigen, en dan al na een jaar (1995) 1 Michelin-ster en 3 rode koksmutsen in de Gault-Millau (18) in de wacht te slepen. Daarvoor had Laurent Tarridec al staaltjes van zijn kunnen laten zien in Bretagne, in de *Lion d'Or,* in Parijs en in het Rhônedal in *Beau Rivage.* Laurent Tarridec is geïnteresseerd in politiek en in alles wat met de zee te maken heeft. Daarnaast doet hij aan skiën, rijdt hij motor en heeft hij, sinds hij in Saint-Tropez woont, ook het jeu de boules ontdekt.

Dominique Toulousy
* 19 augustus 1952

Restaurant **Les Jardins de l'Opéra**
Place du Capitole 1
F-31000 Toulouse
Tel. (0)5-61230776; Fax (0)5-61236300

Al doet zijn naam anders vermoeden, zit Dominique Toulousy pas sinds 1984 in Toulouse. Hij sloeg in dat jaar zijn kwartier op aan de Place du Capitole, en heeft sindsdien tal van onderscheidingen geoogst: de "Gouden Sleutel der Gastronomie" (1986), 3 rode koksmutsen in de Gault-Millau (18), 2 Michelin-sterren en de titel "Beste Vakman van Frankrijk" (in 1993). Daarvoor had hij in de om zijn royale keuken bekende Gers-streek al de nodige successen behaald. Hij is aangesloten bij de "Jonge Restaurateurs van Europa", de vereniging "Prosper Montagné", bij "Eurotoques" en bij "Traditions et Qualité". Hij slaat graag oude kookboeken open.

Gilles Tournadre
* 29 juni 1955

Restaurant **Gill**
Quai de la Bourse 8 en 9
F-76000 Rouen
Tel. (0)2-35711614; Fax (0)2-35719691

Ook Normandiërs verlaten hun geboortestreek wel eens, om elders in de leer te gaan. Gilles Tournadre heeft zijn eerste schreden gezet in de keuken van het *Lucas Carton,* waarna hij in de *Auberge des Templiers* van de familie Bézard terechtkwam, gevolgd door een periode bij *Taillevent,* tot hij zich zelfstandig maakte in Bayeux, waarna de lokroep naar zijn geboortestad toch te sterk bleek. Dat hij het juiste pad heeft gekozen blijkt uit de feiten: Tournadre mag zich de trotse eigenaar noemen van 2 Michelin-sterren en 3 rode koksmutsen in de Gault-Millau (17), die de jonge restaurateur behaald heeft met zijn restaurant.

Luisa Valazza
* 20 december 1950

Restaurant **Al Sorriso**
Via Roma 18
I-28018 Soriso
Tel. (0)322-983228; Fax (0)322-983328

Over het culinaire talent van Luisa Valazza is iedereen het eens: het restaurant dat zij sinds 1981 samen met haar man in Piemonte, haar geboortestreek, leidt, kan bogen op 2 Michelin-sterren, 4 koksmutsen in de Espresso/Gault-Millau (19,2), 1 zon in de Veronelli en 90 van de 100 punten in de Gambero Rosso. Tegen deze lawine van onderscheidingen houdt de cheffin, die ook nog aangesloten is bij "Le Soste", zich nuchter staande, onder meer door veelvuldig te variëren op de recepten die zij had meegebracht uit het Europa in Borgomanero, waar ze vanaf 1971 werkte. Louisa Valazza heeft grote belangstelling voor kunst en gaat vaak naar musea.

Guy Van Cauteren
* 8 mei 1950

Restaurant **T'Laurierblad**
Dorp 4
B-9290 Berlare
Tel. (0)-52-424801; Fax (0)52-425997

Voordat Guy Van Cauteren in 1979 zijn restaurant *T'Laurierblad* opende, had hij eerst zijn licht opgestoken bij een aantal uitmuntende koks: bij Alain Senderens in *Archestate* in Parijs en bij de familie Allégriers in *Lucas Carton* (van 1972 tot 1974). Daarna heeft hij een aantal jaren gewerkt bij de Franse ambassade in Brussel (van 1974 tot 1979). Sindsdien heeft hij 2 Michelin-sterren verworven, 3 rode koksmutsen in de Gault-Millau (17) en 89 van de 100 punten in de Henri Lemaire. Bovendien was hij in 1993 winnaar van het brons bij de uitreiking van de "Bocuse"-prijs en draagt hij de titel "Maître Cuisinier de Belgique".

Freddy Van Decasserie
* 10 oktober 1943

Restaurant **La Villa Lorraine**
Avenue du Vivier d'Oie 75
B-1180 Brussel
Tel. (0)2-3743163; Fax (0)2-3720195

Freddy Van Decasserie trad in 1963 als koksmaatje toe tot de staf van *Villa Lorraine* en heeft sindsdien de hele gang gemaakt door de interne hiërarchie, tot hij uiteindelijk zelf als chef-kok talrijke onderscheidingen in ontvangst kon nemen. Daartoe behoren 2 Michelin-sterren, 3 rode koksmutsen in de Gault-Millau (18), 3 sterren in de Bottin Gourmand en 92 van de 100 punten in de Henri Lemaire. Van Decasserie is "Maître Cuisinier de Belgique", lid van de "Franse Culinaire Academie" en is aangesloten bij "Traditions et Qualité". In zijn vrije tijd houdt hij zich fit door als trainingspartner mee te fietsen met Eddy Merckx.

Geert Van Hecke
* 20 juli 1956

Restaurant **De Karmeliet**
Langestraat 19
B-8000 Brugge
Tel. (0)50-338259; Fax (0)50-331011

Geert Van Hecke werd in 1977 door Freddy van Decasserie in *Villa Lorraine* ingewijd in het vak, waarna hij naar Alain Chapel in het beroemde *Cravache d'Or* in Brussel ging. Uiteindelijk opende hij zijn eigen restaurant op een gerenommeerd adres dat bol stond van de traditie, in hartje Brugge, het *Venetië van het Noorden.* In zijn loopbaan heeft hij inmiddels 2 Michelin-sterren verworven, plus 3 sterren in de Bottin Gourmand, 3 rode koksmutsen in de Gault-Millau (18) en 92 van de 100 punten in de Henri Lemaire. Hij is uitgeroepen tot "Beste Kok van België" en aangesloten bij "Traditions et Qualité".

Gérard Vié
* 11 april 1943

Restaurant **Les Trois Marches**
(Trianon Palace)
Boulevard de la Reine 1
F-78000 Versailles
Tel. (0)1-39501321; Fax (0)1-30210125

De chef-kok van Les Trois Marches (wat Gérard Vié sinds 1970 is) begon zijn unieke loopbaan reeds als 13-jarige in de keuken van *Lapérouse.* Daarna kwam hij terecht in *Lucas Carton,* het *Plaza-Athénée* en *Crillon Tower's* in Londen, om vervolgens 3 jaar (van 1967 tot 1970) te gaan werken bij de Compagnie des Wagons-Lits. Tegenwoordig kan Gérard Vié 2 Michelin-sterren voeren en 3 rode koksmutsen in de Gault-Millau (18). In 1984 werd hij door Gault-Millau onderscheiden met de "Zilveren Tafel" en in 1993 met de "Gouden Sleutel der Gastronomie". Vié is liefhebber van het theater, de opera en de bioscoop.

Jean-Pierre Vigato

* 20 maart 1952

Restaurant **Apicius**
Avenue de Villiers 122
F-75017 Parijs
Tel. (0)1- 43801966; Fax (0)1-44400957

Jean-Pierre Vigato vierde zijn eerste grote successen van 1980 tot 1983 in *Grandgousier* te Parijs. In 1984 werd hij zelfstandig en opende hij in zijn woonplaats Parijs *Apicius*. De eerste Michelin-ster kreeg het restaurant in 1985, twee jaar daarna gevolgd door een tweede. Intussen staat *Apicius* ook met 3 rode koksmutsen in de Gault-Millau (18). Deze chef-kok is aangesloten bij de "Relais Gourmands", werd in 1988 door de Gault-Millau uitgeroepen tot "Chef-kok van het Jaar" en was in 1992 kok in het Franse paviljoen op de Wereldtentoonstelling van Sevilla.

Gianfranco Vissani

* 22 november 1951

Restaurant **Vissani**
I-05020 Civitella del Lago
Tel. (0)744-950396; Fax (0)744-950396

Gianfranco Vissani heeft van Espresso/Gault-Millau met 19,6 punten en 4 koksmutsen ware droomresultaten behaald, de beste van heel Italië. 2 Michelin-sterren, 1 zon van Veronelli en 87 van de 100 punten in de Gambero Rosso vervolmaken de roem van het restaurant dat deze gastronoom sinds 1980 leidt als familiebedrijf waar ook zijn vrouw, zijn moeder en zijn zuster in werkzaam zijn. Een van de bijzonderheden van dit restaurant is de in eigen beheer gemaakte olijfolie, een onmisbaar ingrediënt in de mediterrane keuken. In zijn vrije tijd verzamelt deze gastronoom klokken, en verder ontspant hij zich graag onder de tonen van klassieke muziek of met een goed boek.

Jonathan F. Wicks

* 14 juni 1962

Restaurant
Passagiersschip Queen Elizabeth II
Thuishaven: Southampton, Engeland

Jonathan Wicks heeft van 1980 tot 1987 gewerkt in diverse exclusieve restaurants in Londen, waaronder het *Mayfair Intercontinental*, *Grosvenor House* aan de Park Lane en *Méridien* op Picadilly. In 1987 werd hij benoemd tot chef-kok van de *Queen Elizabeth II*. Dit schip heeft Southampton als thuishaven, maar het voortdurend voor anker gaan op andere locaties is iets wat Wicks als verwoed reiziger zeer kan waarderen. Hoewel in zijn woonplaats Bath vooral veel rugby wordt gespeeld, doet Jonathan Wicks in zijn vrije tijd meer aan American football. Verder verzamelt hij kostbare borden van porselein en houdt hij van ontbijt op bed.

Heinz Winkler

* 17 juli 1949

Restaurant **Residenz Heinz Winkler**
Kirchplatz 1
D-83229 Aschau im Chiemgau
Tel. (0)8052-17990; Fax (0)8052-179966

Als 31-jarige had Heinz Winkler al 3 Michelin-sterren: hoe speelt iemand zoiets klaar? Misschien door, zoals Winkler heeft gedaan voordat hij in 1991 zijn eigen *Residenz Heinz Winkler* opende, na een uitstekende leerschool in *Victoria* in Interlaken bij Paul Bocuse te gaan werken en daarna in een restaurant als *Tantris* in München. Hij bemachtigde 2 witte koksmutsen (en 18 punten), in 1979 "Kok van het Jaar" en in 1993 door Gault-Millau uitgeroepen tot "Restaurateur van het Jaar". Hij is aangesloten bij "Relais et Châteaux", "Relais Gourmands", "Traditions et Qualité" en zelfs bij de Italiaanse kring van "Le Soste".

Harald Wohlfahrt

* 7 november 1955

Restaurant **Schwarzwaldstube**
Tonbachstrasse 237
D-72270 Baiersbronn
Tel. (0)7442-492665; Fax (0)7442-492692

Harald Wohlfahrt trad in 1976 toe tot de staf van *Schwarzwaldstube*, het restaurant midden in het Zwarte Woud, waar hij sinds 1980 de chef-kok is. Het vak heeft hij geleerd in *Stahlbad* in Baden-Baden en in *Tantris* in München. In 1991 werd hij door de Gault-Millau uitverkoren als "Chef-kok van het Jaar", en hij kan inmiddels bogen op 3 Michelin-sterren en 4 rode koksmutsen in de Gault-Millau (19,5). Hij is aangesloten bij "Relais Gourmands" en bij "Traditions et Qualité". Harald Wohlfahrt loopt vooral warm voor eet- en kooktradities, maar is ook een uitstekend sportman, die o.a. zwemt, voetbalt en fietst.

Armando Zanetti

* 11 december 1926

Restaurant **Vecchia Lanterna**
Corso Re Umberto 21
I-10128 Turijn
Tel. (0)11-537047; Fax (0)11-530391

Reeds van 1955 tot 1969 leidde de in Venetië geboren Zanetti een restaurant in Turijn, de *Rosa d'Oro*. In 1970 opende hij vervolgens in dezelfde stad het restaurant met de aansprekende naam "Vecchia Lanterna" ("De oude lantaarn"). Inmiddels heeft de chef-kok, die hoofdzakelijk werkt vanuit de culinaire traditie van zijn vaderland, 2 Michelin-sterren en maar liefst 4 koksmutsen in de Espresso/Gault-Millau (19,2/20). Armando Zanetti is onvermoeibaar op zoek naar wetenswaardigheden omtrent de Europese keuken in vroeger eeuwen. Hij beleeft vooral veel genoegen aan het voorproeven van nieuwe gerechten, zowel van hemzelf als van collega's.

Alberto Zuluaga

* 31 maart 1960

Restaurant **Lopez de Haro y Club Nautico**
Obispo Orueta 2
E-48009 Bilbao
Tel. (9)4-4235500; Fax (9)4-4234500

Als Bask uit Vizcaya, de provincie aan de Golf van Biscaye, is Alberto Zuluaga er bijzonder trots op dat hij zijn vak kan uitoefenen in de eigenlijke hoofdstad van zijn geboortestreek. Sinds 1991 is hij chef-kok in het luxueuze vijfsterren-restaurant *Club Nautico*, in een buurt in Bilbao waar de meeste banken zijn gevestigd. Eerder werkte hij van 1987 tot 1991 in *Bermeo*, een ander restaurant in Bilbao, waar hij volop uiting kon geven aan zijn voorliefde voor de baskische eetcultuur met alle bijbehorende tradities. In 1988 leverde hem dat de titel "Beste Kok van Euzkadi" op. Dat hij in zijn vrije tijd de Baskische variant op het jeu de boules beoefent, spreekt haast vanzelf.

Begrippenlijst

AANZETTEN: Vlees of andere ingrediënten in weinig vet laten kleuren.

AÏOLI: Provençaalse knoflook-mayonaise die wordt geserveerd bij gestoomde vis, hardgekookte eieren of groenten.

AL DENTE: Italiaans voor 'beetgaar'. Als pasta en groenten kort worden gekookt, behouden ze nog 'beet', m.a.w. ze zijn net gaar, en zijn dus nog stevig wanneer men de tanden erin zet.

AMERIKAANSE SAUS: Saus uit geplette kreeftenpantsers, sjalot, knoflook, tomaten en kruiden, geflambeerd met cognac, geblust met witte wijn en met boter gemonteerd. Wordt bij vis en schaaldieren gegeven.

ARROSEREN: Gebraad, zoals rosbief, eend en speenvarken besprenkelen tijdens het braden of roosteren, bijvoorbeeld met het eigen hete braadvocht, zodat het vlees niet uitdroogt en een mooi korstje krijgt.

AU BAIN-MARIE: Verhitten en garen van een gerecht in een pan boven een tweede pan met kokend water, of in een speciale dubbelwandige pan, waardoor aanbranden wordt voorkomen.

BÉCHAMELSAUS: Romige saus van bloem, boter en melk die heet wordt geserveerd. Genoemd naar de Markies van Béchamel, hofmeester van Lodewijk XIV.

BLANCHEREN: Ingrediënten, in het bijzonder groenten, even laten garen in kokend water, om te sterke smaken of geuren, kiemen of enzymen te verwijderen. Ook het overgieten van vruchten of noten met heet water om schil of vel los te maken.

BLINI: Kleine Russische pannenkoek van boekweitmeel, meestal opgediend met zure room en kaviaar of gerookte zalm.

BLUSSEN: Door het toevoegen van een vloeistof als wijn of bouillon het braadproces temperen. Vaak wordt tegelijkertijd het bezinksel van de bodem van de pan losgeroerd tot een jus (ook: déglaceren).

BOUQUET GARNI: Samengebonden bosje kruiden waarmee soepen, éénpansgerechten en stoofgerechten worden gekruid. Bestaat meestal uit tijm, laurier en peterselie, maar er kan ook rozemarijn, majoraan, lavas, venkel, prei of selderij aan worden toegevoegd, afhankelijk van de streek en het seizoen.

BRUINEREN: Bruin braden, pooleren. Zacht vlees op een stuk spek in een braadpan met wat boter of vloeistof op middelhoog vuur garen tot het mooi bruin is.

CARPACCIO: Gerecht van flinterdun gesneden rauw vlees, meestal rundvlees, bedruppeld met olijfolie en citroensap, of een vinaigrette, soms met vlokken Parmezaanse kaas bedekt. Opgediend als voorgerecht.

CHANTILLY: (Voornamelijk) zoete gerechten '(á la) Chantilly' worden opgediend of gemengd met slagroom.

CHARLOTTE: Nagerecht van gepureerde vruchten of roomijs, waarmee een vorm wordt gevuld die is bekleed met lange vingers, wafels of beboterde stukken brood.

CHARTREUSE: Gerecht van kleingesneden vlees, groenten en spek dat in een vorm au bain-marie wordt gegaard en warm opgediend.

CISELEREN: Insnijden van vlees en vis uit decoratieve overwegingen, opdat het bij het koken niet vervormt, maar gelijkmatig uitzet. (Ook: incrusteren.)

CONSOMMÉ: Krachtbouillon van vlees of gevogelte die zeer lang wordt ingekookt en dan geklaard. Wordt warm of koud opgediend.

CORAIL: Kuit van schaaldieren, bijvoorbeeld kreeft, die voor sommige kenners als een bijzondere delicatesse geldt.

CROÛTONS: Gebakken of geroosterde plakjes of blokjes brood die bij soepen, stoofgerechten of salades worden geserveerd.

CRUDITÉS: Rauwe groenten, meestal in repen gesneden, als voorgerecht opgediend, vaak met een dip of koude saus.

DECOREREN: Het versieren van een gerecht, bijvoorbeeld met takjes kruiden of in fraaie vormen gesneden stukjes groente of fruit.

DIJONNAISE: Frans begrip voor gerechten die zijn bereid met Dijon-mosterd. Dit is een speciale, romige soort mosterd van mosterdkorrels die in het zure, gegiste sap van onrijpe druiven worden geweekt. Dijonnaise is ook een mayonaise met mosterdsmaak die bij koud vlees wordt gegeven.

ENGELSE SAUS: Saus voor zoete gerechten, gemaakt van poedersuiker, eidooiers, melk, wat zout en room.

FARCE: (Frans voor 'vulling'). Mengsel van fijngehakt vlees of vis met kruiden, om pasteitjes of gevogelte mee te vullen. Ook paddestoelen, groenten, rijst, paneermeel of ei worden, vermengd met vlees of orgaanvlees, als vulling gebruikt.

FILODEEG: Deeg van glutenrijk meel (tarwemeel), water en olie, dat flinterdun wordt uitgerold, tot plakken gesneden, en bestreken met vet in lagen op elkaar gelegd. Wordt veel gebruikt in de keukens van het Nabije Oosten, Turkije, Griekenland, Oostenrijk en Hongarije. Lijkt op bladerdeeg en kan in recepten hierdoor worden vervangen.

FLAMBEREN: Het overgieten van gerechten in de pan met een drank met een hoog alcoholpercentage, die daarna wordt aangestoken. Zo wordt het aroma ervan aan het gerecht overgedragen.

FOND: (Ingekookt) kooknat van vlees of vis dat dient als basis voor sauzen. Ook kant-en-klaar verkrijgbaar.

FRITUREN: Het laten garen of bruin worden van voedingsmiddelen in een ruime hoeveelheid zeer heet vet of olie. Hierdoor ontstaat een korstje waardoor smaak en sappigheid bewaard blijven.

GALANTINE: Pikant pasteitje van vlees, wild of vis opgerold in een doek of dunne repen vlees, of gegaard in een geëigende vorm.

GARNAAL: Klein schaaldier zonder scharen, met lange voelsprieten, dunne pootjes en een lang, plomp lijf. De kleur wisselt, maar de meeste soorten worden bij het koken oranjerood. Ze leven in koude en warme wateren, in zoet en in zout water. Hun stevige, sappige vlees is in veel landen de basis voor uiteenlopende gerechten.

GARNEREN: Bijgerechten om het hoofdgerecht leggen of het gerecht ermee versieren.

GARNITUUR: Decoratieve schikking van bijgerechten; ook toevoegingen aan soepen en sauzen.

GAZPACHO: Koude groentensoep van Spaanse oorsprong, gemaakt van rijpe tomaten, rode paprika, komkommer en olijfolie, en geserveerd met (knoflook-)croûtons.

GELEI: Heldere of halfheldere elastische massa, bereid met pectine of gelatine; ook het gekookte, gestolde sap van vlees.

GLACEREN: Overdekken van gerechten met een glanzende laag eigen sap, gelei of suiker.

GRATINEREN: Gare of nog net niet gare gerechten bestrooien met paneermeel, kaas en vlokjes boter, en in een zeer hete oven laten bakken tot zich een mooi bruin korstje vormt.

GRILLEN: (Van het Engels 'to grill'.) Voedingsmiddelen snel garen boven hete houtskool of onder een hete grill-spiraal.

Hartschelpen: Geslacht van mosselachtige schelpdieren met bruingestreepte, geribbelde schelpen. Komen voor in de kustwateren van de Atlantische Oceaan en de Middellandse Zee. Worden rauw met citroensap, gebakken of gestoofd gegeten.

Hoisin-saus: Pikante roodbruine saus gemaakt van een pasta van gefermenteerde sojabonen, meel, zout, suiker en rode rijst. Wordt als natuurlijke kleurstof gebruikt in veel Chinese gerechten.

Jacobsschelpen: (Frans: 'Coquilles Saint Jacques'.) Weekdier met karakteristieke, geblokte schelp. Beweegt zich met geopende schelp voort door middel van een grote spier. Men eet de spier en het oranjekleurig corail (de kuit). Jacobsschelpen worden meestal in de schelp bereid en geserveerd.

Julienne: In dunne reepjes gesneden groenten, voor in de soep of als bijgerecht.

Klaren: Het verwijderen van troebelheden uit soepen en sauzen door het mengen met licht opgeklopt eiwit, voorzichtig verhitten en door een zeef halen.

Larderen: Vlees, vis, wild of gevogelte doorrijgen met repen vet spek, of besteken met schijfjes truffel (ook: 'clouteren') of met tenen knoflook (ook: 'piqueren'). Het bedekken van vlees en gevogelte met dunne lappen vet spek heet 'barderen'. Alles dient om het vlees e.d. voor uitdrogen te behoeden en meer smaak te geven.

Legéren: Het binden en licht verdikken van net niet kokende sauzen door het erdoor roeren van eidooiers en room, melk of boter.

Marineren: Vlees, vis of gevogelte in een mengsel leggen van olie, azijn of citroen met kruiden en specerijen (marinade). Hierdoor wordt vlees malser, wordt de kooktijd verkort en dringt de smaak van de marinade in het gerecht.

Mousse: Rijk, licht zoet of hartig gerecht, dat zijn zachte, schuimige structuur verkrijgt door stijfgeslagen eiwit, geklopte slagroom of beide.

Ontvetten: Door afscheppen of afgieten het aan de bovenkant van sauzen of soepen drijvende vet verwijderen.

Paneren: Vlees, gevogelte of vis door een mengsel van bloem, ei en paneermeel halen om daarna te braden of te frituren en een korstje te laten ontstaan.

Parfait: Koud gerecht, gemaakt door een fijne farce, gebonden met gelatine of eiwit, in vormen te doen. Na het koelen wordt de parfait op de borden gestort. Een zoete parfait is een koud nagerecht van eicrème, gelei, roomijs en room, in een hoog glas.

Passeren: Een soep, saus of andere vloeistof door een zeef halen of door een doek drukken.

Persillade: Mengsel van fijngehakte peterselie en knoflook. Of gesneden koud rundvlees met olie, azijn en veel peterselie.

Pocheren: Garen van ingrediënten in een vloeistof die tegen de kook aan blijft.

Proeven op peper en zout: Aan het eind van de bereiding nagaan of het gerecht genoeg gekruid is. Zo nodig peper en/of zout of andere specerijen toevoegen.

Pureren: Zachte ingrediënten tot een gladde massa verwerken in een keukenmachine, met de mixer of met een pureestamper.

Reduceren: Een saus of kookvocht inkoken, zodat het water verdampt en de saus dikker wordt en meer smaak krijgt.

Rémoulade: Kruidenmayonaise met fijngehakte dragon, kervel, peterselie, augurkjes en kappertjes. Ook kant-en-klaar verkrijgbaar. Wordt gegeven bij koude vleesgerechten, vis en schaaldieren.

Roosteren: Gerechten bruin en knapperig laten worden, met behulp van droge hitte. Noten en zaadjes krijgen er een sterkere smaak door.

Sabayon: Lichte, luchtige saus van eidooiers, suiker en witte wijn of champagne. Wordt warm of koud bij nagerechten gegeven.

Saffraan: Specerij van de gedroogde stampers van de bloem van de saffraanplant (krokussoort). Omdat de kleine meeldraden met de hand moeten worden geplukt, is saffraan de duurste specerij die er bestaat. Men heeft echter maar een minieme hoeveelheid ervan nodig om uiteenlopende gerechten als rijst, kerrie- en visgerechten, stoofpotten en zoete spijzen mee te kleuren en te kruiden.

Sauteren: Voedingsmiddelen snel bakken in hete boter.

Schrikken (Laten schrikken): Een warm gerecht in koud water onderdompelen, of afgieten en onder stromend koud water houden om de temperatuur snel te laten dalen.

Smoren: Ingrediënten eerst even aanzetten, dan wat vloeistof toevoegen (water, bouillon, fond, wijn), en vervolgens goed afgedekt langzaam laten garen. Het smoren gebeurt dus in vet, vloeistof en stoom.

Soufflé: Licht, luchtig eigerecht, zoet of hartig, warm of koud geserveerd. De luchtige structuur van de warme soufflé ontstaat doordat stijfgeslagen eiwitten door een warme saus of puree worden geroerd.

Stomen: Het garen van gerechten boven kokend water in een stoompan met zeefinzet, of in een speciale bamboemand.

Stoven: Gerechten in hun eigen nat of met zeer weinig toegevoegde vloeistof, en meestal wat vet, laten garen.

Tartaar: Rauw gemalen vlees van het rund, dat met fijngehakte uien, augurkjes, kappertjes of peterselie en peper en zout wordt aangemaakt.

Tegen de kook aan houden: Sommige gerechten, zoals sauzen, mogen niet meer koken, maar moeten verder garen terwijl de vloeistof net niet kookt, maar er wel belletjes naar het oppervlak stijgen. (Duits: 'Köcheln'; Frans: 'ebullition'.) Pocheren gebeurt ook in water dat tegen de kook aan is.

Terrine: Mengsel van fijngehakt vlees of vis, wild, gevogelte of groente, dat in een diepe vorm met rechte wanden wordt gegaard en gekoeld opgediend.

Trancheren: Vlees, gevogelte of vis in plakken snijden, of aansnijden om te verdelen. Hiervoor wordt een groot, zeer scherp mes gebruikt en een (houten) snijplank.

Truffel: Bijzondere wilde paddestoel die onder de grond groeit bij eiken en kastanjebomen, en alleen in het seizoen met behulp van truffelvarkens of -honden is op te sporen.

Velouté: Witte, smeuïge basissaus van boter, bloem, kalfs- of gevogeltefond, met peper en zout gekruid. Ook kant-en-klaar verkrijgbaar.

Vinaigrette: Slasaus op basis van azijn en olie, meestal met mosterd.

Zweten (Laten zweten): Groenten, in het bijzonder uien, bij laag vuur in vet laten garen, maar niet laten kleuren.

Receptenregister

	Pagina
Aardappel-uienstoofschotel met varkenshaas en artisjok	208
Aziatische parelhoen-fantasie	126
'Baeckeoffe' van gemarineerde runderhaas met groenten	136
Basisrecepten	318
Bresse-kip met morieljes en asperges	190
Bresse-kip met gekaramelliseerd uiensap	152
Bresse-kip in bladerdeeg met morieljes	28
Brussels lof, kalfszwezerik en kalfsnier	162
Cassoulet 'Toulousy'	268
Charlotte van kwartel met aubergine en basilicum	258
Chartreuse van jonge duif	62
Chartreuse van kuiken met eekhoorntjesbrood	88
Crêpinette van parelhoen met groenten uit Nantes	194
Crêpinette van ree met kruidkoeksaus	184
Duif en ganzenlever in feuilletée met truffel	108
Duif in bladerdeeg	128
Duivenborst in bladerdeeg met poivrade-saus	246
Eend in een jasje met groenten uit de Provence	36
Eend met balsamico-azijn	230
Eend met madeira en geflambeerd spek	292
Eend met rijst	234
Eend met ingelegde vijgen op de wijze van Vergilius	284
Eendenragoût met rode kool	154
Fondant van kalfszwezerik en kalfskop met aardappelpuree	278
Fondant van rundvlees met Bourgogne, aardappelpuree	294
Gebakken bloedworst en kwartelpootjes met balsamicosaus	182

	Pagina
Gebakken snip	10
Gebraden duif met truffelkruim	150
Gebraden eend met kruidensaus	204
Gebraden eendenborst met gekonfijte vijgen	220
Gebraden fazant met hutspot	112
Gebraden jonge geit op Portugese wijze	180
Gebraden haantje met knolselderij en walnotensaus	110
Gebraden hazenrug met een puree van rode bonen	256
Gebraden kwartel op met champagne gestoofde kool	250
Gebraden lamsfilet in een kruidenjasje	96
Gebraden lamsfilet in een jasje van groene kruiden	20
Gebraden lamsschouder met aardappelroosjes	176
Geglaceerd speenvarken met Verrenberger wijn-zuurkool	90
Gegrilde parelhoenvleugel met citroen	206
Géline-hoen met oesterzwammen	214
Gemarineerde eend met Chinese kruiden	210
Gepocheerde kuikenborst met gerst en dragon	48
Gerookt rendiervlees uit Lapland	142
Gerookt varkenshalsstuk met tuinbonen	166
Gesmoorde ossenstaart met voorjaarsgroenten	24
Gestoofde kalfswang met linzen-vinaigrette	130
Gestoofde kalfszwezerik met verbena-boter	216
Gevuld lam met tuinboontjes en asperges	314
Gevulde konijnenrug met lavendel-wildsaus	80
Gevulde varkensstaart met snijbonen in het zout	94
Gezouten runderborststuk met groenten en mierikswortel	144
Haas 'Rossini' met rode kool	74
Hammetjes van de eend met balsamico-azijn	276

	Pagina
Hammetjes van gevogelte met hopspruiten	86
Hazenrug met tomatencompote	262
Hersens, zwezerik en tong van het lam, met Jurançon	88?
Hertenrug uit Monviso	312
Hoentje op Catalaanse wijze, met zeekomkommers en garnalen	188
Irish Stew	212
Jonge parelhoen met zuurkool en paprika	134
Jonge Challans-eend met sinaasappel en koriander	104
Jonge patrijs 'en escabèche' met knolletjes uit de Cerdagne	226
Jonge geit gebraden in een kruidenjasje	186
Jonge geit met een kleurige bonenschotel en polenta	240
Jonge duif in truffelsaus met aardappel-paddestoelen-taartje	70
Kalfsborst met groente-brunoise en rode-bietensalade	156
Kalfsentrecôte met teriyaki en gefrituurde truffel-rijstballetjes	124
Kalfsfilet met een groenten-chartreuse	98
Kalfsgebraad op Milanese wijze	30
Kalfshaas met kruidenvinaigrette	202
Kalfshaas met een saus van majoraan-Ossobuco	54
Kalfskop en pens uit de Savoye	222
Kalfskop, tong en hersens, met ravigote-saus	296
Kalfskotelet in een jasje van eekhoorntjesbrood	270
Kalfskoteletten 'Ossobuco'	76
Kalfslever met gember-sojasaus en krieltjes	42
Kalfsmedaillons gevuld met kalfslever en eendenlever	260
Kalfsmedaillons met citroen en niertjes in roomsaus	26
Kalfsniertjes met aardappelpuree en kruidensaus	38
Kalfsribstuk 'Margaridou' - Bocuse d'Or 1995	174
Kalfsstaart 'alla vaccinara' met caponata en selderij-julienne	300
Kalfszwezerik met kerriesaus en verse pasta	84

	Pagina
Kalfszwezerik met witlof en kappertjessaus	22
Kippen- en kikkerboutjes met gebakken knoflook	192
Kippenborst met artisjokken, venkel en gedroogde tomaten	158
Kippenbouillon en gepocheerd ei met baconkrullen	280
Konijn met cider, rapen en koriander	272
Konijn met wortelsaus, aardappels en peterselie	132
Konijnenragoût met 'Garganelli al pettine'	50
Konijnenrug en gepaneerde mini-koteletjes	290
Konijnenrug en konijnenschouders met bonenkruid en salie	16
Konijnenrug met linzen en wortels	200
Konijnenrug met rabarber	224
Korhoen met linzen en sinaasappelsaus	44
Korhoen met savooiekool en gekaramelliseerde appel	196
Kroon van speenvarken met voorjaarsgroenten	248
Kwartelborstjes in een aardappeljasje	306
Kwarteltboutjes in sojasaus	8
Kwartels met vijgen en groene kool	58
Lam in brooddeeg met eekhoorntjesbrood	170
Lam in zoutkorst met knapperige doperwtenkoekjes	34
Lamsbiefstukjes 'Rossini'	64
Lamsgebraad met courgettes en tapenade	266
Lamspootjes met rivierkreeft en witte bonen	264
Lamsribstuk met een kruidensaus	298
Lamsrozetten met truffels uit de Romagna	52
Lamsrug in gekruid filo-deeg	82
Lamszadel met dadels en mosterdzaad	146
Lamszadel met venkel, tomaat en een saus van steranijs	160
Licht gezouten ganzenborst, gepocheerd en gegrild	118
Marbré van runderfilet, ganzenlever en truffel	32
Medaillons van haas met kweeperencompote	308
Medaillons van het Angus-rund met paddestoelen	46
Op twee manieren gebraden eend met Puy-linzen	172

	Pagina
Ossenhaas uit de Chalosse met voorjaarsgroenten	66
Parelhoen gevuld met kalfsnier, gegarneerd met knolraap en wortel	148
Parelhoen met rozemarijn	304
Parelhoen met witlof en spek	274
Parmentier van ossenstaart en truffel	178
Plakjes eend uit Challans met koriander	78
Plakjes jonge eend met citroen en honing	92
Ragoût van lamszwezerik en -tong met dragonsaus	40
Ree met wildsaus en wintervruchten	286
Reebout bestoken met truffel en zwarte olijven	252
Reerug met twee pepersauzen	242
Rendier uit de Karasjok met jeneverbessen	120
Rollade van gevuld mesthoentje op Baskische wijze	12
Rollade van lam, foie gras en truffel	72
Runderhaas in rode wijn	302
Runderhaas met gestoofde ossenstaart en biersaus	114
Runderribstuk op Provençaalse wijze, met voorjaarsgroenten	60
Runderrollade met rozijnen, pijnboompitten en tomatensaus	122
Salade van lamshersens met schapenkaas	14
Salade van reerugfilet met truffel en koolrabi	198

	Pagina
Samenspel van kip en rivierkreeft met pistachesaus	236
Sneeuwhoen met Russische erwten	116
Speenvarken in biersaus	138
Speenvarken in een honingjasje met kruidensaus	164
Spies van divers vederwild	102
Stevige runderhaasjes met piment en merg	218
Stoofpot van geglaceerd varkensvlees	244
Taartje van snijbiet met jong konijn en cantharellen	56
Tournedos met witte radijsjes	18
Variatie van jong everzwijn met pepersaus	310
Varkenshaas met graviera en muskaatwijnsaus	238
Varkenshaasje met kokos-kerriesaus	100
Varkenspootjes en kruidenrolletjes met bloedworstvulling	254
Varkenspootjes in de 'cassoëula'	232
Varkenspootjes met een saus van Spaanse pepertjes	316
Vetrok van de runderpens op Luxemburgse wijze	168
Warme eendenlever met rabarbercompote	68
Waterzooi van Mechelse koekoek	282
Wilde eend in een kruidenjasje met rode kool en vijgen	106
Worstje van varkensvlees, kalfszwezerik en truffel met witte bonen	228
Zuurvlees uit het Rijnland	140